BILD UND TEXT BEI THOMAS MANN

BILD UND TEXT
BEI THOMAS MANN

EINE DOKUMENTATION

HERAUSGEGEBEN VON HANS WYSLING

UNTER MITARBEIT

VON YVONNE SCHMIDLIN

FRANCKE VERLAG BERN

UND STUTTGART

«Bild und Text» erscheint als Begleitband zur Ausstellung «Thomas Mann 1875/1975» im Zürcher Helmhaus. Die Eidgenössische Technische Hochschule hat das Thomas-Mann-Archiv bei der Herausgabe dieses Bandes großzügig unterstützt.

Umschlagbild: Thomas Mann, vom Bildhauer Marino Marini am 25. November 1954 gezeichnet (Privatbesitz, Zürich).

©

A. Francke AG Verlag Bern · 1975

2. Auflage 1989

Alle Rechte vorbehalten

Druck: WB-Druck GmbH & Co. Rieden bei Füssen

ISBN 3-317-01141-6

EINFÜHRUNG

I

Daß sich Thomas Mann bei der Beschreibung von Personen, Interieurs und Landschaften gerne an Bildvorlagen gehalten hat, ist schon des öftern festgestellt worden. In welchem Umfang er das getan hat, mit welcher Motivierung, mit welcher Wirkung, ist noch zu wenig bekannt. In den nachgelassenen Materialien liegen Hunderte von Bildern, die sich Thomas Mann in der Phase der Werkvorbereitung, aber auch noch während der Niederschrift eines Werkes aus Zeitungen, Zeitschriften, Kunstkalendern herausgeschnitten hat. Dazu kommen Bildbände aus seiner Bibliothek, Reisebücher und -magazine, Kunstführer und dergleichen, in denen zum Teil noch heute seine Buchzeichen stecken. Häufig hat er Bilder angekreuzt oder mit stichwortartigen Bemerkungen versehen.

Während er sich in den *Buddenbrooks* wohl weitgehend auf eigene Erinnerung verlassen hat – nachgewiesen ist hier nur eine Bildvorlage aus dem *Simplicissimus* zu Herrn Permaneder –, scheint er bei der Arbeit an *Fiorenza* eine eigentliche Technik der Deskription entwickelt zu haben. Er las nicht nur die einschlägigen Geschichtswerke von Villari[1] und Vasari[2], er nahm sich auch Burckhardts *Cultur der Renaissance* vor[3]. Bildmaterial fand er hauptsächlich in Eduard Heycks Buch über *Die Mediceer* (1897), auf das er im 7. Notizbuch, Seite 60, verweist. Daneben besuchte er Ausstellungen[4], ließ sich Bildermappen zur Ansicht kommen – er legte alles, was ihm an Florentinischem in die Hand kam, zum *Fiorenza*-Material. Im Mai 1901 reiste er schließlich selbst nach Florenz, um «das Äußerliche der Sache» (Brw. 8) aus eigener Anschauung kennenzulernen. Mit Heinrich, den er dort traf, stand er in lebhaftem Austausch. Er wußte, daß auch Heinrich auf bildhafte Eindrücke angewiesen war und gerade bei der Arbeit an den *Göttinnen* die verschiedensten Kunst- und Reisebücher heranzog[5] – «Das Kunstbuch hast Du hoffentlich bekommen; Holitscher schickt es Dir mit seinem Gruß und den besten Wünschen für das Werden der ‹Herzogin›», hatte er ihm am 13.2.1901 geschrieben (Brw. 13). Im nachgelassenen Material zu *Fiorenza* liegen sieben Einzelbilder verschiedenster Herkunft, darunter die Bildvorlagen zu Lorenzo und Fiore, die Thomas Mann aus einem Kunstkalender von 1903 eigenhändig ausgeschnitten hat. In Eduard Heycks *Mediceer*-Buch lassen sich weitere sieben Bildvorlagen nachweisen. Ein auf Holz gemaltes Savonarola-Bild dürfte seit der *Fiorenza*-Zeit auf dem Tisch in Thomas Manns Arbeitszimmer gestanden haben – Nietzsches «asketischer Priester» in historischem Gewand.

Während zum *Tonio Kröger,* zur *Königlichen Hoheit* und zum *Tod in Venedig* nur kärgliches Bildmaterial vorliegt – Gustav von Aschenbach verdankt sein Äußeres wie seinen Vornamen bekanntlich dem 1911 verstorbenen Gustav Mahler, von dem sich Thomas Mann damals ein Bild aus einer Zeitung ausschnitt –, sind uns zum *Krull* eine ganze Reihe von Dossiers mit Bildern aus der Equipagenzeit erhalten. Es handelt sich um über fünfhundert Bilder und Berichte aus Illustrierten, Tageszeitungen usw. Allein aus der Berliner Illustrierten *Die Woche* hat sich Thomas Mann zwischen dem Januar 1910 und dem April 1914 an die siebzig Bilder herausgerissen, um sie mit andern Vorlagen zusammen den Dossiers einzuverleiben. Die Dossiers sind mit folgenden Titeln angeschrieben: «Kur- und Lustorte», «Intérieurs», «Elegante Festlichkeiten», «Weiblichkeit», «Sport», «Hôtel. Reise. (Dandy. Gartenarbeit) Heimat. Zuchthausaufseher». Dazu kommen die Dossiers «Reisen», «Coups Carlsson», «Streiche», «Gefangenschaft», «Allgemeines». 1951, bei der Fortsetzung des *Krull,* hat Thomas Mann dieses Anschauungsmaterial wieder zur Hand genommen. Madame Houpflé, Eleanor Twentyman, Lord Kilmarnock, Zaza, der Herr von Hüon und andere mehr begegnen uns da. Die äußere Aufmachung der Senhora Kuckuck wird nach zwei Illustriertenbildern von 1914 beschrieben; ihren uriberisch-herben Gesichtsausdruck verdankt sie allerdings Anna Magnani, deren Bild sich Thomas Mann erst nach 1950 aus einer Zeitung ausgeschnitten haben dürfte. Es entsteht so eine Art Collage, eine Personenklitterung, die für Thomas Manns Montageverfahren bezeichnend ist. Für Professor Kuckuck muß man eine «gelehrte» Quelle bemühen: Er ist mit seinen Sternenaugen und seinem vatermörderähnlichen Kragen dem Titelporträt von Wilhelm Gwinners Buch über Arthur Schopenhauer nachgebildet – es spukt denn auch viel Schopenhauerisches in seinem Wesen und seinen Ausführungen: Sein «kaustischer Witz»[6], sein die Zeiten durchdringender Blick, seine grimmige Verachtung für bestimmte Formen und Launen der Natur zeigen, daß Kuckuck seinem mythischen Vorbild (es ist ja nur eines unter mehreren) in vielerlei Beziehungen nachschlägt. Zouzou sodann, die Tochter Schopenhauers und der Magnani, wenn man so will, ist ihrer figürlichen Herkunft nach ein Mannequin, das Thomas Mann im Inseratenteil einer Tageszeitung von Los Angeles gefunden hat. Die Landschaft Portugals hat er sich mit Hilfe von Reiseführern und magazinen vor Augen geführt. Er selbst ist nie in Lissabon gewesen. Das geplante Südamerikakapitel gedachte er mit Hilfe des Reisetagebuchs seiner Schwiegermutter personell und landschaftlich auszustatten. Auch Argentinien hätte er aus touristischen Prospekten und Bilderbänden erst «näher» kennenlernen müssen.

Die Materialien zum *Zauberberg* sind nicht erhalten. Um ein möglichst genaues Bild des Lebens im Sanatorium zu geben, verließ sich Thomas Mann auf den Augenschein, den er im Frühsommer 1912 im Waldsanatorium Dr. Jessens in Davos genommen hatte. Die Briefe seiner Frau erwiesen sich als eine wahre Fundgrube. Sie sind in München verlorengegangen. Daß er sich auch im *Zauberberg* auf Bilder abstützte, wird vielleicht eines Tages noch besser belegt werden können, als es heute möglich ist. So viel steht fest: Des Großvaters «vortreffliches Bild, von namhafter Künstlerhand geschaffen» (III, 41), entspricht Max Liebermanns Bild des Bürgermeisters Petersen (1891) in der Hamburger Kunsthalle. Der aufgebahrte Vater wird nach einer Photographie in Familienbesitz beschrieben. Hans Castorps Schneetraum sodann ist nach einer ganzen Reihe von Bildern Ludwig von Hofmanns «visioniert».

Weitaus das reichste Bildmaterial liegt zum *Joseph* vor. Es besteht aus über dreihundert Photographien, Kunstkarten, Bildern aus Zeitschriften usw. Ferner gehören eine ganze Reihe von bebilderten wissenschaftlichen Werken, von Kunst- und Reisebüchern zu den Anschauungsstützen; wir nennen nur: Immanuel Benzinger, *Hebräische Archäologie* (1927); Ludwig Preiß und Paul Rohrbach, *Palästina und das Ostjordanland* (1925); Heinrich Bulle, *Der schöne Mensch im Altertum* (1922); Alfred Kaufmann, *Ewiges Stromland* (1929); Georg Steindorff, *Die Blütezeit des Pharaonenreichs* (1926); Adolf Erman, *Ägypten und ägyptisches Leben im Altertum* (1923); James Henry Breasted, *Geschichte Ägyptens* (1936); Alfred Wiedemann, *Das alte Ägypten* (1920); Aylward Manley Blackman, *Das hundert-torige Theben* (1926); Bruno Meissner, *Babylonien und Assyrien* (1920); Heinrich Schäfer, *Amarna in Religion und Kunst* (1931).

Schon vor Beginn der Arbeit am *Joseph,* im März 1925, war Thomas Mann nach Ägypten gereist. In seinem Brief an Bertram vom 4. 2. 1925 wird der *Joseph* zum erstenmal erwähnt[7]: «Ich werde einen Blick auf die Wüste, die Pyramiden, die Sphinx werfen, dazu habe ich die Einladung angenommen, denn das kann bestimmten, wenn auch noch etwas schattenhaften Plänen, die ich im Geheimen hege, nützlich sein.» Vom Februar bis zum März 1930 war er, diesmal zusammen mit seiner Frau, erneut in Ägypten und Palästina unterwegs. «Es war eine bedeutende Reise, weit nilaufwärts ins Nubische, dann langsam über Assuan, Luxor, Kairo über den Kanal ins Vorder-Asiatische. Habe ich acht gegeben!» schrieb er rückblickend am 29. 4. 1930 an Maximilian Brantl (Br. I, 299). Eine «Inspektionsreise» hat er seine Nilfahrt bei Gelegenheit genannt[8]. Sie bestätigte ihm, was er aus seiner Bildersammlung im Grunde schon wußte. Daß er sich bei Beschreibungen lieber an Bildvorlagen als an vage Reiseeindrücke gehalten hat, zeigen die über sechzig Bildzitate in unserem Bande.

Nachzuweisen sind Vorlagen zu den meisten Hauptfiguren und -stätten. Laban und Dina sind nach Einzelbildern beschrieben. Dûdu, Potiphar und Mont-kaw stammen aus Erman/Ranke oder Breasted, Beknechons und die «Damengesellschaft» aus Steindorff. In Muts hochgepflegter Erscheinung «mit

dem leicht vettelhaften Einschlag» (V, 1228) sind verschiedene Bild- und Mal-
werke kombiniert: Festgestellt werden konnten eine ägyptische Frauenstatue aus
der Zeit der 18. Dynastie (Breasted) und ein Leda-Bild des Malers Beneš Knüpfer. Der aufmerksam-starre Blick der Königin Teje begegnet uns auf Abbildungen bei Steindorff und Schäfer. Auch einige Bilder Echnatons sind bei Schäfer
zu finden: Die Perücke, der Stirnreif mit der Königsschlange zeichnen auch
Thomas Manns Pharao aus. Asnath endlich, Josephs Braut, wird nach einer
Statuette der Imeret-Nebes (bei Breasted) geschildert. Das Bild der Aschtarti
hat Thomas Mann in Benzingers *Hebräischer Archäologie* gefunden. Anup, der
Mann auf dem Felde, sitzt wie der Bronze-Hermes aus Herculaneum (abgebildet bei Heinrich Bulle); der Mann auf dem Felde entstammt dem Halbrelief
von Hermes, Eurydike und Orpheus; der wulstlippige Knabe mit der Kapuze
sodann (IV, 586) gehört ursprünglich zu einer Beduinengruppe, die Thomas
Mann auf einer Reproduktion abgebildet sah[9].

Und dann die heiligen Stätten! Jaakobs Terebinthe, Bethel, wo Jaakob
träumt, Rahels Grab: Sie alle sind nach Bildern in Preiß und Rohrbach deskribiert. Auch der Brunnen, in den Joseph gestürzt wird (IV, 565), ist da abgebildet. In Kaufmanns Buch *Ewiges Stromland* sind eine ganze Reihe von
Nillandschaften vorgegeben, die Joseph im Roman erblicken wird. Neben
Göttern, Herrschern und Landschaften hat Thomas Mann Dutzende von All-
tagsszenen aus ägyptischen Kunstwerken in die *Joseph*-Welt herübergenommen.

Nach Abschluß der Arbeit an der Moses-Novelle, am 14. 3. 1943, räumte
Thomas Mann «das gesamte mythologisch-orientalistische Material zum ‹Joseph›, Bilder, Exzerpte, Entwürfe, verpackt beiseite» (XI, 155). Den Packen
schrieb er mit Blaustift an:

> Aegyptische Bilder
> Notizen zu «Joseph»
> Notizen zum «Gesetz»

«Tisch und Schubfächer waren leer», berichtet er in der *Entstehung des Doktor
Faustus* weiter. «Und nur einen Tag später, den 15. März, um genau zu sein,
taucht in meinen abendlichen Tagesrapporten das Sigel ‹Dr. Faust›, fast ohne
Zusammenhang, zum erstenmal auf» – er beginnt, in den alten Notizbüchern
nach «Material» für den *Doktor Faustus* zu suchen. Dabei handelt es sich zunächst um Selbstbeobachtungen, die er zwischen 1901 und 1908 im Hinblick
auf den *Geliebten/Maja*-Komplex[10] festgehalten hatte. Es kam die Geschichte
seiner Familie dazu, die zu schreiben er schon in einem Brief vom 11. 11. 1913
an Heinrich Mann träumt[11]. Ausgehend von dem 1905 notierten Intoxika-
tionsmotiv – ein Künstler steckt sich willentlich mit Syphilis an, um genial zu
werden –, begann er, dem Motiv der Verteufelung in verschiedenen Viten und
Mythen nachzuspüren: Die Nietzsche-Schicht, die Faust-Schicht, die Luzifer-

Schicht legten sich übereinander; in kühner Analogie dazu glaubte er die
Vita des ganzen deutschen Volkes deuten zu können. Auch die horizontalen
Strukturen, die leitmotivischen Verknüpfungen begannen sich herauszubilden:
Die Motive der Kälte, der Einsamkeit, des Hochmuts und der Sehnsucht, schon
lange vorgegeben und immer neu zu bewältigen, stellten sich ein. Und gleichzeitig mit der Komposition setzte das ein, was er verschiedentlich als «Realisation» (XI, 655) bezeichnet hat: die Konkretisierung der schemenhaften Welt,
die «Verwirklichung» des Mythos.

Bildermaterial liegt im Falle des *Doktor Faustus* kaum vor – es ging ja vor
allem um Musikologisches. Unter den 114 Dokumenten, die zum *Faustus*-Mate-
rial gehören, liegen zur Hauptsache Konzertprogramme und -rezensionen, mit
deren Hilfe sich Thomas Mann sein musikalisches Vokabular aufzubereiten gedachte. Monographien über Berg, Beethoven, Schumann, Wolff und andere
kommen dazu, Adornos *Philosophie der neuen Musik,* die Thomas Mann in einer
maschinengeschriebenen Vervielfältigung besaß. Bei der Komposition der
«Apocalipsis cum figuris» allerdings hielt sich Thomas Mann an Dürers Holzschnitte, die er in Wilhelm Waetzoldts *Dürer*-Buch abgedruckt fand[12]. Bekanntlich sind Leverkühns Eltern, sein Onkel und er selbst ebenfalls nach
Dürer-Bildern porträtiert[13]. Auch Michelangelos *Jüngstes Gericht* wird «zitiert»[14]. Ehrenfried Kumpf dürfte nach Cranachs Luther-Bild deskribiert sein.
Die Schnecken, Muscheln und osmotischen Gebilde in Jonathan Leverkühns
Raritätenkabinett hat Thomas Mann in naturwissenschaftlichen Werken gefunden. Leverkühns Tiefseegondel ist nach den farbigen Illustrationen eines
amerikanischen Magazins beschrieben, die Milchstraßenwirbel der «Sympho-
nia cosmologica» (VI, 359ff.) nach populären astronomischen Werken, die
auch Kuckucks Weltenfahrt mit Krull wieder zugrunde liegen. Echo endlich
ist in charakteristischer Haltung (VI, 615) nach einer Photographie festgehalten, die Thomas Manns Enkel Frido und dessen Bruder Antonio zeigt.

Weitere Beispiele sollen hier nicht genannt werden. Die Dokumente dieses
Bandes sprechen für sich selbst. Wir haben uns darauf beschränkt, in unserer
Dokumentation jene Bildvorlagen (rund zweihundert an der Zahl) wiederzu-
geben, die Thomas Mann in seinem Werk nachweislich verwertet hat – und
auch von diesen nicht alle: Auf einige unergiebige Kurzbeschreibungen und
deren Vorlagen wird im Anhang wenigstens verwiesen. Die Sammlung kann
keinen Anspruch darauf erheben, alle Bildvorlagen, die Thomas Mann in seinen Werken beschrieb, aufgedeckt zu haben. Aber das Material sollte reich
genug sein, einige grundsätzliche Überlegungen zu Thomas Manns Deskrip-
tionstechnik zu gestatten. Insbesondere soll abgeklärt werden, wie diese
Verfahrensweise mit seinem Fiktionsbegriff zusammenhängt. Dahinter steht
die Frage, wie sich Wirklichkeit und Kunst bei Thomas Mann zueinander ver-

halten, und dieses ästhetische Problem ist seinerseits gekuppelt mit einem psychologischen: mit der Frage nach Thomas Manns Verhältnis zur Wirklichkeit allgemein.

II

Der Arbeitsprozeß ist im Grunde immer der gleiche. Nach Jahren der stillen Konzeption, in denen ein Stoff träumerisch hin und her bewegt, auf seine ideelle Tragfähigkeit geprüft, motivisch angereichert und auf einen bestimmten Erzählton festgelegt wird, setzt die eigentliche Bearbeitung damit ein, daß Thomas Mann sich alle äußern Umstände der Handlung genau zurechtlegt. Während Tagen oder Wochen rafft er alles an sich, was «zur Sache» gehört. Er exzerpiert aus Quellenwerken, er durchblättert Bilderbände, er schneidet Passendes aus Zeitschriften aus.

«Kontaktnahme» (XI, 659) hat Thomas Mann diese Phase der Arbeit genannt. Kontaktnahme bedeutet mehr als nur ein mechanisches Bereitstellen von Einzelheiten. Sie bedeutet, wie er seinen Goethe sagen läßt (II, 662), ein bohrendes «Sichvertiefen in Sphäre und Gegenstand», ein «Sichvergraben und Schürfen besessener Sympathie, die dich zum Eingeweihten macht der liebend ergriffenen Welt, so daß du mit freier Leichtigkeit ihre Sprache sprichst und niemand das studierte Détail vom charakteristisch erfundenen soll unterscheiden können». Kontaktnahme hat also mit naturalistischem Hang nach Exaktheit nicht viel zu tun, sie besteht vielmehr in einem erotischen Sichaneignen immer neuer Wirklichkeitssphären und ermöglicht in bestimmten Augenblicken sogar eine Art von intuitiver Nachschöpfung, ja Erfindung: «Nun, es wäre unsinnig zu leugnen», schreibt Thomas Mann über die «‹wissenschaftlichen› Vorarbeiten» zum *Joseph*[15], «daß viel Studium, viel Bemühung um die ‹Quellen› dem Schreiben voran- und parallel lief; aber nicht in diesem Sinne, als ‹historisch fundierter› Roman und kulturgeschichtliches Panorama, will meine Josephsgeschichte verstanden sein. Es ist und bleibt in erster Linie ein Erzählwerk, das genossen und nicht studiert werden möchte, und ich erzähle denen, die sich über meine Gelahrtheit wundern, gern, daß gerade Einzelheiten, die man für studiert halten sollte, in Wahrheit frei erfunden sind. Sie sind Produkte dessen, was ich ‹Kontaktnahme› nenne: der eindringlichen Vertrautheit mit einer Sphäre, die einen in ihrer Sprache zu sprechen und in ihrem Geist zu erfinden lehrt.»

Die gesammelten Bildvorlagen haben dabei eine ähnliche Aufgabe zu übernehmen wie die Quellenexzerpte: Sie sind Subsidia, Stimulantien, Mittel zur Erwerbung gelehrter und anderer Welten «zu productivem Zweck» (II, 660). Im Unterschied zu den Exzerpten sind die Bilder erst noch in Worte umzu-

setzen. Unsere Dokumentation enthält etliche Kabinettstücke von Thomas
Manns Deskriptionskunst. Wie er dabei im einzelnen vorgeht, was seine Deskriptionen leisten, wäre von Fall zu Fall zu untersuchen. Daß Bilder eine kon-
servierte, schon bewältigte Wirklichkeit wiedergeben, erleichtert die Deskription.

Wir fragen hier indessen nicht nach Stil und «Wert» solcher Deskriptionen,
sondern allein nach der Funktion der Bildvorlagen im Entstehungsprozeß des
Werkes. Grundsätzlich lassen sich zwei Funktionen unterscheiden[16]: Die Bildvorlagen dienen erstens zur Realisation des Kunstwerks, zweitens zu dessen
Komposition.

«Realisation» (XI, 655) des Kunstwerks – das bedeutet zunächst, daß dem
illusionären Kunstwerk Wahr-Scheinlichkeit verliehen werden soll. Nietzsche
hat das Kunstwerk als «Olymp des Scheins» gedeutet. Als eine geordnete
Scheinwelt soll es den Horror des Chaos überdecken. Um sich aber nicht in
bloßen Schein zu verflüchtigen, muß es «wahre» Wirklichkeit aufnehmen, es
muß den Charakter der Authentizität durch Dingreichtum erzwingen. Thomas
Mann erzwingt solche Authentizität durch einen ungeheuren Aufwand an
«Wahrheitsdetail» (IX, 51), durch «kluge Zwergenarbeit» (IX, 519), die zu
einem «gigantischen Miniaturismus» führt, «der auf das einzelne versessen zu
sein scheint» (X, 354), wo es doch nur um den Effekt der Täuschung geht[17].
Wirklichkeit soll sich in Fiktion verwandeln, Fiktion das Wirkliche absorbie-
ren, so daß jene «träumerische und reizvolle Vermischung der Sphären» (XI,
166) zustande kommt, die dem Schopenhauer- und Nietzsche-Adepten seit je
geläufig war. Das Übergängliche zwischen Schein-Wahrheit und Wahr-
Scheinlichkeit gehört zu den Grunderfahrungen seines Lebens und seiner Kunst.

Realisation – das bedeutet in späterer Zeit auch «Verwirklichung des Mythos»: «Der Leser», schreibt Thomas Mann seinem Bruder Heinrich am
3. 3. 1940 im Zusammenhang mit *Lotte in Weimar* (Brw. 194), «hat die Illusion,
ganz genau zu erfahren, wie *es* wirklich war und glaubt dabei zu sein.» Unter
«Realisierung des Mythos»[18] versteht Thomas Mann nichts anderes als die
Vergegenwärtigung des Urbildhaften in Raum und Zeit. Schopenhauerisch
gesprochen: Die Idee soll individualisiert, das heißt, sie soll durch charakteristische Einzelzüge anschaulich gemacht werden. In *Lotte in Weimar* zum Beispiel soll der Mythos Goethe als Person erscheinen. Goethe soll so sprechen,
wie er gesprochen hat, er soll so aussehen, wie zeitgenössische Porträts ihn gezeigt haben. (Der vorhistorische Raum gewährt entsprechend größere Frei-
heiten: Joseph soll so aussehen, wie Jünglinge am Hebron ausgesehen haben.
Er kann aber auch so aussehen, wie sich irgendein Maler einen südländisch
schönen Jüngling vorstellt. Die betreffende Bildvorlage braucht also keine
«historische» Wahrscheinlichkeit zu vermitteln.)

An die Stelle einer Bildvorlage kann auch eine bestimmte lebende Person treten, die dem Autor (meist ohne ihr Wissen) als Modell zu dienen hat. Monika Mann erzählt in *Vergangenes und Gegenwärtiges* von einem «schönen Vierzehnjährigen spanischen Geblüts», der «wegen seiner exotischen Schönheit für meinen Vater das Modell des ‹Jungen Joseph› vorstellte»[19]. Tatsächlich mußte Golo Mann, als er in Salem zur Schule ging, dem Vater Photographien eines spanischen Mitschülers nach Hause senden[20]. Übrigens, berichtet Golo Mann weiter, habe sein Vater die Familie Krull «einmal auf einem Schiff auf dem Rhein beobachtet». Die Familie blieb unbekannt, dagegen glaubt man die Modelle zu Tadzio[21] und zu Ken Keaton[22] aus der *Betrogenen* inzwischen gefunden zu haben.

Daß viele der Porträtierten sich gekränkt fühlten, sei hier nur am Rande erwähnt. Das geht in einer langen Reihe von Onkel Friedrich, dem Onkel Christian der *Buddenbrooks*[23], bis zu Reisiger und Preetorius, die sich als Rüdiger Schildknapp und Kridwiß im *Doktor Faustus* porträtiert sahen[24]. Die *Buddenbrooks* wurden als Schlüsselroman geschmäht; in Lübeck zirkulierten Adreßlisten, welche die hinter den Figuren stehenden «eigentlichen» Personen dekuvrierten. Auch die eigene Familie hat Thomas Mann nicht geschont: In der *Königlichen Hoheit* tragen Imma Spoelmann und ihr Vater Züge von Katja und Alfred Pringsheim. *Wälsungenblut* mußte auf dessen Verlangen zunächst zurückgezogen werden[25]. Im *Doktor Faustus* hat Thomas Mann die Gestalten der Clarissa Rodde und der Ines Institoris nach seinen Schwestern Carla und Julia gezeichnet. Arthur Holitscher glaubte sich in dem Schriftsteller Spinell karikiert zu sehen – er bildete sich nach einem Besuch bei Thomas Mann ein, dieser beobachte ihn auf der Straße noch durchs Opernglas[26]. Lukács scheint sich in Naphta nicht erkannt zu haben[27]. Dagegen ist Hauptmanns fulminante Reaktion auf die Peeperkorn-Kapitel nur allzu bekannt[28].

Thomas Mann hat lebende Personen grundsätzlich nicht anders behandelt als die Bildvorlagen: Er schwärzte sie ein wie Figuren aus Illustrierten, Kunstbüchern oder literarische Gestalten – unter fremdem Namen oder in einzelnen Fällen auch unter dem richtigen: «Die Einschwärzung lebender, schlechthin bei Namen genannter Personen unter die Figuren des Romans, von denen sie sich nun an Realität oder Irrealität nicht mehr unterscheiden, ist nur ein geringeres Beispiel für das Montageprinzip, von dem ich spreche», schreibt Thomas Mann in der *Entstehung des Doktor Faustus* (XI, 165).

Was erhellt aus alledem? Phantasie mit ihrem *e nihilo fiat!* wird bei Thomas Mann offenbar weitgehend ersetzt durch Beobachtung, Mimikry, psychologische Einsicht und kombinatorisches Vermögen. Gerne hat er das Goethesche «Das Erfinden aus der Luft war nie meine Sache» zitiert und sich ans Finden gehalten[29]. Beobachtung, um damit zu beginnen, sollte seinem Stil den Wahr-

scheinlichkeitscharakter geben, von dem wir schon gesprochen haben. Die
Freude an der Mimikry, Thomas Manns Histrionentum, hängt mit seiner Gabe
des genauen Sehens eng zusammen. Darüber hinaus entspricht sie seiner Neigung zur Parodie – wie Nietzsche und Freud war er ja geneigt, im Parodi-
stisch-Imitatorischen die Wurzel allen Künstlertums zu sehen[30]. Die «Lust am
Psychologischen» (VIII, 106), das Vermögen, die Menschen zu durchschauen,
wird im Kalklicht einer an Nietzsche geschulten Entlarvungspsychologie oft
zur Qual – nicht umsonst heißt es in einer Notiz von 1899, Tonio Kröger
werde «von der psychologischen Erkenntnis» ganz einfach aufgerieben[31].
Observatio verwandelt sich dabei oft in psychologistische *intuitio*. Das kombina-
torische Vermögen sodann setzt charakteristische Einzelzüge aus verschiedensten Quellen zu fugenlosen Collagen zusammen.

Deskribiertes kann auch in den Dienst der «Komposition» (Br. II, 471) gestellt werden. Es geht dann darum, die Bildvorlagen auf ihre «kompositionelle
Deutungsfähigkeit» (XI, 124) zu prüfen; sie sollen also das kompositionelle
Gefüge des Romans verdichten helfen. Ein Beispiel: Um Adrian Leverkühn
mit der *Faustus*-Schicht des Romans und mit dem Reformationszeitalter allgemein in Verbindung zu setzen, läßt ihn Thomas Mann Dürers *Apocalipsis cum
figuris* vertonen. Die einzelnen Szenen des Oratoriums werden nach Dürers
Holzschnitten beschrieben. Aber nicht genug damit. Thomas Mann porträtiert
insgeheim Leverkühns Verwandte und diesen selbst nach Bildern und Selbst-
bildnissen von Dürer. Die wenigsten Leser werden das bemerken. Für jene,
die es wissen, verdichtet sich die Textur des Romans. Das Geflecht der offenen
wird durch ein noch feineres der verdeckten Bezüge ergänzt. Damit auch die im
Motto vorgegebene Dante-Schicht des Romans leitmotivisch wieder auftritt,
verweist Thomas Mann/Zeitblom in seinem Bericht über das Oratorium übrigens auch auf Michelangelos *Jüngstes Gericht,* das natürlich mit der *Inferno*-
Dichtung assoziiert werden soll.

Wie bei den Zitaten aus literarischen Werken, so scheint Thomas Mann auch
bei den Bildzitaten wenigstens teilweise damit zu rechnen, daß der Leser sie als
Zitate erkennt. Erkennt er sie, dann steigert sich auch für ihn der «Beziehungs-
zauber» (IX, 520) des Werkes[32]. Dessen Güte wird durch Dichte und Strenge
der Bezüge bestimmt, die Güte des Lesers nach seinem Vermögen, diese Bezüge
zu sehen, alle in der Komposition erklingenden und mitschwingenden Stimmen gleichzeitig zu erfassen und sie in ihrem ganzen «Erinnerungswert» (IX,
520) zu verstehen. Daß Thomas Mann dabei so weit ging, das Beziehungsreiche mit dem Bedeutenden gleichzusetzen, entspricht den Möglichkeiten
seiner *ars combinatoria,* die nicht, wie Goethes Symbolkunst, das Bedeutende
dort erkennt, wo im Besonderen ein Allgemeines aufleuchtet, sondern die Be-
deutungskraft eines Motivs aus dessen Relationsreichtum erschließt. Thomas

Manns Kunst gibt die Relationen zwischen den Dingen und läßt damit die Symbolkraft fremder Dichtung und Kunst in das eigene Werk einströmen.

Daß das Assoziierte bei aller Repräsentativität Persönlichstes aussprechen kann, vermag die Auswahl gewisser Bilder zu bezeugen, die es mit Thomas Manns «eigener Thematik» zu tun haben. Wir nennen vier Komplexe:

1. Die christlich-protestantische Sphäre von Heimsuchung und Bewährung sah Thomas Mann in Dürers Kupferstich *Ritter, Tod und Teufel* (1513) exemplarisch gestaltet. Der Komplex wird in den *Betrachtungen eines Unpolitischen* wiederholt zitiert[33]. Das «Ritter, Tod und Teufel»-Kapitel aus Bertrams *Nietzsche*-Buch steht in nächster Nähe. Vielleicht war Thomas Mann auch von Wölfflins *Dürer*-Buch von 1905 auf den Stich aufmerksam geworden[34]. Noch im *Doktor Faustus* gehört der Stich in den Assoziativzusammenhang (VI, 160). Thomas Manns Vorlage, ein Blatt aus einem Kunstkalender von 1922, liegt jetzt beim nachgelassenen Material zum *Erwählten;* es dürfte aus der *Faustus*-Mappe herübergerutscht sein[35]. Am eingehendsten hat Thomas Mann den ganzen «Schicksalskomplex und Sternenstand», den das Bild in ihm wachruft, in seinem Dürer-Aufsatz von 1928 heraufbeschworen[36] – auch ihm behagt, was Nietzsche an Schopenhauer und Wagner behagt hat, «die ethische Luft, Kreuz, Tod und Gruft»[37]. Es ist die nordisch-deutsche, bürgerlich-moralistische Sphäre, die er liebt: die «Heimatsphäre» von Passion, Kryptenhauch und Melencolia, das alles gemeistert mit jener Männlichkeit und Ständigkeit, die Goethe an Dürer geliebt hat. Die Reizwörter, die Thomas Mann damit assoziiert, sind Bürgerlichkeit und Abenteuer, Fleiß und Verwegenheit, Pedanterie und Wagnis, Butzenscheibe und Totenkopf – sie umreißen die Spannung seines eigenen Lebens, in dem ja nur eines größer war als die Leistung: die Ungenügsamkeit.

2. Dem nordisch-christlichen Komplex steht in Thomas Manns Werk der heidnisch-christliche gegenüber. Während der *Tod in Venedig* eher protestantisch gedacht ist als antik[38], steht Krulls Lebensbahn, wie es seiner Göttergestalt entspricht, von allem Anfang an eher unter der griechischen Sonne[39] – er lehnt sich in seinen hochstaplerischen Memoiren ja an jenen Goethe an, der *Dichtung und Wahrheit* und die Seiten über den besonnten Rheingau geschrieben hat, und schließlich wird seine *imitatio* Goethes zum Hermes-Spiel[40]. Von südlichen Gefilden träumt, mitten aus Frost und Walpurgisnacht, auch Hans Castorp. Die Lichtwelt, die ihm in seinem Traum vom Südmeer und den Sonnenkindern aufgeht, ist in einer ganzen Reihe von Bildern vorgegeben, die Ludwig von Hofmann, der rom- und griechenlandselige, gemalt hat – Thomas Mann schreibt ihm am 27. 6. 1914, er habe sich im vergangenen Winter «bis über beide Ohren» in das Bild *Die Quelle* verliebt[41]. Das ist nun nicht mehr Heimatsphäre, es ist das «Land der Sehnsucht», das Thomas Mann in solchen Bildern sucht. Er erlebt, wie so viele, die in Niflheim sich quälen, die Sehnsucht nach

durchsonnter Luft und klarem Kontur, die Sehnsucht des Asketen nach dem
Glück. Felix, Joseph, Goethe: Sie sind, über drei Werke hinweg, die Sonnen-
kinder, von denen er wie sein Hans Castorp träumt.

Der Gegensatz zwischen den Albrecht van der Qualen, Gustav von Aschenbach, Adrian Leverkühn auf der einen, den Glückskindern und Göttergleichen
auf der andern Seite ist auch aus dem thematisch relevanten Bildmaterial abzulesen. Dem Dürerschen *Schmerzensmann,* nach dem der umnachtete Leverkühn
geschildert ist (VI, 674), tritt immer entschiedener der maß- und lichtvolle
Hermes gegenüber, der «schöne Mensch» des Altertums[42]. Christus und Hermes, Ecce homo und Glücksgott, Christentum und Griechentum: Die Spannung zwischen ihnen durchzieht Thomas Manns Lebenswerk. Sie schlägt sich
auch in der Auswahl der Bilder nieder, die ihm helfen müssen, diese Spannung
sichtbar zu machen.

3. Noch ein weiterer thematischer Komplex läßt sich aus Thomas Manns
Bildwahl herauslesen. In der hymnischen Studie *Süßer Schlaf* (1909), dieser
Vorübung auf den *Krull,* erwähnt Thomas Mann ein französisches Bild, das
Marche à l'étoile heiße und «in seiner hinsterbend blauen, schwimmend musika-
lischen Stimmung der schönste Alkovenschmuck» sei, den er sich denken könne
(XI, 336). Das Motiv träumerischer Entrückung ins Raum- und Zeitlose ist
wieder da in jenem Bild, das er in der *Pariser Rechenschaft* erwähnt – Watteaus
L'embarquement pour Cythère (XI, 73). Die beiden Bilder sind, soweit wir sehen,
nirgends eingehend beschrieben; sie werden nur im Vorübergehen genannt.
Beide stellen Verklärungs- und Entrückungsträume dar, Paradiesfahrten in
christlicher oder antiker Verkleidung. Noch Krull wird seinen Weg nach oben
durch die Rue de l'Echelle au Ciel (VII, 421) antreten – Jaakobs Himmelsleiter
muß es sich gefallen lassen, ihren Märchenschimmer übers Pariser Pflaster zu
verbreiten, damit das *excelsior*-Motiv auch zu Beginn von Krulls Marsch nach
den Sternen leitmotivisch eingeführt ist.

4. Nicht nur angesprochen, sondern tief betroffen muß sich Thomas Mann
auch gefühlt haben, als ihm zur Zeit des *Erwählten* das Bild des jungen adligen
Pärchens aus der Ritterzeit vor die Augen kam, beide, der Ritter wie das Fräulein, mit dem Abzeichen der Auserwähltheit auf der Stirn. Hatte er solche
überzüchtete Hochbürtigkeit nicht schon in *Wälsungenblut* dargestellt? Hatte
nicht Sieglinde dort einen goldenen Reif im Haar getragen, «von dem in ihre
Stirn hinab eine große Perle hing» (VIII, 381)? – der Zwillingsbruder hatte ihn
ihr geschenkt. War nicht dort schon der Inzest mit «sündlicher Heikligkeit»
(VII, 33 f.) der Geschwister begründet worden, als ein Verbot, das zu brechen
nur bevorrechteten, «exzeptionellen» Kindern (VII, 28) zukam? Kindern, die
nur Ebenbürtiges lieben durften – und im Ebenbürtigen sich selbst liebten,
so daß Inzest als natürliche Folge des Narzißmus anzusehen war?

Die vier Motivkreise, so verschieden sie auf den ersten Blick erscheinen mögen, haben es alle mit Erwähltheit und Verstoßung, mit dem Schicksal der Ausgesuchten und der Heimgesuchten zu tun, mit Ganymed und Luzifer. Die träumerische Betroffenheit, die Thomas Mann beim Anblick der erwähnten Bilder empfunden haben muß, läßt sich daraus erklären, daß sie mit der zentralen Thematik seines Lebenswerkes in Verbindung stehen.

Ob nun ein Bild der Realisation oder der Komposition diente: Solange es ihn nicht existentiell betroffen machte, hat er es nach eigenem Geständnis bald vergessen oder verdrängt. In einem Brief vom 18. 7. 1941 an Heidi Heimann schreibt er[43]: «Die Quellen-Vorbilder und visuellen Anhalte, die mir bei meiner Arbeit dienen, vergesse oder verdränge ich merkwürdig schnell, so daß ich sehr bald beim besten Willen keine Auskunft mehr darüber zu geben weiß. Ein paar Ihrer Beobachtungen aber scheinen mir zutreffend. Ich habe die Statue des Hem-On selbst nie gesehen, weiß aber, daß irgend eine Abbildung in einem Buch über Ägypten mich der äußeren Figur des Peteprê ungefähr ansichtig gemacht hat. Auch mit den Zwergen haben Sie in gewissem Grade recht, denn die Anregung zu dem Ehe-Zwerg gab natürlich die bekannte Plastik des Ehepaars mit dem zwergischen Gatten und den Kindern am Sockel; dagegen hatte ich für den unehelichen Zwerg gar kein Vorbild. Er ist frei erfunden, wie auch Mont-Kaw.» Dieser Brief ist, wie unsere Dokumentation zeigt, selbst ein Beispiel für solches Vergessen und Verdrängen. Weshalb verdrängt Thomas Mann denn die herangezogenen Bild- und Textquellen? Wohl deshalb, weil er den Schaffensprozeß nicht einsichtig machen will und auch nicht restlos einsichtig machen kann. Und weshalb vergißt er seine Quellen? Weil sie für ihn nur so lange interessant sind, als sie etwas zur Sache beitragen, als Lieferanten von Einzelzügen also, als Bestätigung oder Bereicherung des zur Rede Stehenden, aber nicht für sich selbst.

Aus dem Gesagten geht auch hervor, daß Thomas Mann seine Bildersammlungen nicht aus Kunstinteresse angelegt hat. Der künstlerische Wert einer Bildvorlage spielt überhaupt keine Rolle. Er wählt nicht nach irgendeinem Kunstkanon aus; er bevorzugt keine Epoche, Technik usw. Die Qualität einer Reproduktion ist ihm völlig gleichgültig. Es kommt ihm nicht auf die Kunst *per se* an, sondern einzig auf die Verwertbarkeit bestimmter Bildvorlagen. Die Reproduktion eines Kunstwerkes hat im Realisationsprozeß keine höhere Wertigkeit als die Photographie eines Gebrauchsgegenstandes. Bei der Komposition des Textgefüges allerdings vermag ein Kunstwerk, das selbst schon bewältigte Wirklichkeit, also «Geist» ist, den Text zu bereichern, indem es neue Bedeutungskomplexe in ihn einströmen läßt und ihn so mehr- oder vielstimmig macht.

III

Nun hat Thomas Mann, der zu Zwecken der Realisation und Komposition so viele Bilder «abgeschrieben» hat, wiederholt betont, er sei kein Augenmensch, Kunst und Natur sagten ihm nicht viel – er sehe nichts, im Grunde *wolle* er nichts sehen. Wie ist dieser Widerspruch zu lösen? Wie geht solche Ablehnung der Wirklichkeit – ist es Angst? ist es Verachtung? – zusammen mit dieser immer wieder spürbaren Lust an der Deskription?

Wir müssen zur Beantwortung dieser Frage etwas ausholen. Als Kerényi ihm seine *Unwillkürlichen Kunstreisen* zustellte, dankte ihm Thomas Mann am 5. 12. 1954 mit einem Brief, der aufhorchen läßt[44]: «Gelesen habe ich diese ‹Fahrten im alten Europa› gleich in der Korrektur, jetzt nur darin geblättert, repetiert und die Bilder beschaut und zweierlei sehr stark dabei empfunden: Erstens, warum ich zurückgekehrt bin – und zweitens, wie ungeheuer doch Bildung, Wissen, Schönheitssinn, eine freudig-gelehrte Kultur des Auges das Leben und seinen Genuß erhöhen, vertiefen, verstärken, es zu einem beständigen geistvoll-sinnlichen Fest machen. Dazu natürlich: wie sehr ich dank meiner skandalösen Unbildung an solchen Glücksmöglichkeiten hinter Ihnen zurückstehe. Zwar muß ich nicht, wie der große Schiller, gestehen: ‹Leider ist Italien und Rom besonders kein Land für mich; das Physische des Zustandes würde mich drücken und das aesthetische Interesse mir keinen Ersatz geben, weil mir das Interesse und der Sinn für die bildenden Künste fehlt.› Ich habe eine andächtige Leidenschaft für Rom, die Schönheitsschätze der Jahrtausende, die es birgt, seinen majestätischen Kultur-Durchblick, und Sie haben durchaus recht, zu schreiben, daß es mir da an ‹ziemender Ehrerbietung nicht fehlt›, auch daß es mich träumerisch ergriff, vor ‹*dem*› Papst zu stehen. Aber eine gewisse beunruhigende Verwandtschaft mit dem Dichter ist doch vorhanden, der über seine Unwissenheit klagte und vor dem Epos zurückschreckte, weil ihm ‹die Kenntnisse fehlten›, die ein Homeriker braucht. Auch für mich ist die Welt des Auges nicht eigentlich meine Welt, und im Grunde *will ich nichts sehen* – wie er. Warum hat er nicht *ein*mal, bevor und während er den ‹Tell› schrieb, eine Spritztour nach der Schweiz unternommen? Es wäre doch unschwer zu bewerkstelligen gewesen. Er wollte nichts sehen. Er plante Dramen, die Seereise-Abenteuer zum Gegenstande haben, ‹Das Schiff›, ‹Die Flibustier›, und dachte garnicht daran, einmal ans Meer oder gar auf das Meer zu gehen. Er wollte alles aus sich selber schöpfen und hat sich nach eigener Ansage ein Drama zurechtgemacht, das seinen persönlichen Bedingungen, Lücken und Möglichkeiten entsprach, und in dem er dann ‹notwendig eine gewisse excellence bewährte›. Wie mich das anheimelt! So habe ich mir aus meinen Begabungen und

profunden Unbegabungen einen eigenen Roman zurechtgemacht, in dem ich
nun ‹notwendig excelliere›.»

Thomas Mann arbeitete damals am *Versuch über Schiller.* Er hatte die Zitate
also zur Hand. Der Brief nimmt aber eine Problematik wieder auf, die schon
in den Notizen zu *Geist und Kunst* (um 1909) zur Sprache kommt[45]. In Oskar
Walzels Aufsatz *Schiller und die bildende Kunst* war er auf folgende Stelle ge-
stoßen: «Noch im Jahre 1803 nennt Schiller sich brieflich einen ‹Barbaren in
allem, was bildende Kunst betrifft› und erwehrt sich W. von Humboldt gegenüber der Zumutung, Rom aufzusuchen, mit dem Argument: ‹Leider ist Italien
und Rom besonders kein Land für mich, das Physische des Zustandes würde
mich drücken und das ästhetische Interesse mir keinen Ersatz geben, weil mir
das Interesse und der Sinn für die bildenden Künste fehlt.› Seines Könnens
bewußt hat Schiller nie sich gescheut, seine ‹Armut der Anschauungen und Erfahrungen nach außen› zu bekennen. Daß er niemals zu andauernder und ruhiger Betrachtung von Werken der bildenden Kunst gekommen ist, daß ihm auf
diesem Felde vor allem ‹Anschauung und Erfahrung› fehlten, ist sicher.» Thomas Mann hat sich die Stelle am Rande angestrichen.

In der *Schweren Stunde* (1905) schon hat er seinen Schiller an den «Hellen,
Tastseligen, Sinnlichen, Göttlich-Unbewußten» denken lassen, «der unmittelbar und mit göttlichem Mund die besonnten Dinge beim Namen nannte» (VIII,
377). In seinem groß angelegten Essay der zwanziger Jahre sodann, *Goethe und
Tolstoi,* stellt er die beiden Homeriker Schiller und Dostojewski gegenüber
und reißt mit diesen gegensätzlichen Paarungen jene Grundantithetik wieder
auf, die er ein Leben lang zu überspielen versucht hat, die Antithetik von Plastik und Kritik, von Sinnlichkeit und Erkenntnis, von Heidentum und Christentum (Platonismus), von naiv und sentimentalisch, von Natur und Geist.

In Notiz 37 zu *Geist und Kunst*[46] verweist Thomas Mann aber auch auf
Wagner: «Wagner und die bildende Kunst. Ganz ohne Verhältnis. Augen-
menschen etc. S. Brief an Fr. Wesendonk S. 203 f.» Am 1. 1. 1860 hatte Wagner
an Mathilde Wesendonk nach Rom geschrieben[47]:

Sehen und schauen Sie für mich mit: ich habe es nöthig, daß es Jemand für mich thut,
und Niemand lieber mag ich für mich schauen lassen, als Sie. Mit mir hat es da eine
eigene Bewandtniß: das habe ich wiederholt, und endlich am Bestimmtesten in Italien
kennen gelernt. Ich werde eine Zeitlang durch bedeutende Wirkung auf mein Auge
ungemein lebhaft ergriffen: aber – es dauert nicht lange. Gewiß kommt das nicht daher,
daß mein Auge unersättlich wäre; es scheint aber, daß es mir als Sinn der Wahrnehmung
der Welt nicht genügt. Vielleicht geht es mir, wie es dem so augenseligen Göthe selbst
widerfahren ist, als er im Faust ausrief: «Welch Schauspiel! Aber ach – ein Schauspiel
nur!» – [...] Göthe in Rom ist eine sehr erfreuliche und höchst bedeutende Erscheinung:
was er da ausbeutete, kam Allen zu Gute und Schillern ersparte er dadurch entschieden
das Selbstsehen; dieser konnte sich nun vortrefflich behelfen und seine edelsten Werke

schaffen, während Göthe mit der Zeit seine Augenlust bis zur Grille verfolgte, so daß wir ihn am Ende mit wunderlicher Begier beim Münzensammeln ankommen sehen. Er war ein ganzer und vollkommener Augenmensch!

Neben «Wagner in Italien» wird in *Geist und Kunst* auch auf «Hebbel in Italien» angespielt[48]. In seinem Tagebuch hatte Hebbel unter dem Datum des 20. Februar 1845 festgehalten[49]:

> Ich bin nun so lange in Italien, daß ich schwerlich eine noch eben so lange Zeit werde verweilen können, und dennoch steht in diesem Tagebuch fast Nichts über Land und Volk, wie sie mir vorgekommen sind. [...] Nun ist die bildende Kunst mir das nicht, was sie Anderen, was sie z.B. Goethe war; die Momente, wo ich mich mit Gewalt zu ihr hinzuzogen und mich im Anschauen der Meisterwerke selig fühle, sind sehr selten bei mir, und den Drang, mich über die allmälige Entwicklung der Schulen aufzuklären und zu dem Ende mit Allem und Jedem, was im Lauf der unendlichen Zeit gemalt und gemeißelt worden ist, bekannt zu machen, empfinde ich gar nicht, ich kann mich so wenig mit einem unbedeutenden Maler beschäftigen, wie mit einem unbedeutenden Schriftsteller. Eben so wenig hat die antiquarische Seite der Stadt Rom einen Reiz für mich; ich kann mir den Götter-Tempel aus dem Steinhaufen, der noch von ihm übrig blieb, nicht wieder zusammen setzen, und es ist mir völlig gleichgültig, ob er so hoch war, wie man sagt, oder nicht, da ich ja doch nicht mehr hinaufsteigen und mich umsehen kann. Rom ist nur als Ganzes etwas für mich und die höchste Poesie, die ich daraus mit wegnehmen werde, ist der Gedanke, da gewesen zu seyn.

Was Thomas Mann im Brief vom 5. 12. 1954 als «eine gewisse beunruhigende Verwandtschaft» mit Schiller ausgibt, hat er offenbar schon früh auch gegenüber Wagner und Hebbel empfunden. Die naive Sehlust ist auch ihm fremd. Darüber kann auch die «Gabe des Schauens» nicht hinwegtäuschen, die Krull in den Fußstapfen Goethes gegenüber den «Szenen der schönen Welt» an den Tag legt (VII, 344).

Auf einer strikten Unterscheidung zwischen Augen- und Ohrenmensch wollte Thomas Mann indessen so wenig beharren wie auf der Unterscheidung zwischen Dichter und Schriftsteller. Am ehesten dürfte auf ihn zutreffen, was Zeitblom von Leverkühn sagt[50]: «Sehr wenig lag ihm am Reisen zum Zweck des Schauens, des Aufnehmens, der ‹Bildung›. Er war ein Verächter der Augenlust, und so sensitiv sein Gehör war, so wenig hatte es ihn von jeher gedrängt, sein Auge an den Gestaltungen der bildenden Kunst zu schulen. Die Unterscheidung zwischen den Typen des Augen- und des Ohrenmenschen hieß er gut und unumstößlich richtig und rechnete sich entschieden zu dem zweiten. Was mich betrifft, so habe ich diese Einteilung nie für reinlich durchführbar gehalten und ihm persönlich die Verschlossenheit und Unwilligkeit des Auges nie recht geglaubt.»

Was läßt sich aus alledem ableiten? Im Grunde *will ich nichts sehen:* Das meint mehr als ein bloßes Nicht-sehen-Können. Es weist über alle Wirklichkeitsferne oder -fremdheit auf ein schwieriges, wenn nicht gestörtes Verhältnis zur Wirklichkeit. Tatsächlich finden sich bei Thomas Mann Äußerungen genug, in denen er zu diesem Problem Stellung nimmt. In *Bilse und ich* spricht er von der «Feindseligkeit des Dichters gegenüber der Wirklichkeit» (X, 18). In der *Ansprache an den Bruder* von 1931 erinnert er sich an jene «absolute Boheme der Jugend», jene «Freiheit, Unwirklichkeit, Lebensreinheit» (X, 306), die sie miteinander geteilt hätten. Es fällt dabei das Wort «wirklichkeitsrein». Er hat es schon in einem Aufsatz von 1921 gebraucht, der Wendungen aus dem *Gesang vom Kindchen* wieder aufgreift[51]: «Wie nach und nach das Leben Beziehungen herstellt, reale Beziehungen zwischen uns und Sphären der Wirklichkeit, denen man ehemals in schwanker Frühzeit, nur ein geistiges und mythisches Dasein zuzuschreiben geneigt war. Leben ist Verwirklichung, Realisierung in jedem Sinn, und eben hierdurch phantastisch; denn dem Träumer dünkt Wirklichkeit träumerischer als jeder Traum und schmeichelt ihm tiefer. Aber auch wie Verrat mutet es uns nicht selten an, zu leben, das heißt wirklich zu werden, – wie Verrat und Untreue an unserer wirklichkeitsreinen Jugend. Ja, man war jung, – schwank, rein und frei, voll Spott und Scheu und ohne Glauben, daß Wirklichkeit einem je in irgendeinem Verstande ‹zukommen› könne. Gleichwohl trug dann das Leben seine Wirklichkeiten heran, eine nach der anderen, kopfschüttelnd entsinnt man sich dessen. Taten geschahen an unserer Seite, Taten von Nächsten, lebensstreng, ungespäßig, fürchterlich endgültig, und wir empörten uns gegen sie, da wir sie als Verrat an gemeinsamer Unwirklichkeit von einst empfanden. Und doch hätten wir uns nicht beklagen dürfen, denn auch wir waren schon weitgehend wirklich geworden, durch Werk und Würde, Haus, Ehe und Kind oder wie die Dinge des Lebens, die strengen und menschlich gemütlichen, nun heißen mögen; und wenn wir im stillen der Freiheit und Fremdheit auch einige Treue hielten, uns etwas vom Spott und von der Scheu der Jugend im tiefsten bewahrten, wir lernten doch, ebenfalls solche ungespäßigen Taten zu tun.» – Die Wirklichkeit als das Unreine, auf das man sich nur zögernd einläßt, weil man lange Zeit gehofft hat, «wirklichkeitsrein» bleiben zu können. In der *Königlichen Hoheit* umgekehrt läßt Thomas Mann Axel Martini von der «Entbehrung der Wirklichkeit» (II, 178), von seinem «Hunger nach dem Wirklichen» (II, 177) sprechen – hier scheint der Mangel die Sehnsucht auszulösen. In beiden Fällen ist Wirklichkeit etwas, was man nicht recht besitzt. Man hat Angst vor ihr, man verachtet sie und sehnt sich gleichzeitig nach ihr.

Thomas Manns zwiespältige Einstellung zur Wirklichkeit scheint uns aus drei Aspekten heraus besser verständlich zu werden: aus einem psychologischen, einem moralischen und einem philosophischen.

1. Den psychologischen Aspekt hat er sich mit Hilfe von Freuds Theorie zurechtgelegt[52]. Im Schock der Realitätserfahrung zieht sich das Kind ins Spiel

zurück, um sich aus Realitätspartikeln eine eigene Welt aufzubauen, in der es dem Chaos den Traum einer Ordnung entgegenstellt. Wie das Kind aber – das hatte Freud in seinem Aufsatz *Der Dichter und das Phantasieren* gezeigt –, handle im Grunde auch der Dichter. Auch er stelle der Wirklichkeit eine Phantasie- oder Spielwelt gegenüber, eine «Ersatz- oder Surrogatbildung», die ihn sein Unbehagen an der Wirklichkeit vergessen lasse[53]. Davon handelt schon das Motto, das Thomas Mann eine Zeitlang den *Buddenbrooks* voranzustellen ge- dachte – eine Strophe aus den *Romanzen und Jugendliedern* von Platen[54]:

> So ward ich ruhiger und kalt zuletzt,
> Und gerne möcht' ich jetzt
> Die Welt, wie außer ihr, von ferne schaun:
> Erlitten hat das bange Herz
> Begier und Furcht und Grau'n,
> Erlitten hat es seinen Teil von Schmerz,
> Und in das Leben setzt es kein Vertrau'n;
> Ihm werde die gewaltige Natur
> Zum Mittel nur,
> Aus eigner Kraft sich eine Welt zu baun.

Überwindung der Wirklichkeit durch die Form und die Vergnügungen des Ausdrucks: Das war es, was jene «spielende und gelassene Überlegenheit» des ästhetischen Gebildes sichern sollte, von der Tonio Kröger spricht (VIII, 295). Die Wirklichkeit konnte dazu nur das «an und für sich gleichgültige Material» liefern. Das Zurücktreten von der Wirklichkeit aber nannte der junge Thomas Mann Ironie. Sie sollte ihm Distanz und jene Sicherheit gewähren, die er in seiner Lebensängstlichkeit sonst nicht zu gewinnen wußte. Von der Mühe, mit der er schließlich seine Lebensängstlichkeit in eine gewisse Vertraulichkeit verwandelt hat, berichtet er im Vortrag über *Freud und die Zukunft*[55]. Solche Verwandlung gelang dem ursprünglich Wirklichkeitsreinen erst, nachdem er seine «mythische Würde», eine heitere «Spielsicherheit» (IX, 494) gewonnen hatte, die es ihm erlaubte, in der andrängenden Einmaligkeit des Wirklichen das Mythisch-Typische zu erkennen.

2. Der moralische Aspekt dieses Ich-will-nichts-Sehens läßt sich vor allem aus Thomas Manns Verhältnis zur Natur ablesen. Das Motiv von der «Gleich- mut der Natur» (VII, 160) liegt ausformuliert ja schon bei Nietzsche vor. «Denkt euch ein Wesen», hatte dieser im 9. Abschnitt von *Jenseits von Gut und Böse* geschrieben[56], «wie es die Natur ist, verschwenderisch ohne Maass, gleich- gültig ohne Maass, ohne Absichten und Rücksichten, ohne Erbarmen und Gerechtigkeit, fruchtbar und öde und ungewiß zugleich [...].» Thomas Mann nimmt das Motiv in den *Kleinen Herrn Friedemann* hinüber – im Augenblick tiefster Erregung blickt Friedemann «in die schweigende, unendlich gleichgül- tige Ruhe der Natur» (VIII, 98). Das Motiv ist aber auch im Spätwerk noch

da, am deutlichsten im Aufschrei des Mönches Clemens, der von der Liebe
zwischen Mutter und Sohn berichten soll (VII, 160): «Mein Geist will sich nicht
finden in die Natur, er sträubt sich. Sie ist des Teufels, denn ihr Gleichmut ist
bodenlos.» In der *Betrogenen* sodann erzählt Thomas Mann im Stil der klassi-
schen Novelle die «Geschichte einer Täuschung, eines bitteren Natur-Truges»
(XI, 529), die ausgerechnet einer naturgläubigen Frau, Rosalie von Tümmler,
widerfährt. Im *Bilderbuch für artige Kinder* von 1897 hatte Thomas Mann die
«Mutter Natur» als häßliche Vettel karikiert[57], noch in einem Brief zur *Betrogenen* von 1954 spricht er von seinem «Ressentiment» gegen sie[58]. Die Natur
wird von Anfang an als ekliges Ungeheuer, als ungeistiger, außermoralischer
Dämon mythisiert, von dem nur Zerfall, Fäulnis, Krankheit gezeigt zu werden
verdienen.

Von Thomas Manns Ressentiment gegen die Natur mag es herrühren, daß
in seinem Werk kaum je Naturschilderungen anzutreffen sind. Ausnahmen
sind einige Abschnitte in der *Betrogenen,* im *Joseph,* der goetheisierende Eingang zu Krulls Lebensbericht und das «Revier»-Kapitel in *Herr und Hund,* das
ihn eine unsägliche Mühe kostete, weil er die Namen der Sträucher und Blumen nicht kannte, die in seinem «Zaubergarten» (VIII, 565) wachsen sollten.

Im Grunde hat Thomas Mann nur einen Typus von Landschaft immer wieder dargestellt: die «Dünenkulissen»[59] am Meer, in der Wüste oder in Castorps
Schneelandschaft, wo sich, wie auf dem Meer, Welle an Welle reiht, unabseh-
bar, jede der andern gleich und doch neu: die unabsehbare Reihe der Indivi-
duationen über dem *nunc stans,* die unendliche Monotonie des *semper idem.* Das
Meer wird zum Bild der unendlich gegliederten Zeit und des Zeitverlusts. Das
führt aber schon mitten hinein in die Kategorien von Schopenhauers Philosophie, in der Thomas Mann seine Vorbehalte gegenüber der Natur und der
empirischen Realität ganz allgemein bestätigt fand.

3. In Übereinstimmung mit Schopenhauer[60] hat Thomas Mann schon früh
die Welt der Vorstellung als Schein aufgefaßt. In seinem Lebensrückblick berichtet Heinrich Mann, wie er mit dem Bruder von Palestrina zur Landstraße
hinuntergegangen sei[61]: «Vor uns, um uns hatten wir den Himmel aus massi-
vem Gold. Ich sagte: ‹Die byzantinischen Bilder sind gold-grundiert. Das ist
kein Gleichnis, wie wir sehen, es ist eine optische Tatsache. Nur noch der
schmale Kopf der Jungfrau, und ihre viel zu schwere Krone, die aus ihrem
plastischen Zenith unbeteiligt niederblicken!› Meinem Bruder mißfiel die
Schönseligkeit. ‹Das ist der äußere Aspekt›, sagte er.» Thomas Mann sah die
Realität als illusorische Maja-Welt, als raum- und zeitverhaftetes Sansara, das
allenfalls im wahnbefangenen Schönheitsseligen Begierde zu erwecken vermochte, während der Wissende den Scheincharakter dieser Welt durchschaut
und sie in der Nachfolge Schopenhauers und Nietzsches nur als ästhetisches

Schauspiel gerechtfertigt sieht[62]. Der Künstler hatte sich, wie es Schopenhauer verlangte, über die Befangenheit im *principium individuationis* zu erheben und die «Ideen», das heißt die ewigen Erscheinungsformen des Willens, zu erkennen. Der erkennende Künstler fühlt sich also gleichzeitig zum Sansara und zum Nirwana hingezogen. Er durchschaut, bei aller Verzückung, den Maja-Charakter der Erscheinungswelt.

Erst von hier aus ist Thomas Manns «Hunger nach dem Wirklichen» (II, 177) ganz zu verstehen, die «Neubegierde» (VII, 532), mit der er, erotisch gelockt, immer Neues entdeckt und an sich zieht. Von hier aus gleichzeitig seine Distanz zu den Dingen, sein Hochmut, seine Verachtung ihnen gegenüber. *Novarum rerum cupidus,* ist er beständig darauf aus, ungesehene, ungesagte Dinge in sein Werk hereinzunehmen, mit nie erlahmendem Interesse auch die letzten Einzelheiten, die abgelegensten Details mit dem Gefühl der «Allsympathie» (VII, 548) an sich zu ziehen, sie zu bejahen, sie panerotisch zu feiern. Aber gleichzeitig verneint er diese Dingseligkeit als Befangenheit in Tand und Flitter des Blendwerks der Maja[63] und erhebt sich als Durchschauender und als Wissender über seine «Welt-Sehnsucht» (XI, 705) auf die Höhe des Heiligen, der alles erleidet, mit allem leidet und schließlich im Nirwana den Willen zum Leben in sich erlöschen läßt.

Damit endlich läßt sich auch jener Widerspruch lösen, der uns bei der Beschreibung seines Deskriptionsverfahrens zu schaffen gemacht hat: daß er wirklichkeitshungrig Dinge und Menschen an sich rafft, um dem Werk Authentizität und Dingreichtum zu sichern, und daß er gleichzeitig die bezaubernde, schillernde Mannigfaltigkeit des Geschehens als Schauspiel nimmt. Daß er in fiebrig-mühsamer Kärrnerarbeit Hunderte von Bildern sammelt und sie doch als Weltplunder behandelt. Daß er das Ergatterte genau beschreibt und doch nichts sehen will. Daß es ihm gleichgültig ist, ob er lebende oder abgebildete Personen und Landschaften beschreibt, gleichgültig, ob er künstlerisch wertvolle oder wertlose Bilder dabei verwendet. Sein Verfahren entspricht dem In- und Nebeneinander von «Allsympathie» und «Skepticism» (II, 445), das er auch bei Goethe zu finden glaubte.

Der artistische Wille verlangt, daß er, allen psychologischen, moralischen und philosophischen Hemmnissen zum Trotz, mit jedem Werk neu dazu ansetzt, die universale Wirklichkeit im Wort zu wiederholen und zu überwinden. Der «Roman über das Weltall»[64], der so entsteht, erfaßt das Gegebene in seiner Totalität und stellt es gleichzeitig ironisch in Frage.

Anmerkungen

Zitiert wird nach:

Thomas Mann, *Gesammelte Werke in zwölf Bänden*. Frankfurt: S. Fischer 1960.

Thomas Mann, *Briefe 1889–1936; Briefe 1937–1947; Briefe 1948–1955*. Hrsg. von Erika Mann. Frankfurt: S. Fischer 1961; 1963; 1965. [Br. I–III]

Thomas Mann–Heinrich Mann, *Briefwechsel 1900–1949*. Hrsg. von Hans Wysling. Frankfurt: S. Fischer 1968. [Brw.]

Thomas-Mann-Studien. Hrsg. vom Thomas-Mann-Archiv der Eidgenössischen Technischen Hochschule Zürich. Bern und München: Francke 1967 ff. [TMS]

Ein ★ vor einem Titel bedeutet, daß das betreffende Werk in Thomas Manns Nachlaßbibliothek steht.

1 Pasquale Villari, ★*Geschichte Girolamo Savonarolas und seiner Zeit*. Nach neuen Quellen dargestellt, unter Mitwirkung des Verfassers aus dem Italienischen übersetzt von Moritz Berduschek. 2 Bände. Leipzig: Brockhaus 1868.

2 Giorgio Vasari, *Vite de' più eccellenti pittori, scultori ed architetti italiani* (1550; 2., erweiterte Ausgabe 1568). Verschiedene deutsche Ausgaben, z. B. *Sammlung ausgewählter Biographien*. Zum Gebrauche bei Vorlesungen. Hrsg. von Carl Frey. 2 Bände. Berlin 1885–1887. – Vgl. Brief vom 13. 2. 1901 an Heinrich Mann (Brw. 13).

3 Thomas Mann besaß die 7. Auflage von 1899. Vgl. Briefe vom 25. 11. 1900 und 17. 12. 1900 an Heinrich Mann (Brw. 4, 6).

4 Vgl. Brief vom 29. 12. 1900 an Heinrich Mann (Brw. 8): «In der Secession ist jetzt wieder eine Copieen-Ausstellung nach florentinischen Renaissance-Plastikern (Della Quercia, Pisano, Della Robbia, Fiesole etc.): für mich äußerst interessant, weil man durch die Porträtbüsten den Typus der Leute von damals auf so angenehme Art kennen lernt. Was muß es in Florenz nicht Alles zu lernen geben! Käme ich nur hin, damit der Traum meiner Seele zustande kommt. Ich hätte so Manches in dem Stücke auszudrücken, aber ich beherrsche das Äußerliche der Sache noch lange nicht genug; aus ein paar Büchern ist das nöthige Material nicht zu entnehmen.»

5 In seinem Nachwort zu den *Göttinnen* (Hamburg: Claassen 1969, S. 712) weist Alfred Kantorowicz darauf hin, daß sich aus jener Zeit die folgenden Bücher in Heinrich Manns Nachlaßbibliothek befinden: die «vierbändige italienische Ausgabe des Vasari (Verlag V. Batelli e Compagni, Firenze 1845); die 3. Auflage (1874) sowie die 8. verbesserte und vermehrte Auflage (1900) von Jacob Burckhardts ‹Der Cicerone – eine Anleitung zum Genuß der Kunstwerke Italiens› (Verlag von E. A. Seemann, Leipzig); Stendhals ‹Promenades dans Rome› in der zweibändigen Ausgabe (Delauny, Libraire, Paris 1829), auf die auch eine Notiz Heinrich Manns hinweist: Hippolyte Taines ‹Voyage en Italie›, Tome I, Naples et Rome, Septième Edition (Librairie Hachette et Cie., Paris 1893); ein illustrierter Reiseführer durch Venedig und verschiedene Werke zur Geschichte Italiens». – Vgl. ferner Lea Ritter Santini, «Die Verfremdung des optischen Zitats. Anmerkungen zu Heinrich Manns Roman ‹Die Göttinnen›». *Jahrbuch der Deutschen Schillergesellschaft* 15. Stuttgart: Kröner 1971, S. 297–325.

6 VII, 546. In seiner Schopenhauer-Ausgabe (★*Arthur Schopenhauers sämmtliche Werke*. Hrsg. von Julius Frauenstädt, 2. Aufl., neue Ausg., Bd. II, *Die Welt als Wille und Vorstellung*, S. 371) hat Thomas Mann an den obern Rand der Seite folgende Bemerkung

gekritzelt: «Wilder kaustischer Hohn auf das Leben, funkelnden Blicks und mit verkniffenen Lippen, untermischt mit griech. und lateinischen Citaten». Auf S. 370 steht neben den Sätzen: «Wie die Noth die beständige Geißel des Volkes ist, so die Langeweile die der vornehmen Welt. Im bürgerlichen Leben ist sie durch den Sonntag, wie die Noth durch die sechs Wochentage repräsentiert» die Randglosse: «Neigung zu boshaftem Witz über das Leben».

7 *Thomas Mann an Ernst Bertram*. Briefe aus den Jahren 1910–1955. Hrsg. von Inge Jens. Pfullingen: Günther Neske 1960, S. 135.

8 Karte vom 27.2.1930 an Ida Herz, ungedruckt.

9 Zur *cucullatus*-Diskussion vgl. Manfred Dierks, *Studien zu Mythos und Psychologie bei Thomas Mann* (TMS II, S. 269–271), und Karl Kerényi, «Dialog mit dem Freund». *Kontexte* V. Stuttgart/Berlin: Kreuz-Verlag 1969, S. 115.

10 Vgl. Hans Wysling, *Zu Thomas Manns «Maja»-Projekt* (TMS I, S. 23–47).

11 Vgl. Brw. 104 f.

12 Wilhelm Waetzoldt, ★*Dürer und seine Zeit*. Große illustrierte Phaidon-Ausgabe. Wien: Phaidon-Verlag 1935.

13 Vgl. vor allem J. Elema, «Thomas Mann, Dürer und Doktor Faustus». *Euphorion,* Heidelberg, 59 (1965), Heft 1/2, S. 97–117.

14 Vgl. Gertrud Höhler, «Der Verdammte, üppig im Fleisch. Ein Bildzitat in Thomas Manns ‹Doktor Faustus›». *Euphorion,* Heidelberg, 62 (1968), Heft 3/4, S. 405–414.

15 *On Myself* (TMS III, S. 96).

16 Vgl. Thomas Manns Brief vom 30.12.1945 an Theodor Adorno (Br. II, 471).

17 Brief vom 17.2.1948 an Arnold Schönberg (Br. III, 22): «Ich habe, unter Verwendung von viel Wirklichkeits-Montage, allerlei zusammenfabuliert (‹Viel ja lügen die Dichter›, sagt Homer) [...].»

18 Vgl. Thomas Manns Brief vom 22.2.1940 an Richard Friedenthal (teilweise abgedruckt in TMS III, S. 177).

19 Monika Mann, *Vergangenes und Gegenwärtiges*. München: Kindler 1956, S. 57 f.

20 Golo Mann, «Ein Stück Erinnerung». *Du,* Zürich (Dezember 1960), S. 72.

21 W. B., «Ich war Thomas Manns Tadzio». *twen,* München (August 1965), S. 10. Der polnische Übersetzer Andrzej Doegowski hat sich in Interviews davon überzeugt, daß der Baron Wladyslaw Moes in seiner Jugend das Vorbild zu Tadzio abgegeben hat.

22 Es handelt sich um den amerikanischen Geschichtsprofessor Ed Klotz, der damals im Hause Thomas Manns verkehrte und noch heute ein leidenschaftlicher Sportler ist. (Nach der freundlichen Mitteilung von Erich Frey, Occidental College, Los Angeles.)

23 Friedrich Mann hatte in den *Lübeckischen Anzeigen* vom 28.10.1913 ein Inserat erscheinen lassen, in dem er sich gegen den Verfasser der *Buddenbrooks* verwahrt, der «in karikierender Weise seine allernächsten Verwandten in den Schmutz» ziehe. «Ein trauriger Vogel, der sein eigenes Nest beschmutzt.» (Vgl. Brw. 296.)

24 Vgl. Thomas Manns Brief vom 4.9.1947 an Hans Reisiger. «Thomas Mann–Hans Reisiger. Briefe aus der Vor- und Nachkriegszeit». Hrsg. von Hans Wysling. *Blätter der Thomas-Mann-Gesellschaft,* Nr. 8, Zürich 1968, S. 18. – Ferner Thomas Manns Brief vom 12.12.1947 an Emil Preetorius. «Aus dem Briefwechsel Thomas Mann–Emil Preetorius». Hrsg. von Hans Wysling. *Blätter der Thomas-Mann-Gesellschaft,* Nr. 4, Zürich 1963, S. 18 f.

25 Vgl. Katja Mann, *Meine ungeschriebenen Memoiren*. Frankfurt: S. Fischer 1974, S. 66–68.

26 Arthur Holitscher, *Lebensgeschichte eines Rebellen*. Meine Erinnerungen. Berlin: S. Fischer 1924, S. 219. Am 17.7.1925 schrieb Thomas Mann in der *Deutschen Medizini-*

schen Wochenschrift, Leipzig (S. 1205): «Über meine Art der Menschenbeobachtung und -ausschlachtung sind so viele verleumderische Märchen, so viele Operngucker- und Belauerungsphantasien in Umlauf, daß mir die Einbürgerung weiterer solcher Legenden äußerst unwillkommen wäre. Ein ‹Beobachter› so roher und primitiver Art bin ich meiner Lebtage nicht gewesen; und sollte auch ‹Hofrat Behrens› keineswegs das zynische Scheusal sein, das die Kritiker der Deutschen und der Münchner medizinischen Wochenschrift aus ihm machen, sondern sollte er in seiner melancholisch-schnodderigen Phantastik sogar zu den sympathischsten Gestalten des Buches gehören, so bin ich doch nicht nur mir selbst die Feststellung schuldig, daß die Beziehungen dieser meiner Romanfigur zu der realen Person jenes ‹weit bekannten› Spezialisten, wenn überhaupt vorhanden, jedenfalls außerordentlich oberflächlich sind.» – Vgl. auch Katja Mann, *Meine ungeschriebenen Memoiren.* Frankfurt: S. Fischer 1974, S. 66, 83.

27 Vgl. Thomas Manns Briefe vom 15.11.1927 an Willy Hellpach (Br. I, 277), 24.12.1947 an Max Rychner (Br. II, 579) und vom 18.2.1952 an Pierre-Paul Sagave (ungedruckte deutsche Fassung, Thomas-Mann-Archiv).

28 Hauptmanns Leseexemplar des *Zauberbergs* liegt beim Hauptmann-Nachlaß in der Stiftung Preußischer Kulturbesitz in Berlin. Die Randglossen des beleidigten Hauptmann scheinen zum Teil aus Brehms *Tierleben* zu stammen. Vgl. Thomas Manns Briefe vom 5.1.1925 an Herbert Eulenberg (Br. I, 223) und vom 11.4.1925 an Gerhart Hauptmann (Br. I, 234).

29 Artemis, XXII, 580. – Vgl. dazu die aufschlußreiche Reaktion Thomas Manns in dem Brief vom 28.3.1906 an Kurt Martens (Br. I, 62): «Es geht nicht an, zu sagen, daß ich ‹den Werth der schöpferischen Phantasie dem der Colportage-Erfindung gleichstellen möchte.› Ich sage, daß ich in der Gabe, Figuren und Intriguen zu erfinden, nicht das Criterium des Dichterthumes sehe. Jeder Lyriker, der nichts kann, als direkt seine eigene Seele aussprechen, beweist, daß ich Recht habe. Und ich bin ja ein Lyriker (wesentlich). Ich sage, daß, wer nichts hätte als ‹Erfindung›, von der Colportage nicht weit entfernt wäre. Ich sage, daß sehr große Dichter ihrer Lebtage nichts erfunden, sondern nur Überliefertes mit ihrer Seele erfüllt und neu gestaltet haben. Ich sage, daß Tolstoi's Werk mindestens ebenso streng autobiographisch ist, wie mein winziges. ‹Phantasie›? Du wirst zugeben, daß ich einiges Détail, einige Lebhaftigkeit und Gegenwärtlichkeit, einige Sehschärfe und *Energie der Vorstellung* besitze. Und was wäre das Alles denn sonst, als Phantasie? (Ich schweige von der sprachlich-stilistischen Phantasie.) ‹*Schöpferische* Phantasie›? Aber ich habe ja geschaffen! Schrecklich wenig bisjetzt, vier mittelgute Bücher, aber sie sind doch *da.* Was wollt Ihr eigentlich?»

30 Vgl. *Geist und Kunst,* Notizen 59 und 44 (TMS I, 130), und *On Myself* (TMS III, 70).

31 Notizen zum *Tonio Kröger* (TMS I, Faksimile gegenüber S. 56). – «Beobachtung als Leidenschaft, als Passion, Martyrium, Heldentum»: darüber handelt Thomas Mann in *Bilse und ich* (X, 19 f.).

32 Vgl. Thomas Manns Brief vom 24.3.1934 an Karl Kerényi (Thomas Mann–Karl Kerényi, *Gespräch in Briefen.* Zürich: Rhein-Verlag 1960, S. 49): «Es ist im Ganzen etwas wunderbar Reiz- und Geheimnisvolles um die Welt der ‹Beziehungen›. Das Wort selbst übt seit langem einen besonderen Zauber auf mich aus, und was es besagt, spielt eine hervorragende Rolle in meinem ganzen Denken und künstlerischen Tun.» Und im *Lebensabriß* (XI, 123 f.): «Ich liebe dies Wort: Beziehung. Mit seinem Begriff fällt mir der des Bedeutenden, so relativ er immer auch zu verstehen sei, durchaus zusammen. Das Bedeutende, das ist nichts weiter als das Beziehungsreiche [...].»

33 XII, 79, 106, insbesondere 146.

34 Vgl. dazu Walter Rehm, «Thomas Mann und Dürer». *Späte Studien*. Bern und München: Francke 1964, S. 344–358.

35 In Thomas Manns Nachlaßbibliothek steht allerdings auch Wilhelm Waetzoldts *Dürer-Buch*, wo der Kupferstich ebenfalls abgebildet ist (vgl. Anm. 12).

36 TMS III, 60–62.

37 Am 8.10.1868 schrieb Nietzsche an Rohde (*Friedrich Nietzsches Gesammelte Briefe*, Bd. 2. Berlin und Leipzig: Schuster und Loeffler 1902, S. 72): «Mir behagt an Wagner, was mir an Schopenhauer behagt, die ethische Luft, der faustische Duft, Kreuz, Tod und Gruft etc.» Die Stelle ist in Thomas Manns Briefausgabe doppelt angestrichen und mit einem Ausrufezeichen versehen. Vgl. ferner Thomas Manns Brief vom 30.6.1917 an Paul Amann (*Briefe an Paul Amann 1915–1952*. Hrsg. von Herbert Wegener, Lübeck: Schmidt-Römhild 1959, S. 56).

38 Vgl. Brief vom 10.9.1915 an Paul Amann (a.a.O., S. 32).

39 Vgl. Brief vom 21.9.1918 an Ernst Bertram (a.a.O., S. 76).

40 Vgl. Hans Wysling, «Die merkwürdige Lebensbahn des Glücks- und Hermeskindes Felix Krull». *Neue Zürcher Zeitung*, 7./14.11.1965.

41 Br. I, 110. Daß ihm Ludwig von Hofmann schon um die Jahrhundertwende ein Begriff war, zeigt der Brief vom 29.6.1900 an Paul Ehrenberg (Br. III, 425).

42 Vgl. die Hermes-Abbildung in Heinrich Bulles *Der schöne Mensch im Altertum* (München: Hirth ³1922, Bd. 1, Tafel 166).

43 Heidi Heimann, *Thomas Manns «Hermesnatur»*. Reprinted from the *Publications of the English Goethe Society* XXVII, Leeds 1958, S. 65.

44 Thomas Mann–Karl Kerényi: *Gespräch in Briefen*. Hrsg. von Karl Kerényi. Zürich: Rhein-Verlag 1960, S. 198f. – Vgl. ferner Thomas Manns Brief vom 12.12.1947 an Emil Preetorius, der ihm seine *Gedanken zur Kunst* geschenkt hatte: «Ich bin ja eigentlich kein Augenmensch, sondern mehr ein in die Literatur versetzter Musiker ...»

45 Vgl. Not. 37 (TMS I, 169): «*Schiller*, ein musikalischer Dichter, nannte sich einen Barbaren in allem, was bildende Kunst betrifft. S. d. Weitere Schillerbuch S. 44.!» – Gemeint ist das *Marbacher Schillerbuch*. Hrsg. vom Schwäbischen Schillerverein, Stuttgart und Berlin 1905, in dem Oskar Walzels Aufsatz auf S. 42–57 abgedruckt ist.

46 TMS I, 169.

47 *Richard Wagner an Mathilde Wesendonk*. Tagebuchblätter und Briefe 1853–1871. Berlin: Duncker 1904, S. 203f. (Mit Anstreichungen und Unterstreichungen von Thomas Mann.) Vgl. auch *Geist und Kunst*, Notiz 151 (TMS I, 222), wo sich Thomas Mann die entscheidenden Sätze unter dem Titel «*Wagner in Italien*» aus dem hier zitierten Briefe exzerpiert.

48 *Geist und Kunst*, Notiz 54 (TMS I, 179).

49 Friedrich Hebbel, *Tagebücher*. Berlin: Behr's Verlag 1903, Bd. 3, S. 18f.

50 VI, 236. Vgl. dazu John R. Frey, «Blick und Auge in Thomas Manns Erzählkunst». *Jahrbuch der Deutschen Schillergesellschaft* 13. Stuttgart: Kröner 1969, S. 454–481.

51 *Russische Anthologie* (X, 590f.).

52 Vgl. *On Myself* (TMS III, 70).

53 Sigmund Freud, «Der Dichter und das Phantasieren». *Studienausgabe in zehn Bänden*. Hrsg. von Alexander Mitscherlich, Angela Richards und James Strachey. Frankfurt 1969–1972, Bd. 10, insbesondere S. 171.

54 *Platens Werke*. Hrsg. von G.A. Wolff und V. Schweizer. Leipzig und Wien: Bibliographisches Institut 1895, Bd. I, S. 64. (Thomas Mann hat die Strophe am Rand angestrichen.) – Vgl. Brw. 253f.

55 Thomas Mann braucht in diesem Vortrag den Ausdruck «Traulichkeit des Lebens» (IX, 492).

56 *Nietzsche's Werke.* Erste Abtheilung, Bd. VII: *Jenseits von Gut und Böse. Zur Genealogie der Moral.* Leipzig: Naumann 1899, S. 16f. Im 7. Notizbuch, S. 103, findet sich folgende Notiz Thomas Manns aus der *Tonio-Kröger*-Zeit (1902):
«*Gespräch:* ‹– – die Natur! Gehen Sie mir mit der Natur! Ich hasse sie, und soll ich Ihnen sagen, warum ich sie hasse? Ich will sie Ihnen erzählen, diese Geschichte. Es war ein furchtbares Gewitter. Mein Bruder (liebster Freund), der bei mir wohnte kehrte von seinem Ausgang nicht zurück. Und dann brachten sie ihn mir ins Haus. Auf der Landstraße hatte ihn der Blitz erschlagen. Und während ich starr an der entstellten Leiche stand, klärte es sich auf. Es hatte sich ausgetobt. Erfrischt, prangend, duftig athmend, lächelte es. Und mein Freund war tot. Ich hasse die Natur wie ich alle dumme Zuversichtlichkeit der Regungen hasse – –›»
Noch im *Doktor Faustus* spricht Zeitblom (VI, 358) von seiner «bis zur Abneigung gehende[n] Interesselosigkeit an den Faxen und Geheimnissen des Natürlichen, an ‹Natur› überhaupt». Er stellt seine «Anhänglichkeit an die Sphäre des Sprachlich-Humanen» gegen die «Erfahrungen in den Gebieten des ungeheuerlich Außermenschlichen». Nietzsches Ausfall gegen die «cynische Natur» *(Der Wille zur Macht,* Abschnitt 850) dürfte auf Schopenhauers Sätze über die Unerbittlichkeit der Naturgesetze zurückgehen *(Die Welt als Wille und Vorstellung.* Zweites Buch. Die Objektivation des Willens, § 26): «Die Unfehlbarkeit der Naturgesetze hat, wenn man von der Erkenntnis des Einzelnen, nicht von der Idee ausgeht, etwas Überraschendes, ja, bisweilen fast Schaudererregendes.»

57 Nicht erhalten. Auszüge sind abgedruckt in Viktor Mann, *Wir waren fünf.* Konstanz: Südverlag ³1973, S. 51–59.

58 15.9.1954 an Erwin Loewy-Hattendorf (ungedruckt, Thomas-Mann-Archiv).

59 Im Brief vom 10.10.1951 an Oskar Seidlin (Br. III, 223). Vgl. XI, 394.

60 Vgl. Schopenhauer, *Die Welt als Wille und Vorstellung.* Zweites Buch, § 25, § 31, § 32; vor allem Viertes Buch, § 63, der Thomas Mann aufs tiefste beeinflußt hat. – Darauf bezieht sich Thomas Mann in seinem Essay über *Schopenhauer* (IX, 550f.). – Vgl. Hans Wysling, *Mythus und Psychologie bei Thomas Mann* (TMS III, 175).

61 Heinrich Mann, *Ein Zeitalter wird besichtigt.* Stockholm: Neuer Verlag 1946, S. 232.

62 Vgl. Nietzsche, *Die Geburt der Tragödie,* 5. und 25. Abschnitt.

63 Vgl. *Anekdote* (VIII, 411); *Die vertauschten Köpfe* (VIII, 789): «Nirgends tut der welterhaltende Zauber der Maya, das Lebens-Grundgesetz des Wahns, des Truges, der Einbildung, das alle Wesen im Banne hält, sich stärker und foppender hervor als im Liebesverlangen, dem zärtlichen Begehren der Einzel-Geschöpfe nach einander, das so recht der Inbegriff und das Musterbeispiel alles Anhangens, aller Umfangenheit und Verstrickung, aller das Leben hinfristenden, zu seiner Fortsetzung verlockenden Täuschung ist. Nicht umsonst heißt die Lust, des Liebesgottes gewitzigte Ehegesellin – nicht umsonst heißt diese Göttin ‹Die mit Maya Begabte›; denn sie ist es, welche die Erscheinungen reizend und begehrenswert macht, oder vielmehr sie so erscheinen läßt: wie ja denn auch in dem Worte ‹Erscheinung› das Sinn-Element bloßen Scheines schon enthalten ist, dieses aber wieder mit den Begriffen von Schimmer und Schönheit nahe zusammenhängt.»

64 Vgl. Hans Gerhard Gräf, *Goethe über seine Dichtungen.* Erster Teil: Die epischen Dichtungen, Bd. 1. Frankfurt: Rütten & Loening 1901, S. 285–295. (Mit verschiedenen Unterstreichungen Thomas Manns.)

BILDER UND TEXTE

Soweit Thomas Manns Bildvorlagen im Nachlaß vorhanden sind, wurden die Reproduktionen nach diesen Vorlagen hergestellt. Um der größeren Authentizität willen haben wir bewußt darauf verzichtet, von Kunstwerken bessere Photographien beizuziehen. Nach Möglichkeit sind die Vorlagen in Originalgröße wiedergegeben. Verkleinerungen ließen sich verschiedentlich nicht vermeiden; einige Bilder wurden etwas vergrößert. In einigen wenigen Fällen beschränkt sich die Reproduktion auf Ausschnitte der Vorlagen.

Erholung (Zeichnung von E. Weiner)
«Wenn oaner den ganz'n Tag nix thuat, muß er doch am Abend sei' Ruh hab'n.»

Herr Permaneder

Es war ein Mann von vierzig Jahren. Kurzgliedrig und beleibt, trug er einen
weit offenstehenden Rock aus braunem Loden, eine helle und geblümte Weste,
die in weicher Wölbung seinen Bauch bedeckte [...] – ein Beinkleid ferner von
unbestimmter graugrüner Farbe, welches zu kurz war und aus ungewöhnlich
steifem Stoff gearbeitet schien, denn seine Ränder umstanden unten kreisför-
mig und faltenlos die Schäfte der kurzen und breiten Stiefel. – Der hellblonde,
spärliche, fransenartig den Mund überhängende Schnurrbart gab dem kugel-
runden Kopfe mit seiner gedrungenen Nase und seinem ziemlich dünnen und
unfrisierten Haar etwas Seehundsartiges. Die «Fliege», die der fremde Herr
zwischen Kinn und Unterlippe trug, stand im Gegensatze zum Schnurrbart
ein wenig borstig empor. Die Wangen waren außerordentlich dick, fett, aufgetrieben und gleichsam hinaufgeschoben zu den Augen, die sie zu zwei ganz
schmalen, hellblauen Ritzen zusammenpreßten und in deren Winkeln sie Fält-
chen bildeten. Dies gab dem solcherart verquollenen Gesicht einen Mischaus-
druck von Ergrimmtheit und biederer, unbeholfener, rührender Gutmütigkeit.
Unterhalb des kleinen Kinnes lief eine steile Linie in die schmale weiße Hals-
binde hinein ... die Linie eines kropfartigen Halses, der keine Vatermörder ge-
duldet haben würde. Untergesicht und Hals, Hinterkopf und Nacken, Wangen
und Nase, alles ging ein wenig formlos und gepolstert ineinander über ... Die
ganze Gesichtshaut war infolge aller dieser Schwellungen über die Gebühr
straff gespannt und zeigte an einzelnen Stellen, wie am Ansatz der Ohrläppchen
und zu beiden Seiten der Nase, eine spröde Rötung ...   (I, 325 f.)

Er war von unverwüstlich gemütlicher Laune mit seinen verdrießlichen Stoß-
seufzern, die nichts bedeuteten und aus einem Überfluß mit Behaglichkeit her-
vorzugehen schienen, seiner Pfeife, seiner kuriosen Sprache, der unverdrosse-
nen Seßhaftigkeit, mit der er lange nach den Mahlzeiten in bequemster Haltung
an seinem Platze verharrte, rauchte, trank und plauschte [...].   (I, 335)

Ausschnitt aus dem *Simplicissimus*, München, 2, Nr. 33 (November 1897), Abb. S. 259
(Zeichnung von E. Weiner, «Erholung»). Aus dem Arbeitsmaterial zu *Buddenbrooks*.
Thomas-Mann-Archiv Zürich.
Vgl. Paul Scherrer, «Bruchstücke der *Buddenbrooks*-Urhandschrift und Zeugnisse zu ihrer
Entstehung 1897–1901», *Die Neue Rundschau*, Frankfurt am Main, 69 (1958), Heft 2,
S. 258–291, Abb. S. 288.

[Zigarettendose aus Thomas Manns Besitz]

Die Troika auf der Zigarettendose

«Nun?» fragte Thomas, indem er in der Tür stehenblieb und der Dose mit der
Troika eine Zigarette entnahm ...   (I, 333)

Auch Frau Chauchat sprach den Mundstückzigaretten zu, die sie in einer russi-
schen, mit einer dahinsausenden Troika geschmückten Lackdose zu ihrer Bequemlichkeit vor sich auf den Tisch gelegt hatte [...].   (III, 781)

Die Zigarettendose (aus dem Besitz Thomas Manns) befindet sich im Gedenkzimmer des
Thomas-Mann-Archivs Zürich.

[Thomas Manns Vater auf dem Totenbett]

Thomas Buddenbrook auf dem Totenbett

Er lag inmitten des weiten und lichten Gemaches, dessen Möbel fortgeschafft waren, in den weißseidenen Polstern des Sarges, in weiße Seide gekleidet und mit weißer Seide bedeckt, in einem strengen und betäubenden Duftgemisch von Tuberosen, Veilchen und hundert anderen Gewächsen. Zu seinen Häupten, in einem Halbkreise von silbernen Armleuchtern, auf umflorten Postamenten, stand Thorwaldsens Segnender Christus. Die Blumengebinde, die Kränze, Körbe und Sträuße standen und lagen an den Wänden entlang, auf dem Fußboden und auf der Steppdecke; Palmenwedel lehnten an der Bahre und neigten sich über des Toten Füße. – Sein Gesicht war stellenweise zerschunden, und besonders die Nase zeigte Quetschungen. Aber sein Haupthaar war wie im Leben frisiert, und der Schnurrbart, von dem alten Herrn Wenzel noch einmal mit der Brennschere ausgezogen, überragte lang und starr seine weißen Wangen. Sein Kopf war ein wenig zur Seite gewandt, und zwischen seinen zusammengelegten Händen stak ein Elfenbeinkreuz. (I, 689 f.)

Hans Castorps Großvater auf dem Totenbett

[...] und lag nun, man wußte nicht recht ob siegreich oder überwunden, auf jeden Fall mit streng befriedetem Ausdruck und stark verändert und spitznäsig vom Kampfe auf seinem Paradebett, den Unterkörper von einer Decke verhüllt, auf welcher ein Palmzweig lag, den Kopf vom seidenen Kissen hochgestützt, so daß das Kinn aufs schönste in der vorderen Einbuchtung der Ehrenkrause ruhte; und zwischen die halb von den Spitzenmanschetten bedeckten Hände, deren Finger bei künstlich-natürlicher Anordnung Kälte und Unbelebtheit nicht verhehlten, hatte man ihm ein Elfenbeinkreuz gesteckt, auf das er mit gesenkten Lidern unverwandt niederzublicken schien. [...] Die feierlich-geistliche Bewandtnis drückte sich aus in der pomphaften Aufbahrung der Leiche, der Blumenpracht und den Palmenwedeln, die bekanntlich den himmlischen Frieden bedeuteten; ferner und noch deutlicher in dem Kreuz zwischen den gestorbenen Fingern des ehemaligen Großvaters, dem segnenden Heiland von Thorwaldsen, der zu Häupten des Sarges stand, und in den zu beiden Seiten aufragenden Kandelabern, die bei dieser Gelegenheit ebenfalls einen kirchlichen Charakter angenommen hatten. (III, 42 f.)

Photographie aus Thomas Manns Nachlaß: sein Vater, Thomas Johann Heinrich Mann, auf dem Totenbett. Aus der Photosammlung des Thomas-Mann-Archivs Zürich.

[Titelbild aus «Ritter Ungestüm» von Alfred Walter Heymel]

Der Springbrunnen im Garten

«[...] Ja, ich habe all die Jahre in lieber Erinnerung; besonders den Garten, unseren Garten, hinterm Hause. Er war jämmerlich verwildert und verwuchert und von zerbröckelten, bemoosten Mauern eingeschlossen; aber gerade das gab ihm viel Reiz. In der Mitte war ein Springbrunnen, mit einem dichten Kranz von Schwertlilien umgeben. Im Sommer verbrachte ich dort lange Stunden mit meinen Freundinnen. Wir saßen alle auf kleinen Feldsesseln rund um den Springbrunnen herum ...»

«[...] Sie waren ausgezeichnet vor Ihren sechs Freundinnen. Eine kleine goldene Krone, ganz unscheinbar, aber bedeutungsvoll, saß in Ihrem Haar und blinkte ...»   (VIII, 234f.; vgl. VIII, 274, 289; I, 428, 472, 653)

Alfred Walter Heymel, *Ritter Ungestüm*. Eine Geschichte erzählt von A.W.H. Leipzig, Berlin: Insel-Verlag 1900, Titelbild.
Thomas Mann arbeitete im *Tristan* und in der *Fürsten-Novelle* mit Jugendstil- und Märchenmotiven. Eine eindeutige Bildvorlage zur angeführten Textstelle konnte bis jetzt nicht nachgewiesen werden. Vgl. Storms Gedicht von der Waldeskönigin aus *Immensee*.
Vgl. auch Wolfdietrich Rasch, «Thomas Manns Erzählung ‹Tristan›», *Zur deutschen Literatur seit der Jahrhundertwende*. Gesammelte Aufsätze. Stuttgart: Metzler 1967, S. 146–185.
Paul Requadt, «Jugendstil im Frühwerk Thomas Manns», *Deutsche Vierteljahrsschrift für Literaturwissenschaft und Geistesgeschichte,* Stuttgart, 40 (1966), Heft 2, S. 206–216.
Jost Hermand, «Peter Spinell», *Modern Language Notes,* Baltimore, Bd. 79, Oktober 1964, Nr. 4, S. 439–447.

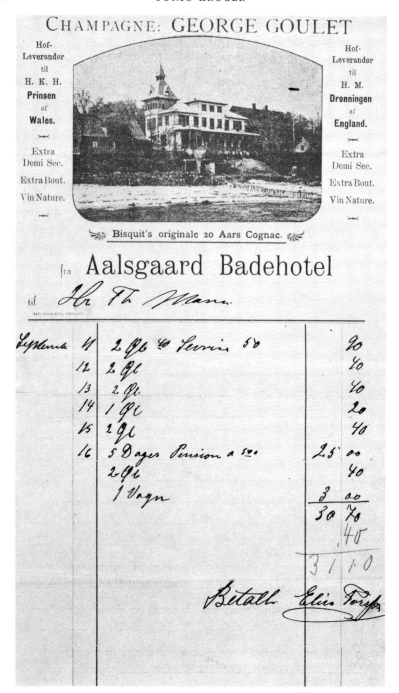

CHAMPAGNE: GEORGE GOULET

Hof-
Leverandor
til
H. K. H.
Prinsen
af
Wales.

Extra
Demi Sec.

Extra Bout.

Vin Nature.

Hof-
Leverandor
til
H. M.
Dronningen
af
England.

Extra
Demi Sec.

Extra Bout.

Vin Nature.

Bisquit's originale 20 Aars Cognac.

fra **Aalsgaard Badehotel**

til *Hr Th Mann*

September	11	2 Fl 40 Terrin 50		90
	12	2 Fl		40
	13	2 Fl		40
	14	1 Fl		20
	15	2 Fl		40
	16	5 Dages Pension a 5.00	25	00
		2 Fl		40
		1 Vogn	3	00
			30	70
				40
			31	10

Betalt Elis Forsper

Das Badehotel in Aalsgaard

[...] bis er an seinem letzten und eigentlichen Ziele hielt, dem kleinen weißen Badehotel mit grünen Fensterläden, das inmitten einer Siedelung niedriger Häuschen stand und mit seinem holzgedeckten Turm auf den Sund und die schwedische Küste hinausblickte. Hier stieg er ab, nahm Besitz von dem hellen Zimmer, das man ihm bereitgehalten, füllte Bord und Spind mit dem, was er mit sich führte, und schickte sich an, hier eine Weile zu leben. (VIII, 323)

Von dem Korridor, an dem es gelegen war, konnte man über eine Nebentreppe zu dem Seiteneingang des Hotels und von dort, ohne ein Zimmer zu berühren, in die Glasveranda gelangen. Diesen Weg nahm er, leise und verstohlen, als befinde er sich auf verbotenen Pfaden, tastete sich behutsam durch das Dunkel, unwiderstehlich angezogen von dieser dummen und selig wiegenden Musik, deren Klänge schon klar und ungedämpft zu ihm drangen.

(VIII, 329)

Hotelrechnung von 1899. Aus dem Arbeitsmaterial zum *Tonio Kröger*. Thomas-Mann-Archiv Zürich.

LORLS nach dem 1. Conzert in München

'Ο Λόργς Stn μετὰ τὸ πρῶτον τοῦ Concert ἐν Μονάχῳ.

Bibi Saccellaphylaccas

Es ist ganz in weiße Seide gekleidet, was eine gewisse Rührung im Saale verbreitet. Es trägt ein weißseidenes Jäckchen von phantastischem Schnitt mit einer Schärpe darunter, und sogar seine Schuhe sind aus weißer Seide. Aber gegen die weißseidenen Höschen stechen scharf die bloßen Beinchen ab, die ganz braun sind; denn es ist ein Griechenknabe.

[...] Bibi hat glattes, schwarzes Haar, das ihm bis zu den Schultern hinabhängt und trotzdem seitwärts gescheitelt und mit einer kleinen seidenen Schleife aus der schmal gewölbten, bräunlichen Stirn zurückgebunden ist. Er hat das harmloseste Kindergesichtchen von der Welt, ein unfertiges Näschen und einen ahnungslosen Mund; nur die Partie unter seinen pechschwarzen Mausaugen ist schon ein wenig matt und von zwei Charakterzügen deutlich begrenzt. Er sieht aus, als sei er neun Jahre alt, zählt aber erst acht und wird für siebenjährig ausgegeben. (VIII, 339 f.)

Der Mann mit den blanken Knöpfen schleppt neue Kränze herbei, vier Lorbeerkränze, eine Lyra aus Veilchen, ein Bukett aus Rosen. (VIII, 346)

Photographie des Wunderkindes Loris. Thomas-Mann-Archiv Zürich.
Vgl. «Hans F. Nöhbauer spricht mit Erika Mann: Das Erbe des Vaters; Nachlese zu Thomas Mann», *Abendzeitung,* München, 19 (8./9. Januar 1966), AZ-Feuilleton, Nr. 7, S. 10: «Im Zimmer von Erika Mann steht ein kleines Photo, ein Knabe vor üppiger Flora, gleich wie in einem Gewächshaus oder – in einer Leichenhalle. Darunter, in Bleistiftschrift: ‹Loris nach seinem 1. Konzert in München›. Dieser kleine griechische Junge, erzählt Erika Mann, stimmt genau mit der Titelfigur der im Dezember 1904 geschriebenen Erzählung ‹Das Wunderkind› überein.»

ZU DEN PROCLAMATIONEN LUDWIG DERLETH GELESEN IN

DER KARFREITAGWOCHE 1904 WIRD

GEBETEN UM BEREITWILLIGE GEGENWART

CONVENT DESTOUCHESSTRASSE 1

Einladung zur Vorlesung von Daniels Proklamationen

Es war Karfreitag, abends um acht. Mehrere von denen, die Daniel geladen hatte, kamen zu gleicher Zeit. Sie hatten Einladungen in Quartformat erhalten, auf denen ein Adler einen nackten Degen in seinen Fängen durch die Lüfte trug und die in eigenartiger Schrift die Aufforderung zeigten, an dem Konvent zur Vorlesung von Daniels Proklamationen am Karfreitagabend teilzunehmen
[...].   (VIII, 362)

Eine Kopie des Einladungsformulars befindet sich im Thomas-Mann-Archiv Zürich. Aus dem Nachlaß von Ludwig Derleth.

Angelo Poliziano
Vorderseite einer Medaille

Angelo Poliziano

[...] bei ihm, auf dem Stuhle, Angelo Poliziano, gekleidet in einen langen dunklen, gefältelten Rock mit bauschigen Ärmeln, der sich am Halse einfach um den schmalen weißen Stehkragen schließt. Er hält sein kluges und sinnliches, von ergrauten Locken umrahmtes Gesicht, mit der starken, gebogenen Nase und dem von Hautfalten umgebenen Mund, dem Kardinal zugewandt, welcher, sehr kurzsichtig, mit seinem scherenartigen Lorgnon hantiert.

(VIII, 961)

Poliziano trägt eine Tuchmütze in Form eines gestutzten Kegels [...].

(VIII, 996)

Eduard Heyck, *Die Mediceer*. Bielefeld und Leipzig: Velhagen & Klasing 1897. Monographien zur Weltgeschichte, Bd. 1, S. 99, Abb. 116. Nicht in Thomas Manns Nachlaßbibliothek.

Thomas Mann verweist im 7. Notizbuch auf Heycks Monographie. Auf S. 60 notiert er sich die Namen von Lorenzos Freunden: Marsilio Ficino (Heyck, S. 63), Angelo Poliziano (Heyck, S. 99), Luigi Pulci (Heyck, S. 100), Giovanni Pico von Mirandola (Heyck, S. 101). Vgl. Egon Eilers, *Perspektiven und Montage*. Studien zu Thomas Manns Schauspiel «Fiorenza». Inaugural-Dissertation der Philosophischen Fakultät der Philipps-Universität Marburg, Marburg/Lahn 1967, Abb. S. 132; vgl. ferner S. 110.

Giovanni Pico von Mirandola
Unbekannter Meister, vielleicht Bronzino. Gemälde in den Uffizien zu Florenz

Giovanni Pico von Mirandola

Giovanni Pico von Mirandola tritt rasch herein [...]. Er ist ein üppiger Jüngling, elegant und willkürlich in seidene Stoffe gekleidet, mit langen, wohlgepflegten blonden Locken, feiner Nase, einem Frauenmunde und Doppelkinn.

(VIII, 970)

[...] Pico [trägt] eine runde, hinten ein wenig aufgekrempte Kopfbedeckung.

(VIII, 996)

Eduard Heyck, *Die Mediceer*. Bielefeld und Leipzig: Velhagen & Klasing 1897. Monographien zur Weltgeschichte, Bd. 1, S. 101, Abb. 118.
Thomas Mann verweist im 7. Notizbuch, S. 60, auf Heycks Monographie.

Savonarola che predica nel Duomo di Firenze (Bacci-Venuti)

E. Sborgi, Cartol. Artist. - Firenze 6441

Savonarola auf der Kanzel

Endlich steht Bruder Girolamo auf der Kanzel. Sein Blick, dieser seltsam starre und brennende Blick richtet sich auf die Menge, und in einer atemlosen, beklommenen Stille beginnt er zu sprechen. Er spricht zu Florenz, er redet es mit du an und fragt mit entsetzlicher Ruhe und Langsamkeit, wie es lebt, wie es die Tage verbringe und wie die Nächte. In der Reinheit, der Sinnenfurcht, im Geiste, im Frieden? Dann schweigt er, Antwort heischend; und Florenz, diese tausendköpfige Menge, die den Dom erfüllt, krümmt sich unter seinem unerträglichen Blick, der alles durchschaut, errät, erkennt, der alles weiß ... Du antwortest mir nicht? spricht er ... Und indem seine schwächliche Gestalt sich emporreckt, ruft er mit fürchterlicher Stimme: So will ich es dir sagen! Und nun beginnt eine unbarmherzige Abrechnung, ein Jüngstes Gericht in Worten, unter dem die Menge sich windet wie unter Rutenstreichen.

(VIII, 976; vgl. 973, 975)

Kunstkarte aus dem Arbeitsmaterial zu *Fiorenza*. Thomas-Mann-Archiv Zürich.

Dom. Ghirlandajo: Giovanna Tornabuoni (1488).
Paris, Sammlung Rudolf Kann.

...nst-Kalender 1903

Fiore

Sie steht noch einen Augenblick unbeweglich und kommt dann, in der Haltung, wie Pico sie beschrieb, mit rechtwinklig gebogenen Armen, die Hände auf dem Leibe zusammengelegt, schlank aufgerichtet und zurückgelegten Hauptes, aber mit tief niedergeschlagenen Augen, auf dem Mittelwege langsam nach vorn. Sie ist von einer kostbaren und wundervoll künstlichen Schönheit. Ihre Erscheinung ist streng linear, ruhevoll symmetrisch, fast maskenhaft. Ihr Haar, in ein dünnes Tuch eingebunden, fließt zu beiden Seiten der Wangen in blonden, ebenmäßigen Locken darunter hervor. Über ihren länglich geschnittenen Augen sind die Brauen auf irgendeine Weise entfernt oder unsichtbar gemacht, so daß die nackte Partie über den gesenkten oberen Lidern mit empfindlichem Ausdruck aufwärts gezogen zu sein scheint. Die Haut ihres Gesichtes ist wie poliert, straff, gespannt; ihre klar umrissenen Lippen sind in einem vieldeutigen Lächeln geschlossen. Um ihren langen, weißen Hals liegt eine ganz feine goldene Kette. Ihr starres Brokatkleid mit dunklen, engen und leicht durchbrochenen Sammetärmeln ist so geschnitten, daß der Leib ein wenig hervortritt und auf der Brust ein Stück des verschnürten Mieders sichtbar ist.

(VIII, 991)

Kalenderblatt aus dem Arbeitsmaterial zu *Fiorenza*. Thomas-Mann-Archiv Zürich.

Piero dei Medici, Sohn des Lorenzo Magnifico
Büste im Bargello von Ant. del Pollajuolo

Piero de' Medici

Piero de' Medici kommt mit raschen und stolzen Schritten von rechts auf dem
Seitenwege. Er ist ein großer, starker und geschmeidiger Jüngling von ein-
undzwanzig Jahren mit einem glatten, ebenmäßigen und hochmütigen Gesicht
und braunen Locken, die ihm dicht und weich in den Nacken fallen. Mit Dolch
und Schwert bewaffnet, trägt er ein Sammetbarett mit Agraffe und Feder und
ein knappes, vorn mit zahlreichen kleinen Knöpfen geschlossenes Wams aus
blauer Seide. Seine Haltung ist anmaßend, seine Sprache laut und herrisch,
sein Wesen ungebändigt und jähzornig.   (VIII, 1010f.)

Eduard Heyck, *Die Mediceer*. Bielefeld und Leipzig: Velhagen & Klasing 1897. Monographien zur Weltgeschichte, Bd. 1, S. 108, Abb. 126.
Thomas Mann verweist im 7. Notizbuch, S. 60, auf Heycks Monographie.

Bildnis Lorenzos dei Medici
Gemälde von Vasari (1511–1574) in den Uffizien zu Florenz

Lorenzo

Er ist häßlich: von olivengelber Gesichtsfarbe und finsterem Ausdruck, der durch die Falte zwischen seinen Brauen hervorgerufen wird. Sein breites, flaches Antlitz zeigt eine eingedrückte Nase und einen großen vorspringenden Mund mit weichen Winkeln. Seine Wangen sind, von der Nase bis zum abgemagerten Kinn, von zwei tiefen und schlaffen Furchen durchzogen, die dadurch noch sichtbarer werden, daß er, unfähig, durch die Nase zu atmen, die Lippen stets geöffnet hält. Aber seine Augen, als er erwacht, sind trotz seiner Schwäche feurig und klar und scheinen mit ihrem Blick Menschen und Gegenstände fest und inbrünstig zu umfassen; seine hohe und ereignisvolle Stirn triumphiert über die Unschönheit seiner Züge; und seine Bewegungen sind auch im Affekt von vollendeter Vornehmheit. Zuweilen kann auf seinem verwüsteten Gesicht, von innen heraus, ein Ausdruck hinreißend harmloser Lustigkeit hervorbrechen, der es gänzlich zu entsündigen und kindlich zu verklären scheint. Er trägt ein faltiges und pelzverbrämtes, schlafrockartiges Gewand, das um seinen gedrungenen Hals hoch geschlossen ist. Sein braunes, von weißen Fäden durchzogenes, in der Mitte gescheiteltes Haar fällt ihm leicht gewellt in die Wangen und das Genick.   (VIII, 1019)

Lorenzo bleibt allein zurück, in seinem Stuhle herabgesunken, die Löwenköpfe an den Armlehnen mit seinen schlanken und abgezehrten Händen umklammernd. Sein Kinn ruht auf der Brust, sein Blick scheint tief in schweren Gedanken zu wühlen.   (VIII, 1035)

Eduard Heyck, *Die Mediceer*. Bielefeld und Leipzig: Velhagen & Klasing 1897. Monographien zur Weltgeschichte, Bd. 1, Titelbild.

Vgl. auch Kalenderblatt aus dem Arbeitsmaterial zu *Fiorenza*. Thomas-Mann-Archiv Zürich.

Denkmal des Marsilio Ficino von Andrea Ferrucci im Dom zu Florenz

Ficino

Der alte Ficino, mit ausgemergeltem Gelehrtengesicht, dürrem Halse und weißen Locken, die spärlich unter seiner kegelförmigen Mütze zum Vorschein
kommen, sitzt, in den üblichen faltigen und hochgeschlossenen Rock gekleidet,
etwa inmitten des Raumes, von den anderen umgeben.   (VIII, 1020)

Eduard Heyck, *Die Mediceer*. Bielefeld und Leipzig: Velhagen & Klasing 1897. Monographien zur Weltgeschichte, Bd. 1, S. 63, Abb. 74.
Thomas Mann verweist im 7. Notizbuch, S. 60, auf Heycks Monographie.

Bildnis des Luigi Pulci aus der Brancaccikapelle (Filippino Lippi)

Pulci

Pulci, ein humoristischer Typus mit entzündeten Äuglein, rötlichen Säcken darunter, spitzer Nase, abstehenden Ohren und einem Leberflecken auf der Wange [...].
(VIII, 1020)

Eduard Heyck, *Die Mediceer*. Bielefeld und Leipzig: Velhagen & Klasing 1897. Monographien zur Weltgeschichte, Bd. 1, S. 100, Abb. 117.
Thomas Mann verweist im 7. Notizbuch, S. 60, auf Heycks Monographie.

HIERONYMI·FERRARIENSIS·ADEO·
☙·MISSI·PROPHETÆ·EFFIGIES·⁂·

Ritratto di Fra Girolamo Savonarola, Fra Bartolommeo
Florenz, Museo di S. Marco

Savonarola

Das fahle, gramvolle und leidenschaftliche Profil des Ferraresen schiebt sich langsam ins Zimmer. – Es ist von einer verstockten Häßlichkeit und steht mit seiner wilden und knochigen Großzügigkeit in erschreckendem Gegensatz zu der Kleinheit und Schwächlichkeit der übrigen Gestalt. Es ist von der Kapuze des schwarzen Überwurfes umrahmt, den der Mönch über der weißen Kutte trägt. Zwischen der heftig gebuckelten Nase und der schmalen, kantigen Stirn ist ein scharfer Einschnitt. Die wulstigen Lippen sind mit einer Art Innigkeit geschlossen, ein Ausdruck, der die aschfarbenen Höhlungen seiner Wangen noch zu vertiefen scheint. Die stark gezeichneten, an der Nasenwurzel zusammengewachsenen Brauen sind emporgezogen, wodurch die Stirn in tiefe, waagerechte Furchen gelegt und den kleinen, von den Schatten der Erschöpfung umlagerten Augen ein zugleich stumpf und tief schauender Ausdruck verliehen wird. (VIII, 1054)

Vgl. Gladius Dei (VIII, 200f.).

Kunstblatt aus dem Arbeitsmaterial zu Fiorenza. Thomas-Mann-Archiv Zürich. Thomas Mann besaß auch ein Porträt Savonarolas auf einer ovalen Kunsttafel. Im Gedenkzimmer des Thomas-Mann-Archivs aufgestellt.
Vgl. Ernest M. Wolf, «Savonarola in München – Eine Analyse von Thomas Manns ‹Gladius Dei›». Euphorion, Heidelberg, 64 (1970), Heft 1, S. 85–96.

Schillers Arbeitszimmer in Weimar

Schillers Arbeitszimmer zu Jena

Er stand vom Schreibtisch auf, von seiner kleinen, gebrechlichen Schreibkommode, stand auf wie ein Verzweifelter und ging mit hängendem Kopfe
in den entgegengesetzten Winkel des Zimmers zum Ofen, der lang und schlank
war wie eine Säule. Er legte die Hände an die Kacheln, aber sie waren fast
ganz erkaltet, denn Mitternacht war lange vorbei [...].

Das sechseckige Zimmer, kahl, nüchtern und unbequem, mit seiner geweißten Decke, unter der Tabaksrauch schwebte, seiner schräg karierten Tapete,
auf der oval gerahmte Silhouetten hingen, und seinen vier, fünf dünnbeinigen
Möbeln, lag im Lichte der beiden Kerzen, die zu Häupten des Manuskripts
auf der Schreibkommode brannten. Rote Vorhänge hingen über den oberen
Rahmen der Fenster, Fähnchen nur, symmetrisch geraffte Kattune; aber sie
waren rot, von einem warmen, sonoren Rot, und er liebte sie und wollte sie
niemals missen, weil sie etwas von Üppigkeit und Wollust in die unsinnlich-
enthaltsame Dürftigkeit seines Zimmers brachten ...   (VIII, 371f.)

Ernst Müller, *Schiller*. Intimes aus seinem Leben. Berlin: Hofmann 1905, Abb. S. 219.
Aus Thomas Manns Nachlaßbibliothek.

Bibliothekzimmer im Hause des Professors Dr. Pringsheim, München

Bibliothek im Hause Aarenhold

Herr Aarenhold kam mit kurzen Schritten aus der Bibliothek, wo er sich mit
seinen alten Drucken beschäftigt hatte. Er erwarb beständig literarische Alter-
tümer, Ausgaben erster Hand in allen Sprachen, kostbare und moderige
Scharteken.   (VIII, 380)

Abbildung aus der *Zeitschrift des bayerischen Kunstgewerbevereins in München* 41 (1892),
Tafel 3. Nicht in Thomas Manns Nachlaßbibliothek.
Thomas Mann hat die Räumlichkeiten im Hause seines Schwiegervaters natürlich nicht
nach Photographien, sondern aus eigener Anschauung beschrieben. Man beachte das Bären-
fell, das in der Novelle eine bestimmte Rolle spielt.

Speisesaal im Hause des Professors Dr. Pringsheim, München

Speisesaal im Hause Aarenhold

In dem ungeheuren, mit Teppichen belegten und rings mit einer Boiserie aus dem achtzehnten Jahrhundert bekleideten Speisesaal, von dessen Decke drei elektrische Lüster hingen, verlor sich der Familientisch mit den sieben Personen. [...] Gobelins mit Schäfer-Idyllen, die wie die Täfelung vorzeiten ein französisches Schloß geschmückt hatten, bedeckten den oberen Teil der Wände.

(VIII, 382 f.)

Abbildung aus der *Zeitschrift des bayerischen Kunstgewerbevereins in München* 40 (1891), Tafel 32.

Schwarzwälder Bauer
Nach einem Gemälde

Schuster Hinnerke

Er hatte bogenförmige, schwarze Augenbrauen und einen gelblich-weißen Bart, der ihm wuchs wie dem Großherzog, schwere Oberlider und blaue, wäßrige Augen mit Säcken aus welker Haut darunter; er hatte die landesüblichen Wangenknochen, und die Falten seines geröteten Gesichtes waren wie Risse. (II, 68)

Eduard Engels, «Hans Thoma», *Velhagen & Klasings Monatshefte,* Berlin u. a., 21 (1906/07), September 1906, Heft 1, S. 41–58, Abb. S. 43.

In den Notizen zur *Königlichen Hoheit* merkte sich Thomas Mann vor:

«Schuster Süderßen: Velhag. & Kl. 1. Sept. Heft: Schwarzwälder Bauer.»
Hinnerke

Vgl. Hete Lütjens, *Konzeption und Wandlungen von Thomas Manns Roman «Königliche Hoheit».* Quellenkritische Dokumentation zur Werkgeschichte. Wissenschaftliche Arbeit im Rahmen der Ersten Staatsprüfung für das Lehramt am Gymnasium. Wissenschaftliches Prüfungsamt Bonn 1972. Maschinenschrift.

Humboldts Arbeitszimmer im Schloß Tegel

Klaus Heinrichs Bücherzimmer

[...] in Klaus Heinrichs Bücherzimmer mit dem runden Mahagonitisch, der geweißten Decke und dem griechischen Torso auf dem Kachelofen [...].

(II, 87f.)

Erst ein Jahr später verließ er sein altmodisch schlichtes Schülerzimmer mit dem Torso auf dem Kachelofen, – [...]. (II, 90)

Aus der *Woche,* Berlin, 9, Nr. 10 (9. März 1907), Abb. S. 428. Artikel von Robert Mielke, «Märkische Schlösser», S. 427–432.
Thomas Mann verweist in seinen Notizen zur *Königlichen Hoheit* auf diesen Artikel.

Die Trauerfeier für Prinz Albrecht von Preußen in Kamenz:
Trauergottesdienst in der evangelischen Kirche

Begräbnis Johann Albrechts III.

Dann endlich kam der Augenblick, da der Zinksarg aus der Altarnische der Hofkirche, wo er zwischen umflorten Kandelabern und mannshohen Kerzen paradiert hatte, [...] von acht Leibgrenadieren zum sechsfach bespannten und finster aufgeputzten Leichenwagen getragen wurde [...]. (II, 124)

Aus der *Woche,* Berlin, 8, Nr. 38 (22. September 1906), S. 1650.
Thomas Mann verweist in seinen Notizen zur *Königlichen Hoheit* auf dieses Zeitungsbild: «*Formalitäten beim Tode J[ohann] A[lbrecht]s:* Trauerparade. (s. Zeitungsausschn.) Gegenstück zur Taufe. Tr.-Gottesdienst: s. Woche 06 N° 38».
Vgl. Thomas Mann, «Notizen zu Felix Krull, Friedrich, Königliche Hoheit u.a.». Hrsg. von Hans Wysling. Beihefte zum *Euphorion,* Heidelberg, Heft 5 (1973), S. 31.

Das neue Kollegienhaus für die Universität in Freiburg i. Br.:
Feierliche Grundsteinlegung durch den Großherzog und die Großherzogin
von Baden

Klaus Heinrich repräsentiert

Eine seltsame Unechtheit und Scheinbarkeit herrschte auf den Stätten seiner Berufsübung, eine ebenmäßige, bestandlose Ausstattung, eine falsche und herzerhebende Verkleidung der Wirklichkeit aus Pappe und vergoldetem Holz, aus Kranzgewinden, Lampions, Draperien und Fahnentüchern war hingezaubert für eine schöne Stunde, und er selbst stand im Mittelpunkte des Schaugepränges auf einem Teppich, der den nackten Erdboden bedeckte, zwischen zweifarbig bemalten Masten, um die sich Girlanden schlangen [...].   (II, 159f.)

Aus der *Woche,* Berlin, 8, Nr. 28 (14. Juli 1906), S. 1203.
In den Notizen zur *Königlichen Hoheit* findet sich der Hinweis: «Grundsteinlegung (Woche N° 28)».

Von der landwirtschaftlichen Ausstellung in Schöneberg bei Berlin: Eröffnung
der Ausstellung durch den Kronprinzen – Rundgang durch die Ausstellung
in Düsseldorf

Wanderausstellung der Deutschen Landwirtschaftsgesellschaft in Düsseldorf:
Gesamtansicht der Ausstellung

Klaus Heinrich besucht die Ackerbauausstellung

Zelte, Pavillons und Baracken waren auf der Wiese errichtet. An langen Reihen von Stangen, die untereinander mit Girlanden verbunden waren, flatterten bunte Wimpel. Auf einer hölzernen, mit Fahnentüchern behangenen Tribüne, zwischen Draperien, Festons und zweifarbigen Flaggenstangen, verlas Klaus Heinrich die kurze Eröffnungsrede. Und dann begann der Rundgang.

Da war an niedrige Querbäume das Hornvieh gefesselt, Reinzucht, Prachtexemplare mit glatten, gewölbten, scheckigen Leibern, numerierte Schilder an den breiten Stirnen. Da stampften und schnoben die Pferde [...].

Klaus Heinrich sah alles an, er schritt, den Säbelgriff überm Unterarm, die Reihen der Tiere, Käfige, Säcke, Bottiche, Gläser und Utensilien ab. Der Herr zu seiner Rechten wies ihn mit der Hand im weißen Glacéhandschuh auf das einzelne hin, indem er sich diese und jene Erläuterung gestattete, und Klaus Heinrich tat, was seines Berufes war. (II, 165f.; vgl. II, 161)

Abbildungen aus der *Woche,* Berlin, 8, Nr. 25 (23. Juni 1906), S. 1068, und 9, Nr. 24 (15. Juni 1907), S. 1034.
Thomas Mann verweist in seinen Notizen zur *Königlichen Hoheit* auf diese Zeitungsbilder.

Prinz Eitel-Friedrich besichtigt die Kinderstation des Johanniterordens-Krankenhauses in Sonnenburg.

Besuch im Kinderspital

Es ging die Treppe hinauf, ins erste Stockwerk: Klaus Heinrich und Imma Spoelmann vorauf, geleitet von Doktor Sammet, dann die Gräfin Löwenjoul mit Herrn von Braunbart und endlich die jungen Ärzte. Hier waren die größeren Kinder, – ja; im Alter bis zu vierzehn Jahren. Ein Vorraum mit Wäscheschränken trennte die Säle für Mädchen und Knaben. In weißen Gitterbettchen, mit einem Namensschild zu Häupten und einem Klapprahmen am Fußende, der Tabellen mit Fieber- und Gewichtskurven zeigte, – gewartet von Schwestern in weißen Hauben, umgeben von Ordnung und Reinlichkeit, lagen die kranken Kinder, und Husten erfüllte den Raum, während Klaus Heinrich und Imma Spoelmann zwischen den Reihen dahinschritten. (II, 211)

Aus der *Woche,* Berlin, 9, Nr. 27 (6. Juli 1907), S. 1165.
Vermerk in den Notizen zur *Königlichen Hoheit:* «Besuch im Kinderspital: Woche 1907 Heft 27».

Jubeltage in Karlsruhe: Fahrt des großherzoglichen Paars und des schwedischen Kronprinzenpaars zu der von der Stadt veranstalteten Huldigungsfeier

Der Brautzug

Mit allen Zügen, zu Fuß und zu Wagen strömte das Landvolk herein, [...] mit
der schmucken Landestracht angetan, die Männer in roten Jacken und Stulpenstiefeln und schwarzen, breitkrempigen Sammethüten, die Frauen in buntge-
stickten Miedern und dicken, fußfreien Röcken und der schwarzen Riesen-
schleife als Kopfputz, – und drängten sich mit der städtischen Bevölkerung in
der Straßenzeile zwischen dem Quellengarten und dem Alten Schloß, die mit
Girlanden und bekränzten Tribünen und weiß bemalten Holzobelisken voll
Pflanzenschmuck in eine Einzugsstraße verwandelt worden war. [...]
    [...] Aber dann kam die Stunde, da Imma Spoelmann von «Delphinenort»
zum Alten Schlosse fuhr. Sie tat es im feierlichen Zuge.
    Die Fahnen flatterten im Frühlingswind, die armdicken Girlanden rankten
sich, mit roten Rosen durchflochten, von einem Holzobelisken zum andern,
schwarz staute sich auf den Tribünen, den Dächern, den Bürgersteigen die
Menge, und zwischen dem Spalier von Schutzleuten und Feuerwehr, von
Gilden, Vereinen, Studenten und Schulkindern kam langsam auf der mit Sand
bestreuten Feststraße, umbrandet von Jubel, der Brautzug daher. Zwei Spitzen-
reiter mit Tressenhüten und Fangschnüren kamen zuerst, geführt von einem
schnauzbärtigen Stallmeister im Dreispitz. Eine vierspännige Kutsche dann [...].
                                                                    (II, 358f.)

Aus der *Woche,* Berlin, 8, Nr. 39 (29. September 1906), S. 1690.
Vermerk in den Notizen zur *Königlichen Hoheit:* «Festzug: s. Woche, Heft 39 (Einzug)
Einzug: Woche N° 24 1907». Vgl. Anhang.

Vgl. Thomas Mann, «Notizen zu Felix Krull, Friedrich, Königliche Hoheit u.a.». Hrsg.
von Hans Wysling. Beihefte zum *Euphorion,* Heidelberg, Heft 5 (1973), S. 33.

[Aus Thomas Manns Notizen zum «Krull»]

Krull imitiert die Unterschrift seines Vaters

Dabei leistete mir eine lange spielerische Übung, die Handschrift meines Vaters nachzuahmen, vorzügliche Dienste. Ein Vater ist stets das natürliche und nächste Muster für den sich bildenden und zur Welt der Erwachsenen hinstrebenden Knaben. Unterstützt durch geheimnisvolle Verwandtschaft und Ähnlichkeiten der Körperbildung, setzt der Halbwüchsige seinen Stolz darein, sich von dem Gehaben des Erzeugers anzueignen, was die eigene Unfertigkeit ihn zu bewundern nötigt – oder, um genauer zu sein: Diese Bewunderung ist es, die halb unbewußt zu der Aneignung und Ausbildung dessen führt, was erblicherweise in uns vorgebildet liegt. Dereinst so rasch und geschäftlich leicht die Stahlfeder zu führen wie mein Vater war schon mein Traum, als ich noch hohe Krähenfüße in die liniierte Schiefertafel grub, und wieviel Fetzen Papiers bedeckte ich später, die Finger genau nach seiner schlanken Manier um den Halter geordnet, mit Versuchen, die väterlichen Schriftzüge aus dem Gedächtnis nachzubilden. Das war nicht schwer, denn mein armer Vater schrieb eigentlich eine Kinderhand, fibelgerecht und ganz unausgeschrieben, nur daß die Buchstaben winzig klein, durch überlange Haarstriche jedoch so weitläufig, wie ich es sonst nie gesehen, auseinandergezogen waren, eine Manier, deren ich rasch aufs täuschendste habhaft wurde. Was den Namenszug «E. Krull» betraf, der, im Gegensatz zu den spitzig-gotischen Zeichen des Textes, den lateinischen Duktus aufwies, so umhüllte ihn eine Schnörkelwolke, die auf den ersten Blick schwer nachzuformen schien, jedoch so einfältig ausgedacht war, daß gerade die Unterschrift mir fast stets zur Vollkommenheit gelang. Die untere Hälfte des E nämlich lud weit zu gefälligem Schwunge aus, in dessen offenen Schoß die kurze Silbe des Nachnamens sauber eingetragen wurde. Von ober her aber, dem U-Haken zum Anlaß und Ausgang nehmend und alles von vorn umfassend, gesellte sich ein zweiter Schnörkel hinzu, welcher den E-Schwung zweimal schnitt und, gleich diesem von Zierpunkten flankiert, in zügiger S-Form nach unten verlief. Die ganze Figur war höher als breit, barock und kindlich von Erfindung und eben deshalb so vortrefflich zur Nachahmung geeignet, daß der Urheber selbst meine Produkte als von seiner Hand würde anerkannt haben.   (VII, 296f.)

Proben für die Fälschung der Unterschrift seines Vaters, E. Krull. Aus den Notizen zum *Krull*. Thomas-Mann-Archiv Zürich.

Französische Glocke aus schwarzem Samt mit weißem Kronenreiher

Madame Houpflé am Zoll

[...] unterhielt eine Dame mittleren Alters im Nerzmantel und in einem mit Reiherfedern garnierten glockenförmigen Sammethut, über ihren offenstehenden großen Koffer hinweg, einen ziemlich erregten Disput mit dem sie kontrollierenden Beamten [...].   (VII, 389)

Ausschnitt aus der *Woche,* Berlin, 12, Nr. 42 (15. Oktober 1910), S. 1793. Aus dem Arbeitsmaterial zum *Krull.* Thomas-Mann-Archiv Zürich.

Ankunft und Empfang der allein reisenden Dame vor dem Hotel

Madame Houpflés Ankunft

Ich kannte diese Dame. Obgleich sie keinen Glockenhut mit Reiherfedern, sondern eine andere, breitrandige und mit Atlas garnierte Kreation auf dem Kopfe trug, über die ein weißer, unterm Kinn zur Schlinge gebundener und lang auf den Mantel herabhängender Schleier gelegt war, und obgleich auch dieser Mantel ein anderer war als gestern, ein leichterer, hellerer, mit großen umsponnenen Knöpfen, konnte nicht der geringste Zweifel sein, daß ich meine Nachbarin von der Douane, die Dame vor mir hatte, mit der mich der Besitz des Kästchens verband. (VII, 419; vgl. VII, 389, 436)

Ausschnitt aus der *Woche,* Berlin, 12, Nr. 28 (9. Juli 1910), S. 1182. Aus dem Arbeitsmaterial zum *Krull.* Thomas-Mann-Archiv Zürich.

Mrs. Jan Bullough, geb. Miß Lily Elsie
Eine Schönheit der Londoner Gesellschaft

Madame Houpflés Abendtoilette

Um sieben Uhr fuhr ich sie zum Diner hinunter: zu anderen Gästen in
Abendtoilette, die ich aus den oberen Stockwerken geholt und die sich zum
Speisen begaben, trat sie bei mir ein, in einem wundervollen weißen Seiden-
kleid mit kurzer Schleppe, Spitzen und gestickter Tunika, deren Taille ein
schwarzes Sammetband gürtete, um den Hals ein Collier milchig schimmern-
der, untadelig gestalteter Perlen [...].   (VII, 439)

Ausschnitt aus der *Woche,* Berlin, 15, Nr. 8 (22. Februar 1913), S. 341. Aus dem Arbeitsmaterial zum *Krull*. Thomas-Mann-Archiv Zürich.

Ein Ereignis der Pariser Gesellschaft: Der Concours hippique im „Grand Palais".

Nach einer Originaltuschzeichnung von H. Lelong.

Im Zirkus

Mit kurzem Kopfnicken (denn der Cirkus kennt nicht die Verbeugung) quittiert der Artist den rauschenden Beifall der die Runde füllenden Menge, dieses einzigartigen Publikums, das sich aus gierigem Schaupöbel und einer Pferde-Lebewelt von roher Eleganz erregend und beklemmend zusammensetzt. Kavallerie-Offiziere, die Mütze schief, in den Logen; junge Fêtards, rasiert, mit Augenglas, Nelken und Chrysanthemen im Aufschlag ihrer weiten gelben Paletots; Kokotten, vermischt mit neugieriger Damenwelt aus vornehmen Faubourgs, in Gesellschaft kennerischer Kavaliere im grauen Gehrock und grauen Zylinder, denen das Doppelperspektiv sportlich auf der Brust hängt wie beim Rennen in Longchamp. (VII, 456)

Ausschnitt aus der *Woche,* Berlin, 12, Nr. 16 (16. April 1910), S. 656. Aus dem Arbeitsmaterial zum *Krull.* Thomas-Mann-Archiv Zürich.

Lyrische Offenbarungen

Der «Five o'clock» im Hotel

Beim Bridge.

Fünfuhrtee im Hotel Saint James and Albany, Paris

Ich fühlte mich eingesperrt in meine Ascenseur-Nische und den Schacht, worin ich mein Fahrzeug auf und ab steuerte, ohne daß mir ein Blick oder mehr als ein kurzer Gelegenheitsblick gewährt gewesen wäre auf die kostbaren Gesellschaftsbilder der Halle zur Fünf-Uhr-Teezeit, wenn gedämpfte Musik sie durchschwebte, Rezitatoren und griechisch gewandete Tänzerinnen der schönen Welt Unterhaltung boten, die an ihren gepflegten Tischchen in Korbsesseln lehnte, zum goldenen Tranke Petits fours und erlesene kleine Sandwiches kostete, die Finger danach zum Entkrümeln mit einer Art von leichtem Getriller in der Luft bewegend, und auf dem Läufer der königlichen, zu einer mit Blumenbosketts geschmückten Empore führenden Freitreppe, zwischen Palmenwedeln, die aus skulpturierten Vasenkästen stiegen, einander begrüßte, Bekanntschaft machte, mit distinguiertem Mienenspiel und Kopfbewegungen, die auf Geist schließen ließen, Scherzworte tauschte und leichtlebiges Lachen ertönen ließ. Wie gut mußte es sein, sich dort zu bewegen und aufzuwarten, im Bridge-Zimmer der Damen auch oder im Speisesaal beim Diner, zu dem ich die befrackten Herren und von Schmuck funkelnden Frauen hinabbrachte.

(VII, 466; vgl. VII, 415)

Ausschnitte aus der *Woche*, Berlin, 12, Nr. 50 (10. Dezember 1910), Abb. S. 2129ff. (Artikel von Ola Alsen, «Beim Fünfuhrtee», S. 2129ff.). Aus dem Arbeitsmaterial zum *Krull*. Thomas-Mann-Archiv Zürich.

Speisesaal des Hotels Saint James and Albany, Paris

Der nächste Tag also schon sah mich in voller Parure bei der Mittagsmahlzeit im Saale debütieren, diesem herrlichen, kirchenweiten Raum mit seinen kannelierten Säulen, auf deren vergoldeten Kronen in weißem Stuck die Deckenflächen ruhten, mit seinen rot beschirmten Wandleuchtern, rot wallenden Fenster-Draperien und der Unzahl von weißdamastenen, mit Orchideen geschmückten Rundtischen und Tischchen, um welche Sessel aus weißem Schleiflack-Holz mit roten Polstern standen und auf denen die zu Fächern und Pyramiden gefältelten Servietten, die glänzenden Bestecke und zarten Gläser, die in blitzenden Kühlkübeln oder leichten Körben lehnenden Weinflaschen paradierten, die herbeizubringen das Sonderamt des mit Kette und Küferschürzchen ausgezeichneten Kellner-Kellermeisters war. Lange bevor die ersten Gäste zum Luncheon sich einfanden, war ich zur Hand gewesen, hatte geholfen, auf einer bestimmten Gruppe von Tischen, denen ich als zweiter, als Hilfs-Aufwärter zugeteilt war, die Couverts zu legen, die Menukarten zu verteilen, und ließ es mir dann nicht nehmen, das Speisepublikum dieser Tische, dort wenigstens, wo der mir übergeordnete Haupt- und Servierkellner eben nicht sein konnte, mit markierter Herzensfreude zu begrüßen, den Damen die Stühle unterzuschieben, ihnen die Karten zu reichen, Wasser einzuschenken, kurz, diesen Pfleglingen, ohne Ansehen ihrer ungleichen Reize, meine Gegenwart artig einprägsam zu machen.   (VII, 470)

Ausschnitt einer Zeitungsreklame. Aus dem Arbeitsmaterial zum *Krull*. Thomas-Mann-Archiv Zürich.

Lady Decies, geb. Miß Vivian Gould, eine der reichsten amerikanischen
Erbinnen, und ihr Gemahl, Lord William Decies
Eine englisch-amerikanische Vermählung, um die Boxkämpfe vollführt wurden.

Eleanor Twentyman und Lord Kilmarnock

Sie war ein blondes Ding, hübsch nach Art eines Zickleins, mit den rührend-
sten Schlüsselbeinen von der Welt, wenn abends ihr seidenes Kleidchen ein
wenig ausgeschnitten war. Da ich von je eine Schwäche für den angelsächsi-
schen Typ gehegt habe und sie diesen sehr ausgeprägt darstellte, so sah ich
sie gern – sah sie übrigens immerfort, bei den Mahlzeiten, nach den Mahlzeiten und bei der Tee-Musik, zu der die Twentymans, wenigstens anfangs,
ebenfalls Platz zu nehmen pflegten, wo ich bediente. Ich war gut zu meinem
Zicklein, umgab sie mit der Aufmerksamkeit eines ergebenen Bruders, legte
ihr das Fleisch vor, brachte ihr das Dessert zum zweitenmal, versah sie mit
Grenadine, die sie sehr gern trank, hüllte zärtlich ihre dünnen schneeweißen
Schülterchen in den gestickten Umhang, wenn sie sich vom Diner erhob –
[...].   (VII, 475 f.)

Der Lord, der vierzehn Tage bei uns wohnte und an einem meiner Tischchen
für Einzelpersonen speiste, war ein Mann von sichtlicher Vornehmheit, um
die Fünfzig, mäßig hoch gewachsen, schlank, äußerst akkurat gekleidet, mit
noch ziemlich dichtem, eisenfarbig ergrautem, sorgfältig gescheiteltem Haar
und einem gestutzten, ebenfalls leicht ergrauten Schnurrbart, der den bis zur
Anmut feinen Schnitt des Mundes der Beobachtung freigab. Gar nicht fein
geschnitten und wenig aristokratisch war die überstarke, fast klobige Nase,
die, einen tiefen Einschnitt bildend zwischen den etwas schräg gesträubten
Brauen, den grün-grauen Augen, welche sich mit einer gewissen Anstrengung
und Überwindung offen zeigten, gerade und schwer aus dem Gesicht hervorsprang. War dies zu bedauern, so erfreute wiederum die stets peinlich saubere,
letzte Weichheit erzielende Rasur von Wangen und Kinn, die überdies von
einer Creme glänzten, mit der der Lord sich nach der Säuberung einrieb.
                                                                          (VII, 480)

Ausschnitt aus der *Woche*, Berlin, 13, Nr. 7 (18. Februar 1911), S. 269. Aus dem Arbeitsmaterial zum *Krull*. Thomas-Mann-Archiv Zürich.

[Ansichtskarte]

Hotel-Gesellschaft

Ich kann mein inneres Verhalten zur Welt, oder zur Gesellschaft, nicht anders als widerspruchsvoll bezeichnen. [...] Ein Beispiel dafür ist der Gedanke, der mich zuweilen beschäftigte, wenn ich gerade, im Speisesaal oder in der Halle, die Hände mit der Serviette auf dem Rücken, einige Minuten müßig stand und die von den Blaufräcken umschwänzelte und verpflegte Hotel-Gesellschaft überblickte. Es war der Gedanke der *Vertauschbarkeit*. Den Anzug, die Aufmachung gewechselt, hätten sehr vielfach die Bedienenden ebensogut Herrschaft sein und hätte so mancher von denen, welche, die Zigarette im Mundwinkel, in den tiefen Korbstühlen sich rekelten – den Kellner abgeben können. Es war der reine Zufall, daß es sich umgekehrt verhielt – der Zufall des Reichtums; denn eine Aristokratie des Geldes ist eine vertauschbare Zufallsaristokratie. (VII, 491 f.)

Postkarte (Reklame des Fachinger Mineralwassers). Aus dem Arbeitsmaterial zum *Krull*. Thomas-Mann-Archiv Zürich.
Das Reklamebildchen ist eine Ansichtskarte, die Thomas Mann seiner Mutter senden wollte. Die Karte ist unvollständig beschriftet und wurde nicht abgesandt. Der Text auf der Rückseite lautet: «26.1.16. Liebe Mama, keine Rede von erzürnt sein! Wir sind ja nicht so. Hoffentlich trifft es sich ein andermal besser. Der Abend war aber auch so ganz gemütlich.»
Vgl. Paul Scherrer, «Vornehmheit, Illusion und Wirklichkeit. Belege zu drei Grundmotiven des ‹Felix Krull› aus den Materialien des Zürcher Thomas-Mann-Archivs», *Blätter der Thomas-Mann-Gesellschaft*, Zürich, Nr. 1, 1958.

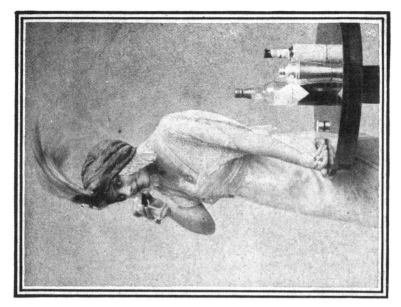

Fräulein Irene Bordoni vom New-Yorker Wintergarten

Beim Versuchen eines «Cocktails»

Bei der Bereitung eines «Ice drink»

Zaza

Vorläufig, in ihrer Jugendblüte, war Zaza – so nannte er sie – das reizendste Ding von der Welt, – Pariserin von Geblüt, type grisette, aber gehoben durch Abendkleider aus teueren Ateliers, weiß oder farbig, die er ihr natürlich hatte machen lassen, und durch raren alten Schmuck, der selbstverständlich auch sein Geschenk war, – eine vollschlanke Brünette mit wunderschönen, immer entblößten Armen, einer etwas phantastisch gebauschten und den Nacken bedeckenden Frisur, die zuweilen durch ein sehr kleidsames, turbanartiges Kopftuch mit seitlich herabhängenden Silberfransen und einem Federaufsatz über der Stirn verhüllt war, – mit Stumpfnase, süßem Plappermäulchen und dem ausgepichtesten Augenspiel. (VII, 494 f.)

Ausschnitt aus der *Woche,* Berlin, 15, Nr. 9 (1. März 1913), S. 357. Aus dem Arbeitsmaterial zum *Krull.* Thomas-Mann-Archiv Zürich.

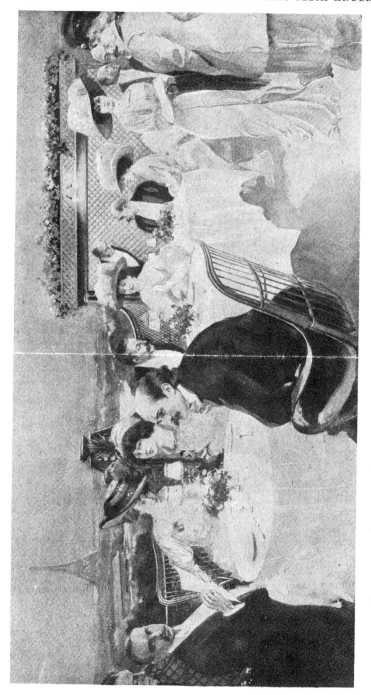

Eine Oase in der Sommerhitze der Weltstadt: Souper auf dem Dachgarten eines Pariser Hotels

An den Tischen von links nach rechts: Claude Casimir Perrier, Mme Simone Casimir Perrier, Mme Rostand, M. Rostand, Herzog und Herzogin von Vendôme, Prinz und Prinzessin Georg von Griechenland. Stehend: Mme Salvago, Gabriele d'Annunzio, Pierre Wolf, Mme Réjane

Nach einer Originalzeichnung von L. Strimpl

Dachterrasse des Grand-Hôtel des Ambassadeurs, Paris

Es war ein Juli-Abend noch vor dem Nationalfeiertag, an welchem die Theater-
saison endet, und im Genuß eines der Urlaube, die mir alle vierzehn Tage einmal von meinem Etablissement gegönnt waren, beschloß ich, wie schon ein
paarmal vorher, auf der hübschen, gärtnerisch geschmückten Dachterrasse des
«Grand-Hôtel des Ambassadeurs» am Boulevard Saint Germain zu dinieren,
von deren luftiger Höhe man über die Blumenkästen der Brüstung hinweg
sich eines weiten Blicks über die Stadt, die Seine hin, einerseits auf die Place
de la Concorde und den Madeleine-Tempel, andererseits auf das Wunderwerk
der Weltausstellung von 1889, den Eiffelturm, erfreute. Man fuhr dorthinauf
im Lift über fünf oder sechs Stockwerke und hatte es kühl, umgeben von ge-
dämpft konversierender guter Gesellschaft, deren Blicke jede Neugier ver-
mieden und in die ich mich leichthin und ohne Tadel einfügte. Um die mit
Schirmlämpchen versehenen Speisetische saßen in Korbfauteuils Frauen in
hellen Kleidern und modisch umfangreichen, kühn geschwungenen Hutkrea-
tionen und schnurrbärtige Herren in korrektem Abendanzug gleich mir, einige
sogar im Frack. Über einen solchen verfügte ich freilich nicht, aber meine
Eleganz genügte vollauf, und sorglos konnte ich mich an dem freien Tische
niederlassen, den der hier amtierende Oberkellner mir anwies, und von dem
er das zweite Couvert entfernen ließ. Über die angenehme Mahlzeit hinaus
sah ich einem genußreichen Abend entgegen [...].   (VII, 499)

Ausschnitt aus der *Woche,* Berlin, 12, Nr. 28 (9. Juli 1910), S. 1171. Aus dem Arbeitsmaterial zum *Krull.* Thomas-Mann-Archiv Zürich.

Frau Konstantin

Geliebte eines Sultans

«[...] Seine Geliebte geht in Nationaltracht, das heißt, um die Beine hat sie ein kostbares Tuch geschlungen, vorn geknotet, unter den biegsamsten Hüften, denn überhaupt ist sie schön wie ein Märchen. Um den Hals trägt sie drei, vier Reihen Perlen und darunter ebenso viele Reihen Brillanten von Fabelgröße.»   (VII, 510)

Ausschnitt aus der *Woche,* Berlin, 13, Nr. 52 (30. Dezember 1911), S. 2209. Aus dem Arbeitsmaterial zum *Krull.* Thomas-Mann-Archiv Zürich.

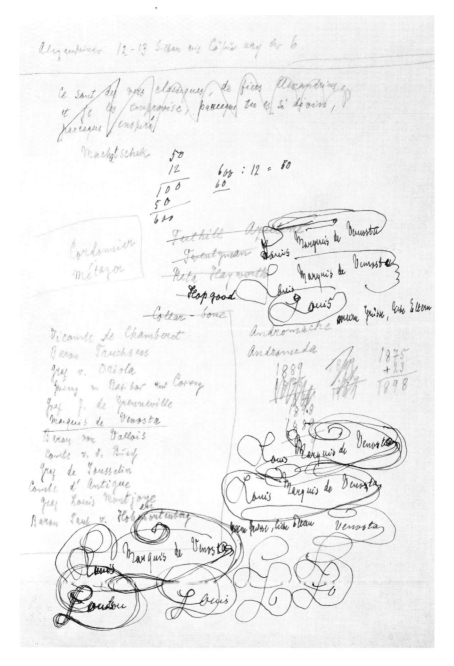

Krull imitiert die Unterschrift des Marquis de Venosta

«Hier ist welches.» Und ich riß ein Blatt aus meinem Taschenbuch. «Es würde mich interessieren, Ihren Namenszug zu sehen.»

«Warum? – Wie Sie wollen.» Hand und Feder sehr schräg nach links gestellt, malte er seine Unterschrift hin und schob sie mir zu. Schon umgekehrt war sie sehr drollig anzusehen gewesen. Sie verschmähte den Schnörkel am Schluß, fing vielmehr gleich damit an. Das zeichnerisch aufgeplusterte L setzte seine untere Schleife weit rechtshin fort, ließ sie im Bogen zurückkehren und das Initial selbst von vorn durchstreichen, um dann, eingeschlossen vom vorgebildeten Oval, in enger und links geneigter Steilschrift als –ouis Marquis de Venosta weiterzulaufen. – Ich konnte mich eines Lächelns nicht enthalten, nickte ihm aber beifällig zu.

«Vererbt oder selbst erfunden?» fragte ich, indem ich die Füllfeder an mich nahm.

«Vererbt», sagte er. «Papa macht es geradeso. Nur nicht so gut», fügte er bei.

«Sie haben ihn also überflügelt», sprach ich mechanisch, denn ich war mit einem ersten Versuch der Nachahmung beschäftigt, der recht gut ausfiel. «Ich brauche es gottlob nicht besser zu machen als Sie. Das wäre sogar ein Fehler.» Dabei fertigte ich eine zweite Kopie, – zu meiner geringeren Zufriedenheit. Die dritte aber war ohne Tadel. Ich strich die beiden oberen aus und reichte ihm das Blatt. Er war verblüfft.

«Unglaublich!» rief er. «Meine Schrift, wie heruntergerissen! Und Sie wollen nichts von Gerissenheit hören! Ich bin aber selbst nicht so ungerissen, wie Sie wohl glauben, und verstehe ganz gut, warum Sie das üben. Sie brauchen meine Unterschrift zum Erheben der Kreditbrief-Beträge.»

«Wie zeichnen Sie, wenn Sie an Ihre Eltern schreiben?»

Er stutzte und rief:

«Natürlich, ich muß von einigen Stationen wenigstens den Alten schreiben, zum mindesten Postkarten. Mensch, Sie denken an alles! Ich heiße Loulou zu Hause, weil ich mich selbst als Kind so genannt habe. Ich mache das so.»

Er machte es nicht anders als mit dem vollen Namen: malte das plustrige L, zog das Oval und kreuzte damit von vorn die Arabeske, die dann im Gehäuse als –oulou schräg links gesteilt weiterging. (VII, 518 f.)

Proben für die Fälschung der Unterschrift des Marquis de Venosta. Aus den Notizen zum *Krull*. Thomas-Mann-Archiv Zürich.

Professor Kuckuck

An dem Tischchen saß bereits, mit den Hors-d'œuvres beschäftigt, ein älterer Herr, zierlich von Figur, etwas altmodisch gekleidet (mir schwebt ein vatermörderähnlicher Kragen vor, den er trug) und mit grauem Bärtchen, der, als ich ihm artig den Abendgruß bot, mit Sternenaugen zu mir aufblickte. Ich bin außerstande, zu sagen, worauf eigentlich das Sternenartige seines Blickes beruhte. Waren seine Augensterne besonders hell, milde, strahlend? Gewiß, das waren sie wohl, – aber waren es darum schon Sternenaugen? «Augenstern» ist ja ein geläufiges Wort, aber da es nur etwas Physisches sachlich bei Namen nennt, deckt es sich keineswegs mit der Bezeichnung, die sich mir aufdrängte, da doch etwas eigentümlich Moralisches im Spiele sein muß, wenn aus Augensternen, die jeder hat, Sternenaugen werden sollen.   (VII, 529 f.)

Wilhelm Gwinner, *Arthur Schopenhauer aus persönlichem Umgange dargestellt*. Ein Blick auf sein Leben, seinen Charakter und seine Lehre. Leipzig: Brockhaus 1862. Titelporträt. Aus Thomas Manns Nachlaßbibliothek.

Lick Observatory, Crossley Reflector

The great Andromeda galaxy is a giant star system similar in shape and structure to our own Milky Way. Although it can be seen with the naked eye as a faint luminescence in the constellation Andromeda, it is 700,000 light years away. Yet it is the nearest of all the island universes that wheel in the depths of space. Its diameter is 60,000 light years. To an observer situated in this galaxy, our Milky Way would look very much like this. The smaller nebulosities near by are minor members of the super-galactic cluster that encompasses the Andromeda spiral, our Milky Way, and the Magellanic Clouds.

Milchstraßen

Und er sprach mir von dem Riesenschauplatz dieses Festes, dem Weltall, diesem sterblichen Kinde des ewigen Nichts, angefüllt mit materiellen Körpern ohne Zahl, Meteoren, Monden, Kometen, Nebeln, Abermillionen von Sternen, die aufeinander bezogen, zueinander geordnet waren durch die Wirksamkeit ihrer Gravitationsfelder zu Haufen, Wolken, Milchstraßen und Übersystemen von Milchstraßen, deren jede aus Unmengen flammender Sonnen, drehend um-laufender Planeten, Massen verdünnten Gases und kalten Trümmerfeldern von Eisen, Stein und kosmischem Staube bestehe ... [...]

Unsere Milchstraße, vernahm ich, eine unter Billionen, schließe beinahe an ihrem Rande, beinahe als Mauerblümchen, dreißigtausend Jahreslichtläufe von ihrer Mitte entfernt, unser lokales Sonnensystem ein, mit seinem riesigen, ver-gleichsweise aber keineswegs bedeutenden Glutball, genannt «die» Sonne, obwohl sie nur den unbestimmten Artikel verdiene, und den ihrem Anzie-hungsfeld huldigenden Planeten, darunter die Erde, deren Lust und Last es sei, sich mit der Geschwindigkeit von tausend Meilen die Stunde um ihre Achse zu wälzen und, in der Sekunde zwanzig Meilen zurücklegend, die Sonne zu umkreisen, wodurch sie ihre Tage und Jahre bilde, – die ihren wohlgemerkt, denn es gebe ganz andere.   (VII, 543 f.)

Lincoln Barnett, *The Universe and Dr. Einstein*. New York: Sloane 1948, Tafel S. 96 f. Mit Unterstreichungen Thomas Manns. Aus Thomas Manns Nachlaßbibliothek.

Lissabon, Avenida da Liberdade

Lissabon

Nur durch ein wenig Straßenenge ging es, dann tat ein breiter und weitläufiger Boulevard sich auf, die Avenida da Liberdade, eine der prächtigsten Straßen, die mir je vorgekommen, dreifach laufend, mit einer elegant belebten Fahr- und Reitbahn in der Mitte, zu deren Seiten noch zwei wohlgepflasterte Alleen, geschmückt mit Blumenbeeten, Statuen und Fontänen, gar herrlich dahingehen. An diesem Prunkcorso war mein in der Tat palastartiges Absteigequartier gelegen [...].   (VII, 551)

Le Portugal en un clin d'œil. Lisbonne: Editions SNI, um 1940, Abb. S. 14, 6. Bild. Aus Thomas Manns Nachlaßbibliothek.

Blick in den Empfangsraum

Krulls Salon im Savoy Palace, Lissabon

Was meinen besonderen Stolz ausmachte, war die Wanddekoration des Salons – diese hohen, in vergoldete Leisten eingefaßten Stukkatur-Felder, die ich immer der bürgerlichen Tapezierung so entschieden vorzog und die, zusammen mit den ebenfalls sehr hohen, weißen und mit Gold ornamentierten, in Nischen gelegenen Türen, dem Gemach ein ausgesprochen schloßmäßiges und fürstliches Ansehen verliehen. Es war sehr geräumig und zweigeteilt durch einen offenen Bogen, welcher vom Hauptraum einen kleineren absonderte, geeignet, nach Wunsch Privatmahlzeiten darin einzunehmen. Dort sowohl wie in dem ungleich größeren Geviert hing ein mit glitzernden Prismen behangener Kristall-Lüster, wie ich solche auch immer mit Freuden gesehen habe, ziemlich tief von der hohen Decke herab. Weiche und bunte, breitgebordete Teppiche, einer davon ungeheuer groß, bedeckten die Böden, von denen hie und da ein blank gebohnertes Stück sichtbar war. Angenehme Malereien schmückten die Wandpartien zwischen dem Plafond und den Prunktüren, und über einer dünnbeinigen Zier-Kommode mit Pendule und chinesischen Vasen war an der Wand sogar ein Wirkbild-Teppich, einen sagenhaften Frauenraub darstellend, vornehm ausgespannt. Schöne französische Fauteuils umstanden in behaglicher Distinktion ein ovales Tischchen mit Spitzendecke unter der Glasplatte, auf der man zu gefälliger Erfrischung des Gastes ein wohlassortiertes Fruchtkörbchen nebst Obstbesteck, einen Teller mit Biskuits und eine geschliffene Spülschale vorbereitet hatte, – zu verstehen als Artigkeit der Hoteldirektion, deren Karte zwischen zwei Apfelsinen stak. Ein Vitrinenschränkchen, hinter dessen Scheiben allerliebste Porzellanfiguren, Kavaliere in galant geschraubten Stellungen und Damen in Reifröcken zu sehen waren, von denen der einen das Kleid hinten zerrissen war, so daß ihre rundeste Blöße, nach der sie in größtem Embarassement sich umwandte, dort gar lüstern zum Vorschein kam: Stehlampen mit Seidenschirmen; bronzene Armleuchter von figürlicher Arbeit auf schlanken Postamenten; eine stilvolle Ottomane mit Kissen und Sammetdecke vervollständigten eine Einrichtung, deren Anblick meinen bedürftigen Augen ebenso wohltat wie der Luxus des in Blau und Grau gehaltenen Schlafzimmers [...].   (VII, 552f.)

Ausschnitt aus der *Woche*, Berlin, 13, Nr. 27 (8. Juli 1911), S. 1138. Aus dem Arbeitsmaterial zum *Krull*. Thomas-Mann-Archiv Zürich.

Praça do Comércio mit Blick durch den großen Triumphbogen in die
Hauptstraße Rua Augusta

Lissabon

Die Praça do Commércio, ein sehr würdiger und eher ruhiger Platz, ist auf einer Seite gegen den Hafen geöffnet, eine weite Buchtung, zu der hier das Ufer des Flusses Tajo zurücktritt, an den drei anderen aber von Arkaden, gedeckten Laubengängen umgeben, in denen man das Zollamt, die Hauptpost, verschiedene Ministerien und auch die Bureaus der Bank findet, bei der ich akkreditiert war. Ich hatte es dort mit einem schwarzbärtigen, vertrauenerweckenden Manne von guter Allüre zu tun [...].

Auch dies besorgt, durchschritt ich eine Art von Triumphbogen oder Monumentaltor, das sich an der dem Hafen entgegengesetzten Seite des Handelsplatzes gegen eine der schmucksten Straßen der Stadt, die Rua Augusta, auftut, wo ich eine gesellschaftliche Obliegenheit zu erfüllen hatte.

(VII, 554 f.; vgl. VII, 606)

Ausschnitt aus der *Woche*, Berlin, 13, Nr. 1 (7. Januar 1911), S. 10. Aus dem Arbeitsmaterial zum *Krull*. Thomas-Mann–Archiv Zürich.

Die Praça de Dom Pedro IV
mit dem Bronzestandbild Peters IV.,
Kaisers von Brasilien

Die Praça de Dom Pedro IV,
der Hauptplatz Lissabons

Lissabon

Zurückgekehrt auf die Rua Augusta, verfolgte ich die vielbegangene und
-befahrene Straße weiter hinauf gegen einen Platz, den mir der Hotelportier
als den bedeutendsten der Stadt, genannt Praça de Dom Pedro Quarto, oder
im Volksmunde «O Rocio», empfohlen hatte.   (VII, 556)

Als ich dann gar den Rocio mit seinen beiden Bronze-Brunnen, seiner Denk-
malssäule und seinem in sonderbaren Wellenlinien dahingehenden Mosaik-
pflaster erreicht hatte, gab es der Anlässe weit mehr zu Erkundigungen bei
Flanierenden und solchen, die, sich sonnende Nichtstuer, auf den Brunnen-
rändern saßen: nach den Gebäuden, die hoch über den Saumhäusern des Plat-
zes so malerisch ins Blau ragten, der gotischen Ruine einer Kirche und einer
neueren Baulichkeit, die sich dort oben hinzog und sich als das Municipio oder
Stadthaus erwies.   (VII, 557f.)

Ausschnitte aus der *Woche,* Berlin, 13, Nr. 1 (7. Januar 1911), S. 9 und 11. Aus dem
Arbeitsmaterial zum *Krull.* Thomas-Mann-Archiv Zürich.

[Amerikanisches Mannequin]

Zouzou

Ähnlichkeit? Achtzehn Jahre und schwarze Augen geben schon Ähnlichkeit ab, wenn man durchaus will, wiewohl die Augen hier nicht flitzten und äugelten wie dort, sondern meistens, wenn sie nicht gerade, etwas bedrängt von verdickten Unterlidern, in amüsiertem Lachen erglänzten, mit einem gewissen unwirschen Forschen blickten, jungenhaft wie die Stimme, die mir ein paarmal bei kurzen Einwürfen zu Ohren kam und gar nicht silbrig, sondern auch eher unwirsch und etwas rauh lautete, ohne alle Minauderie, vielmehr ehrlich und geradezu, eben nach Art eines Jungen. Mit dem Näschen stimmte es gar nicht: es war keine Stumpfnase wie Zaza's, sondern von sehr feinem Rücken, wenn auch nicht so gar dünnen Flügeln. Beim Munde, gut, da gebe ich noch heute eine Verwandtschaft zu: hier wie dort waren die Lippen (deren Lebensrot hier aber zweifellos reinste Natur war), dank einer Schürzung der oberen, fast immer getrennt, so daß man die Zähne dazwischen sah, und auch die Vertiefung darunter, die liebliche, zur weichen Kehle hinabführende Kinnlinie konnte an Zaza erinnern. Sonst war alles anders, wie die Erinnerung mir zeigt, – aus dem Pariserischen ins Iberisch-Exotische hinübercharakterisiert, besonders durch den aufragenden Schildpattkamm, mit dem das aus dem Nacken hochgeführte dunkle Haar oben befestigt war. Aus der Stirn ging es in einer Gegenbewegung zurück und ließ sie frei, hing aber, sehr reizend, in zwei Zipfeln neben den Ohren hinab, was wiederum einen südlich-fremdartigen, und zwar spanischen Effekt hervorbrachte. Diese Ohren trugen Schmuck, – nicht die langen, schaukelnden Gagatgehänge, die man bei der Mutter sah, sondern enger anliegende, aber ziemlich umfangreiche, von kleinen Perlen eingefaßte Opalscheiben, die auch etwas exotisch bei der Gesamterscheinung mitsprachen. Den südlichen Elfenbeinton der Haut hatte Zouzou – so nannte ich sie nun einmal sogleich – mit ihrer Mutter gemein, deren Typ und Tenue freilich von ganz anderer Art, imposanter, um nicht zu sagen: majestätischer war.   (VII, 560f.; vgl. VII, 583)

Ausschnitt aus einer amerikanischen Zeitung. Aus dem Arbeitsmaterial zum *Krull*. Thomas-Mann-Archiv Zürich.

Anna Pawlowa

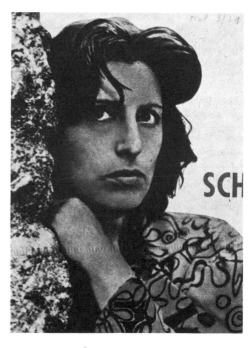

Baronin Antonia de Riseis   [Anna Magnani]

Senhora Maria Pia Kuckuck-da Cruz

Höher gewachsen als das anziehende Kind, von nicht mehr schlanker, doch keineswegs übervoller Gestalt in ihrem einfachen, aber vornehmen, am Halsausschnitt und an den Ärmeln spitzenartig durchbrochenen cremefarbenen Leinenkleid, zu dem sie hohe schwarze Handschuhe trug, näherte diese Frau sich dem Matronenalter, ohne es schon erreicht zu haben, und nach gebleichten Einsprengseln im Dunkel ihres Haares unter dem nach damaliger Mode ausladenden, mit einigen Blumen aufgeputzten Strohhut hätte man wohl suchen müssen. Ein schwarzes, mit Silber ausgeziertes Sammetband, das ihren Hals umschloß, kleidete sie sehr wohl, wie auch die baumelnden Jettgehänge, und mochte zu dem Stolz ihrer Kopfhaltung beitragen, einer betonten Würde, die übrigens ihre ganze Erscheinung beherrschte und sich fast bis zur Düsternis, fast bis zur Härte in ihrem ziemlich großen Gesicht mit den hochmütig verpreßten Lippen, den gespannten Nüstern, den beiden gestrengen Furchen zwischen den Brauen malte. Es war die Härte des Südens, die viele ganz verkennen, in der Vorstellung befangen, der Süden sei schmeichlerisch süß und weich und die Härte im Norden zu suchen – eine völlig verkehrte Idee. «Altiberisches Blut, mutmaßlich», dachte ich bei mir selbst, «also mit keltischem Einschlag. Und allerlei Phönizisches, Karthagisches, Römisches und Arabisches mag auch im Spiele sein. Gut Kirschen essen ist wahrscheinlich nicht mit der.» Und ich fügte in Gedanken hinzu, daß im Schutz dieser Mutter das Töchterchen sicherer aufgehoben sei als unter jeder männlichen Chaperonnage.

(VII, 561)

Ausschnitte aus der *Woche,* Berlin, 14, Nr. 27 (6. Juli 1912), S. 1133, und 14, Nr. 26 (29. Juni 1912), S. 1090.

Ausschnitt aus einer unbekannten Zeitschrift: Anna Magnani.

Alle drei Bilder aus dem Arbeitsmaterial zum *Krull.* Thomas-Mann-Archiv Zürich.

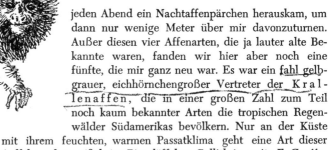

jeden Abend ein Nachtaffenpärchen herauskam, um dann nur wenige Meter über mir davonzuturnen. Außer diesen vier Affenarten, die ja lauter alte Bekannte waren, fanden wir hier aber noch eine fünfte, die mir ganz neu war. Es war ein fahl gelbgrauer, eichhörnchengroßer Vertreter der Krallenaffen, die in einer großen Zahl zum Teil noch kaum bekannter Arten die tropischen Regenwälder Südamerikas bevölkern. Nur an der Küste mit ihrem feuchten, warmen Passatklima geht eine Art dieser Aeffchen, das weißohrige Pinseläffchen *Callithrix aurita E. Geoffr.*, weit nach Süden. Diese Art hier, *Callithrix melanura E. Geoffr.*, scheint in Chiquitos ihre südliche Verbreitungsgrenze zu haben. Wie alle Krallenäffchen, so sind auch diese etwas törichte, aber höchst gewandte und temperamentvolle Bürschchen. Mit großer Geschicklichkeit liefen sie an der Rinde der Bäume empor, huschten durch das Gebüsch, nahmen hier eine Blüte auf, fingen dort einen Schmetterling und versteckten sich wie die Eichhörnchen stets auf der uns abgewandten Seite der Stämme, wenn sie nicht einen Spalt oder ein Astloch fanden, in dem sie verschwinden konnten.

Nachtäffchen Schlanklori in Kuckucks Museum

Von Baumästen herab sahen, geduckt, aus übergroßen, spiegelnden Augen Halbaffen mich an, das Nachtäffchen Schlanklori, das ich für immer in mein Herz schloß, so zierliche Händchen, von den Augen ganz abgesehen, hatte es an seinen Ärmchen, die natürlich das Knochengerüst der ältesten Landtiere bargen, und der Koboldmaki mit Augen wie Teetassen, lang-dünnen Fingerchen, die er zusammengelegt vor der Brust hielt, und ausnehmend verbreiterten Plattzehen. Die Natur schien zum Lachen reizen zu wollen mit diesen Frätzchen [...].   (VII, 577)

Hans Krieg, «Chiquitos». *Südamerika*. Monatsschrift in deutscher Sprache, Buenos Aires, 1, Heft 7/8 (Januar/Februar 1951), S. 553–560, Abb. S. 554. Mit Unterstreichungen Thomas Manns. Aus dem Arbeitsmaterial zum *Krull*. Thomas-Mann-Archiv Zürich.

[Steinzeitmenschen]

Im Museu Sciências Naturaes von Lissabon

Der Souterrain war künstlich erleuchtet. Wo wir gingen, da waren hinter Glasscheiben kleine Theater, plastische Szenen in natürlicher Größe aus dem Frühleben der Menschen, in die Wand eingelassen [...]. Du mein Gott, was hockte da klein und beflaumt in scheuer Gruppe beisammen, als beriete man sich in schnalzender, gurrender Vor-Sprache, wie auf dieser Erde, die man beherrscht von weit günstiger ausgestatteten, stärker bewaffneten Wesen vorgefunden, ein Durchkommen, ein Auskommen zu finden sei?   (VII, 578)

Eine Höhle eröffnete sich, geräumig, da schürten Neandertal-Leute ein Feuer – plumpnackige, untersetzte Leute, gewiß, – aber es hätte nur sonst jemand, der herrlichste Waldeskönig, kommen sollen und Feuer schlagen und schüren! Dazu gehörte mehr als königliches Gebaren; es hatte etwas hinzukommen müssen. Sehr plumpen und kurzen Nackens war besonders das Haupt des Clans, ein Mann, schnauzbärtig und rund von Rücken, das eine Knie blutig aufgeschunden, die Arme zu lang für seine Statur, eine Hand am Geweih eines Hirsches, den er erschlagen und eben zur Höhle hereinschleppte. Kurzhalsig, langarmig und wenig strack waren sie alle: die Leute am Feuer, der Knabe, der dem Ernährer und Beutebringer achtungsvoll entgegensah, und das Weib, das, ein Kind an der nährenden Brust, aus einer Hinterhöhle hervortrat. Das Kind aber, siehe, war ganz wie ein Brustkind von heute, entschieden modern und fortgeschritten über den Stand der Großen, doch würde es wachsend wohl auch noch auf diesen zurückfallen.   (VII, 578f.)

«Museum's stone age men in word-pictures by famed Novelist». *Chicago Natural History Museum Bulletin,* Bd. 29, Nr. 5, Mai 1958, S. 4f.
Die Abbildungen der Dioramen stammen aus dem Natural History Museum in Chicago, Halle C und Halle 38, wo Thomas Mann sie ursprünglich sah.

[Steinzeitmenschen]

Im Museu Sciências Naturaes von Lissabon

Nicht trennen konnte ich mich von den Neandertalern, dann aber ebensowenig von dem Sonderling, der vor vielen Jahrhunderttausenden einsam in nackter Felsenhöhle kauerte und mit seltsamem Fleiß die Wände mit Bildern von Wisenten, Gazellen und anderem Jagdgetier, auch Jägern dazu, bedeckte. Seine Gesellen betrieben wohl draußen die Jagd in Wirklichkeit, er aber malte sie mit bunten Säften, und seine beschmierte Linke, mit der er sich bei der Arbeit gegen die Felswand stützte, hatte mehrfache Abdrücke zwischen den Bildern darauf zurückgelassen. (VII, 579)

«Hier ist aber noch einer», sagte Kuckuck, «der ritzt, was ihm vorschwebt, so gut er kann in einen Stein.» Und dieser emsig ritzend über den Stein Gebückte war auch sehr rührend. (VII, 579)

«Museum's stone age men in word-pictures by famed Novelist». *Chicago Natural History Museum Bulletin,* Bd. 29, Nr. 5, Mai 1958, S. 4f.

[Steinzeitmenschen]

Im Museu Sciências Naturaes von Lissabon

Kühn und wehrhaft aber war der, der auf einem Theater mit Hunden und einem Speer das wütende Wildschwein anging, das sich, sehr wehrhaft ebenfalls, doch auf untergeordnet-natürliche Weise, zum Kampfe stellte. Zwei Hunde – es war eine kuriose, heute nicht mehr gesehene Rasse, Torfspitze, wie der Professor sie nannte, die der Mensch der Pfahlbauzeit sich gezähmt hatte – lagen schon, aufgeschlitzt von seinem Gebrech, im Grase, aber es hatte mit vielen zu tun, ihr Herr hob zielend die Lanze, und da der Ausgang der Sache nicht zweifelhaft sein konnte, gingen wir weiter und überließen das Schwein seinem untergeordneten Schicksal.   (VII, 579f.)

Steinsäulen waren errichtet, eine Menge davon; sie ragten unüberdacht, es war wie ein Säulensaal, nur mit dem Himmel als Decke, und in der Ebene draußen ging eben die Sonne auf, rot flammend hob sie sich über den Weltrand. Im dachlosen Saal aber stand ein Mann von kräftigem Gliederbau und brachte, die Arme erhoben, der aufgehenden Sonne einen Blumenstrauß dar! Hatte man je so etwas gesehen? Der Mann war kein Greis und kein Kind, er war im rüstigsten Alter. Und eben daß er so rüstig und stark war, verlieh seiner Handlung eine besondere Zartheit. Er und die mit ihm lebten und ihn aus irgendwelchen persönlichen Gründen für sein Amt ausgesondert hatten, verstanden noch nicht zu bauen und zu decken; sie konnten nur Steine aufeinandersetzen zu Pfeilern, die einen Bezirk bildeten, um Handlungen darin vorzunehmen, wie der Kräftige hier eine vollzog. Die rohen Pfeiler waren kein Grund zum Hochmut. Der Fuchs- und der Dachsbau und das vorzüglich geflochtene Vogelnest zeugten sogar von mehr Witz und Kunst. Allein sie waren nichts weiter als zweckmäßig – [...].   (VII, 580)

«Museum's stone age men in word-pictures by famed Novelist». *Chicago Natural History Museum Bulletin*, Bd. 29, Nr. 5, Mai 1958, S. 4f.

Anna Pawlowa in dem Garten ihres englischen Heims

Senhora Maria Pia Kuckuck-da Cruz

Sie hatte Wert darauf gelegt, sich in einer anderen Toilette zu zeigen als gestern: es war ein Kleid aus sehr feinem weißem Moiré mit schön tailliertem, an Überfällen reichem Rock, engen, aber faltigen Ärmeln und einer schwarzen Sammetschärpe hoch unter dem Busen. Ein alter Goldschmuck mit Medaillon lag um ihren elfenbeinfarbenen Hals, dessen Tönung also, wie die des großen, strengen Gesichtes zwischen den baumelnden Ohrgehängen, um einige Nuancen dunkler von der Blütenweiße des Kleides abstach. Das volle schwarze Haar, in der Stirn zu einigen Löckchen geordnet, ließ heute, ohne Hut, denn doch Silberfäden wahrnehmen. Aber wie ohne Tadel wohlerhalten war die Figur in ihrer Strackheit, bei hochgetragenem Kopf, der immer unter Lidern, fast müde vor Stolz, auf dich hinabblickte! Ich leugne nicht, daß die Frau mich einschüchterte und mich zugleich durch eben die Eigenschaften, vermöge deren sie es tat, außerordentlich anzog. Ihr bis zur Düsternis hoheitsvolles Wesen war in ihrer Stellung als Gattin eines gewiß verdienten Gelehrten doch nur unvollkommen begründet. Es wirkte dabei etwas rein Blutmäßiges, ein Rassedünkel mit, der etwas Animalisches und gerade dadurch Erregendes hatte. (VII, 582f.)

Ausschnitt aus der *Woche*, Berlin, 14, Nr. 27 (6. Juli 1912), S. 1131. Aus dem Arbeitsmaterial zum *Krull*. Thomas-Mann-Archiv Zürich.

Das Speisezimmer mit einem venezianischen Büfett aus dem 17. Jahrhundert

Das Kuckucksche Speisezimmer

Unterdessen ging man ins Speisezimmer hinüber, das von einem für den Raum zu großen und gewichtigen, überreich geschnitzten Nußholz-Buffet beherrscht war.   (VII, 584)

Ausschnitt aus der *Woche,* Berlin, 14, Nr. 35 (31. August 1912), S. 1472. Aus dem Arbeitsmaterial zum *Krull.* Thomas-Mann-Archiv Zürich.

Prinz Carol von Rumänien in Berlin
Eine Soirée in der rumänischen Gesandtschaft

Herrengesellschaft beim deutschen Gesandten in Lissabon

Die Veranstaltung geschah zu Ehren des rumänischen Prinzen Joan Ferdinand, der, kaum älter als ich, mit seinem militärischen Gouverneur, Hauptmann Zamfiresku, eben in Lissabon weilt, und hatte den Charakter einer Herrengesellschaft [...]. Die Zahl der Geladenen war beschränkt, sie übertraf kaum zehn Personen, doch herrschte, angefangen bei dem Empfang durch Bediente in Kniehosen und mit Fangschnüren an den galonierten Röcken, große Ansehnlichkeit. Dem Prinzen zu Ehren waren Frack und Distinktionen vorgeschrieben, und mit Vergnügen betrachtete ich die Halskreuze und Bruststerne all dieser mir an Jahren und Embonpoint fast sämtlich weit voranstehenden Herren, – nicht ohne sie, ich gestehe es, um die Aufhöhung ihrer Toilette durch den edlen Tand ein wenig zu beneiden.   (VII, 598 f.)

Ausschnitt aus der *Woche,* Berlin, 15, Nr. 8 (22. Februar 1913), S. 308. Mit Thomas Manns Vermerk «Herrengesellschaft».

Die Diener in Kniehosen sind nach einer Sektreklame «Söhnlein Rheingold» beschrieben (hier nicht abgebildet).

Beide Vorlagen aus dem Arbeitsmaterial zum *Krull.* Thomas-Mann-Archiv Zürich.

Der österreichisch-ungarische Botschafter in Paris und die Herren der Botschaft

Von links: Militärattaché Graf Lamezan-Salins, Legationsrat Pauli von Entzebühel, Prinz
Lobkowitz, Attaché, der Botschafter Graf Szécsen de Temerin, Graf Georges Festetics,
Botschaftssekretär, Graf Alexander Festetics, Attaché, Botschafter Graf Sommssich

Graf Festetics

[...] im Kreise all dieser teils einheimischen, teils ausländischen Diplomaten, Militärs und Großindustriellen, in welchem sich ein österreichisch-ungarischer Botschaftsrat aus Madrid, ein Graf Festetics, durch seine pelzverbrämte ungarische Nationaltracht mit Stulpenstiefeln und Krummsäbel malerisch hervortat, fand ich mich, placiert zwischen einem schnauzbärtigen belgischen Fregattenkapitän und einem portugiesischen Weinexporteur [...].   (VII, 599)

Ausschnitt aus der *Woche*, Berlin, 14, Nr. 31 (3. August 1912), S. 1304. Aus dem Arbeitsmaterial zum *Krull*. Thomas-Mann-Archiv Zürich.

[Graf von Bernstorff, deutscher Botschafter in Washington]

Herr von Hüon

Das durchaus einwandfreie, aber farblose Exterieur Herrn von Hüons mit seinem spärlichen Scheitel, seinen wasserblauen Augen und dem dünnen, lang ausgezogenen Schnurrbart ist Euch zweifellos bekannt.   (VII, 599)

Ausschnitt aus der *Woche,* Berlin, 12, Nr. 3 (15. Januar 1910), S. 109. Aus dem Arbeitsmaterial zum *Krull.* Thomas-Mann-Archiv Zürich.

Vom Lawn-Tennis-Turnier für Offiziere in Homburg vor der Höhe
Leutnant E. von Haugk (Gren. 100), Gewinner des Kaiserpreises

Lewis Hoad beim Annehmen eines tiefen Vorhanddrives

Krull beim Tennis

Den dritten Tag denn aber, zeitig am Vormittag, wie ausgemacht, fand ich mich in untadeligem Sportdreß, weiß gegürteten Flanellhosen, schneeigem, am Halse offenem Hemd, über dem ich vorderhand eine blaue Jacke trug, und jenen lautlosen, mit Gummi leicht besohlten Leinwandschuhen, die eine tänzerische Beweglichkeit begünstigen, auf dem gar nicht weit von Zouzou's Elternhaus gelegenen, sehr reinlich gepflegten doppelten Spielfelde ein, dessen Benutzung ihr und ihren Freunden tag- und stundenweise vorbehalten war. [...] Von meiner überzeugenden Tracht, den beflügelnden Schuhen an meinen Füßen begeistert, machte ich mich anheischig, auf augenverblendende Weise meinen Mann zu stehen in einem Spiel, das ich zwar angeschaut und in mich genommen, in Wirklichkeit aber nie geübt hatte.   (VII, 616)

Noch sehe ich mich zum Annehmen eines tiefen Vorhanddrives, das eine Bein vorgestreckt, mit dem anderen ins Knie gehen, was ein gar hübsches Bild ergeben haben muß, da es mir Applaus von den Zuschauerbänken eintrug [...].   (VII, 618)

Ausschnitt aus der *Woche,* Berlin, 14, Nr. 31 (3. August 1912), S. 1290.

Ausschnitt aus der *Neuen Zürcher Zeitung,* Nr. 1695 vom 22. Juli 1953, Morgenausgabe.

Beide Bilder aus dem Arbeitsmaterial zum *Krull.* Thomas-Mann-Archiv Zürich.

Cintra. Das alte Königinnenschloß

Der berühmte Kreuzgang von Belem

Cintra und Kloster Belem

Ein solcher Augenblick kam, und nie vergesse ich ihn, als wir denn also endlich – der Ausflug war lange verschleppt worden – in meiner Kalesche hinaus
zum Dörfchen Cintra gefahren waren, unter Dom Miguels belehrender Füh-
rung das alte Schloß im Dorf, danach auf den felsigen Anhöhen die weit-
schauenden Burgen besichtigt hatten und dann dem berühmten, von einem so
frommen wie prunkliebenden König, Emanuel dem Glücklichen, zu Ehr und
Andenken der einträglichen portugiesischen Entdeckungsfahrten errichteten
Kloster Belem, das heißt: Bethlehem, unseren Besuch abstatteten. Offen gestanden gingen mir Dom Miguels Belehrungen über den Baustil der Schlösser
und des Klosters und was sich da an Maurischem, Gotischem, Italienischem,
mit'einer Zutat sogar von Nachrichten über indische Wunderlichkeiten zu-
sammengemischt hatte, wie man zu sagen pflegt, zum einen Ohr hinein und
zum anderen wieder hinaus. [...] Desungeachtet muß ich doch eintragen, daß
die unglaubliche, aus aller Zeit fallende und in keiner bekannten wirklich an-
gesiedelte, wie von einem Kinde erträumte Zauberzierlichkeit des Kreuz-
ganges von Kloster Belem, mit seinen Spitzentürmchen und fein-feinen Pfeiler-
chen in den Bogennischen, seiner gleichsam von Engelshänden aus mild pati-
niertem weißem Sandstein geschnitzten Märchenpracht, die nicht anders tat,
als könne man mit dünnster Laubsäge in Stein arbeiten und Kleinodien durchbrochenen Spitzenzierats daraus verfertigen – daß, sage ich, diese steinerne
Féerie mich wahrlich entzückte [...].   (VII, 635 f.)

Ausschnitte aus der *Woche,* Berlin, 13, Nr. 1 (7. Januar 1911), S. 10 f. Aus dem Arbeitsmaterial zum *Krull.* Thomas-Mann-Archiv Zürich.

[Corrida de Toro]

Corrida in Lissabon

Die Stille ringsum war groß. Und aus einem kleinen Tor, das ich nicht beachtet und das sich plötzlich aufgetan hatte, bricht [...] etwas Elementares hervor, rennend, der Stier, schwarz, schwer, mächtig, eine augenscheinlich unwiderstehliche Ansammlung zeugender und mordender Kraft, in der frühe, alte Völker gewiß ein Gott-Tier, den Tiergott gesehen hätten, mit kleinen drohend rollenden Augen und Hörnern, geschwungen wie Trinkhörner, die aber, an seiner breiten Stirn ausladend befestigt, auf ihren aufwärtsgebogenen Spitzen offenkundig den Tod trugen. Er rennt vor, steht still mit vorgestemmten Vorderbeinen [...].

Einmal, während der Stier, geschwächt wohl bereits und degoutiert von der Vergeblichkeit all seines Zornes, abgewandt stand und dumpf vor sich hin brütete, sah man seinen Partner, ihm den Rücken kehrend, im Sande knien und sehr schlank aus dieser Stellung aufgerichtet, mit erhobenen Armen und geneigtem Kopf den Mantel hinter sich spreizen.   (VII, 651, 654f.)

Carl Frhr. von Merck, «Corrida de Toro». *Südamerika,* Monatsschrift in deutscher Sprache, Buenos Aires, 1, Heft 2 (August 1950), S. 96–103, Abb. S. 98. Auch Abb. S. 97 wurde beigezogen. Aus dem Arbeitsmaterial zum *Krull.* Thomas-Mann-Archiv Zürich.

[Corrida de Toro]

Corrida in Lissabon

Einmal, vor dem Stiere herrennend, fiel er halb hin, auf eine Hand, und ließ mit der anderen das immer die Wut verführende rote Tuch weit seitwärts flattern, so daß er selbst davonkam, auf die Beine [...].   (VII, 655)

Carl Frhr. von Merck, «Corrida de Toro». *Südamerika,* Monatsschrift in deutscher Sprache, Buenos Aires, 1, Heft 2 (August 1950), S. 96–103, Abb. S. 99. Aus dem Arbeitsmaterial zum *Krull.* Thomas-Mann-Archiv Zürich.

Ernst Haas / After the Kill

Ribeiro

«Das ist Ribeiro», sagte er dann. «Ein beachtlicher Junge.» Aus der Gruppe der Kampfspieler löste sich einer der Espadas, mit «Ah's» und grüßenden Zurufen empfangen, die seine Popularität bezeugten, und nahm, da sonst jedermann sich zurückhielt, zusammen mit dem blutend wütenden Stier allein die Manege ein. Schon bei der Prozession war er mir aufgefallen, denn das Schöne und Elegante sondert mein Auge sogleich aus dem Gewöhnlichen aus. Achtzehn- oder neunzehnjährig, war dieser Ribeiro in der Tat bildhübsch. Unter schwarzem Haar, das ihm glatt und ungescheitelt tief in die Brauen hing, trug er ein fein geschnittenes spanisches Gesicht zur Schau, das bei einem ganz leisen, vielleicht vom Beifall erzeugten, vielleicht nur Todesverachtung und das Bewußtsein seines Könnens andeutenden Lächeln der Lippen mit stillem Ernst aus schmalen schwarzen Augen blickte. Das gestickte Jäckchen mit den Schulterüberfällen und den gegen das Handgelenk sich verengenden Ärmeln kleidete ihn – ach, mit einem ganz ebensolchen hatte mein Pate Schimmelpreester mich einst kostümiert – kleidete ihn so vortrefflich, wie es mich einst gekleidet. Ich sah, daß er schlank gegliederte, durchaus noble Hände hatte, mit deren einer er eine bloße, blanke Damaszenerklinge beim Gehen wie einen Spazierstock aufsetzte. Mit der anderen hielt er ein rotes Mäntelchen an sich.   (VII, 653 f.)

Sehr ließ er ihn nahen, ganz heran, griff im genauesten Augenblick den Degen vom Boden auf und stieß dem Tiere blitzschnell den schmalen und blanken Stahl bis halb zum Heft in den Nacken. Es sackte zusammen, wälzte sich massig, bohrte einen Augenblick die Hörner in den Grund, als gälte es das rote Tuch, legte sich dann auf die Seite, und seine Augen verglasten.

[...] Noch sehe ich Ribeiro, seinen Mantel unterm Arm, ein wenig auf den Zehenspitzen, als wollte er leise auftreten, beiseite gehen, indem er sich nach dem Gefällten umschaute, der sich nicht mehr regte.   (VII, 655)

Ausschnitt aus einer Zeitschrift. Aus dem Arbeitsmaterial zum *Krull*. Thomas-Mann-Archiv Zürich.

[Gustav Mahler]

Gustav von Aschenbach

Gustav von Aschenbach war etwas unter Mittelgröße, brünett, rasiert. Sein
Kopf erschien ein wenig zu groß im Verhältnis zu der fast zierlichen Gestalt.
Sein rückwärts gebürstetes Haar, am Scheitel gelichtet, an den Schläfen sehr
voll und stark ergraut, umrahmte eine hohe, zerklüftete und gleichsam narbige
Stirn. Der Bügel einer Goldbrille mit randlosen Gläsern schnitt in die Wurzel
der gedrungenen, edel gebogenen Nase ein. Der Mund war groß, oft schlaff,
oft plötzlich schmal und gespannt; die Wangenpartie mager und gefurcht, das
wohlausgebildete Kinn weich gespalten. Bedeutende Schicksale schienen über
dies meist leidend seitwärts geneigte Haupt hinweggegangen zu sein, und
doch war die Kunst es gewesen, die hier jene physiognomische Durchbildung
übernommen hatte, welche sonst das Werk eines schweren, bewegten Lebens
ist.   (VIII, 456 f.)

Zeitungsausschnitt. Aus dem Arbeitsmaterial zum *Tod in Venedig*. Thomas-Mann-Archiv
Zürich.
Vgl. Vorwort zu einer Bildermappe. Brief an Wolfgang Born (XI, 582 ff.).
Hans-Bernhard Moeller, «Thomas Manns venezianische Götterkunde, Plastik und Zeit-
losigkeit». *Deutsche Vierteljahrsschrift für Literaturwissenschaft und Geistesgeschichte*, Stuttgart,
40 (1966), Heft 2, S. 184–205.

Friedrich als Kronprinz in jungen Jahren
Nach einem Gemälde von A. Pesne

Der junge Friedrich

Der junge Mann, knabenhaft seinen Zügen nach, zierlich und etwas dicklich von Statur, «das niedlichste Menschenkind im Königreich», wie ein Fremder urteilte, von lebhafter Gesichtsfarbe und kindlichen Backen, mit großen, kurzsichtig glanzblauen Blicken sowie einer Nase, die genau in der Linie der Stirn verläuft und vorn eine naive Rötung aufweist, nach damaligen Bildern zu urteilen, – dieser niedliche junge Mann [...] – *wird König* [...].   (X, 77)

Herman von Petersdorff, *Friedrich der Große*. Ein Bild seines Lebens und seiner Zeit. Berlin: Paetel 1911, S. 19, Abb. 9. Nicht in Thomas Manns Nachlaßbibliothek.

A. Menzel, Die Tafelrunde in Sanssouci

Die Tafelrunde in Sanssouci

Und überhaupt hatte er ja einen zynischen Zug, – sogar in seiner Kleidung, die immer malproprer und schäbiger wurde, aber auch in der Art seiner Erholung und Zerstreuung, – diesen ewigen Gottes- und Glaubenslästerungen beim Souper, diesem dürren und boshaften Vergnügen daran, die Literaten und Philosophen, die er beköstigte, bis aufs Blut zu necken und sie untereinander zu «brouillieren». (X, 89 f.; vgl. X, 133)

Kalenderblatt aus dem Arbeitsmaterial zu *Friedrich und die große Koalition*. Thomas-Mann-Archiv Zürich.

Marquise von Pompadour
Nach einem Gemälde in der Louvregalerie zu Paris

Marquise de Pompadour

[...] sie war mehr als allerliebst mit ihrem kleinen, talentvollen Dirnenkopf und ihrem bauschigen, gestickten Kleide, in dessen gemessener Dekolletage Reize, die ein allerchristlichster König zu würdigen verstanden hatte, in gepuderter Klugheit sich andeuteten [...]. (X, 93)

Herman von Petersdorff, *Friedrich der Große*. Ein Bild seines Lebens und seiner Zeit. Berlin: Paetel 1911, S. 273, Abb. 132. Nicht in Thomas Manns Nachlaßbibliothek.

peint par M. de Maytens

Marie Therese Reine d'Hongri

Maria Theresia

Kennt man die schöne Porträtzeichnung der Kaiserin-Königin von Meytens, im Kupferstichkabinett zu Berlin? Man sieht darauf ihren prächtigen Rokoko-kopf, der majestätisch und derb zugleich ist, stolz und naiv, mit seiner reinen Stirn, über welcher ein kleines Diadem das gepuderte, in Locken auf die könig-lichen Schultern niederfallende Haar krönt, seinem kindlich-würdigen Doppel-kinn, den hellen Augen, der kräftig gebogenen Nase, dem gesunden und vor-nehm üppigen Munde. (X, 94)

Herman von Petersdorff, *Friedrich der Große*. Ein Bild seines Lebens und seiner Zeit. Berlin: Paetel 1911, S. 100, Abb. 55. Nicht in Thomas Manns Nachlaßbibliothek.

Wenzel Graf von Kaunitz
Nach einem Gemälde von J. Steiner, gestochen von J. Schmuzer

Wenzel Anton Graf Kaunitz

[...] hager und steif, mit einer überaus sorgsam gepuderten Perücke, deren Locken die Falten seiner Stirn verbergen sollten, einem langen, gelassenen, blauäugigen, fast englischen Gesicht und einem großen Brillantstern auf dem Sammetrock. Sein Name war Kaunitz, Wenzel Anton Graf Kaunitz [...].

(X, 102)

Herman von Petersdorff, *Friedrich der Große*. Ein Bild seines Lebens und seiner Zeit. Berlin: Paetel 1911, S. 271, Abb. 131. Nicht in Thomas Manns Nachlaßbibliothek.

Friedrich der Große im Lager bei Bunzelwitz
Nach einem Gemälde von Franz Skarbina

Friedrich der Große

[...] sein Bild mit dem hinuntergezogenen Mund, den glanzblauen Augen und dem dreieckigen Hut, mit Krückstock, Stern, Fangschnur und Kanonenstiefeln hing in Hütte und Haus [...].   (X, 132)

Ausschnitt aus einer Zeitschrift. Aus dem Arbeitsmaterial zu *Friedrich und die große Koalition*. Thomas-Mann-Archiv Zürich.

Arnold Böcklin, Der heilige Hain, 1882
Museum in Basel

Der Tempelhain

Ich brauche nur aufzublicken von meinem Tisch, um mein Auge an der Vision eines feuchten Haines zu laben, durch dessen Halbdunkel die lichte Architektur eines Tempels schimmert. Vom Opferstein lodert die Flamme, deren Rauch sich in den Zweigen verliert. Steinplatten, in den sumpfig-beblümten Grund gebettet, führen zu seinen flachen Stufen, und dort knieen, ihr Menschtum feierlich vor dem Heiligen erniedernd, priesterlich verhüllte Gestalten, während andere, aufrecht, in zeremonialer Haltung aus der Richtung des Tempels zum Dienste heranschreiten.   (XII, 478)

Fritz von Ostini, *Böcklin*. Bielefeld und Leipzig: Velhagen & Klasing 1904. Künstler-Monographien, Bd. 70, S. 77, Abb. 70. Nicht in Thomas Manns Nachlaßbibliothek.
Eine Reproduktion von Böcklins Bild hing damals in Thomas Manns Arbeitszimmer. Das Bild blieb im Hause des Dichters zurück, als dieser im Jahre 1933 München verließ, und ging, wie vieles andere aus seinem Besitz, verloren.
Vgl. *Maler und Dichter* (XI, 740).

[Silberne Taufschale.
Altes Familienerbstück der Familie Mann aus dem Jahre 1654]

Die Taufschale

Der Alte aber nahm von einem mittleren Fach eine stark angelaufene runde silberne Schale, die auf einem ebenfalls silbernen Teller stand, und wies beide Stücke dem Knaben vor, indem er sie voneinander nahm und unter schon oft gegebenen Erklärungen einzeln hin und her wandte.

Becken und Teller gehörten ursprünglich nicht zueinander, wie man wohl sah und wie sich der Kleine aufs neue belehren ließ; doch seien sie, sagte der Großvater, seit rund hundert Jahren, nämlich seit Anschaffung des Beckens, im Gebrauche vereinigt. Die Schale war schön, von einfacher, edler Gestalt, geformt von dem strengen Geschmack der Frühzeit des letzten Jahrhunderts. Glatt und gediegen, ruhte sie auf rundem Fuße und war innen vergoldet; doch war das Gold von der Zeit schon zum gelblichen Schimmer verblichen. Als einziger Zierat lief ein erhabener Kranz von Rosen und zackigen Blättern um ihren oberen Rand. Den Teller angehend, so war sein weit höheres Alter ihm von der Innenseite abzulesen. «1650» stand dort in verschnörkelten Ziffern, und allerlei krause Gravierungen umrahmten die Zahl, ausgeführt in der «modernen Manier» von damals, schwülstig-willkürlich, Wappen und Arabesken, die halb Stern und halb Blume waren. Auf der Rückseite aber fanden sich in wechselnder Schriftart die Namen der Häupter einpunktiert, die im Gange der Zeit des Stückes Inhaber gewesen: Es waren ihrer schon sieben, versehen mit der Jahreszahl der Erb-Übernahme, und der Alte in der Binde wies mit dem beringten Zeigefinger den Enkel auf jeden einzelnen hin. Der Name des Vaters war da, der des Großvaters selbst und der des Urgroßvaters, und dann verdoppelte, verdreifachte und vervierfachte sich die Vorsilbe «Ur» im Munde des Erklärers, und der Junge lauschte seitwärts geneigten Kopfes, mit nachdenklich oder auch gedankenlos-träumerisch sich festsehenden Augen und andächtig-schläfrigem Munde auf das Ur-Ur-Ur-Ur, — diesen dunklen Laut der Gruft und der Zeitverschüttung, welcher dennoch zugleich einen fromm gewahrten Zusammenhang zwischen der Gegenwart, seinem eigenen Leben und dem tief Versunkenen ausdrückte und ganz eigentümlich auf ihn einwirkte: nämlich so, wie es auf seinem Gesichte sich ausdrückte. Er meinte modrig-kühle Luft, die Luft der Katharinenkirche oder der Michaeliskrypte zu atmen bei diesem Laut, den Anhauch von Orten zu spüren, an denen man, den Hut in der Hand, in eine gewisse, ehrerbietig vorwärts wiegende Gangart ohne Benutzung der Stiefelabsätze verfällt; auch die abgeschiedene, gefriedete Stille solcher hallender Orte glaubte er zu hören [...]. (III, 35 ff.)

Die Taufschale befindet sich im Besitz der Familie Mann, Kilchberg.

[Tabakdose aus Schildpatt. Aus dem Familienbesitz]

Tabakdose

Er liebte die Dose – es war eine längliche, mit Gold eingelegte Schildpattdose, die er handhabe –, und benutzte aus diesem Grunde rote Taschentücher, deren Zipfel ihm aus der hinteren Tasche seines Gehrocks zu hängen pflegte. (III, 39)

Die Tabakdose befindet sich im Besitz der Familie Mann, Kilchberg.

Max Liebermann, Bürgermeister Petersen, 1891
Besitzerin: Kunsthalle, Hamburg

Hans Castorps Großvater

Es zeigte Hans Lorenz Castorp in seiner Amtstracht als Ratsherrn der Stadt – dieser ernsten, ja frommen Bürgertracht eines verschollenen Jahrhunderts, die ein zugleich gravitätisches und verwegenes Gemeinwesen durch die Zeiten mitgeführt und in pomphaftem Gebrauch erhalten hatte, um zeremoniellerweise die Vergangenheit zur Gegenwart, die Gegenwart zur Vergangenheit zu machen und den steten Zusammenhang der Dinge, die ehrwürdige Sicherheit ihrer Handlungsunterschrift zu bekunden. Senator Castorp stand da in ganzer Figur, auf rötlich gepflastertem Boden, in einer Pfeiler- und Spitzbogen-Perspektive. Er stand, das Kinn gesenkt, den Mund nach unten gezogen, die blauen, sinnig blickenden Augen mit den Tränensäcken darunter ins Weite gerichtet, in dem schwarzen und mehr als knielangen, talarartigen Überrock, der, vorne offen, am Rande und Saume eine breite Pelzverbrämung zeigte. Aus weiten, hochgepufften und bordierten Oberärmeln kamen engere Unterärmel von schlichtem Tuch hervor, und Spitzenmanschetten bedeckten die Hände bis zu den Knöcheln. Die schlanken Greisenbeine staken in schwarzseidenen Strümpfen, die Füße in Schuhen mit silbernen Schnallen. Um den Hals aber lag ihm die breite, gestärkte und vielfach gefältete Tellerkrause, vorn niedergedrückt und an den Seiten aufwärts geschwungen, unter welcher hervor zum Überfluß noch ein gefältetes Batistjabot auf die Weste hing. Unter dem Arme trug er den altertümlichen Hut mit breiter Krempe, dessen Kopf sich nach oben verjüngte.

Es war ein vortreffliches Bild, von namhafter Künstlerhand geschaffen, mit gutem Geschmack in dem altmeisterlichen Stile gehalten, den der Gegenstand nahelegte, und in dem Beschauer allerlei spanisch-niederländisch-spätmittelalterliche Vorstellungen weckend. [...] So waren die Vatermörder, die hohe weiße Binde altmodisch; aber unmöglich war diese Bezeichnung anwendbar auf das bewunderungswürdige Kleidungsstück, wovon jene nur die Interimsandeutung bildeten, nämlich auf die spanische Krause. Und ebenso verhielt es sich mit dem unüblich geschweiften Zylinder, den der Großvater auf der Straße trug, und dem in höherer Wirklichkeit der breitkrempige Filzhut des Gemäldes entsprach; mit dem langen und faltigen Gehrock, als dessen Urbild und Eigentlichkeit dem kleinen Hans Castorp der bordierte, pelzverbrämte Talar erschien. (III, 40f.)

Thomas Manns Vorlage unbekannt. Unsere Abbildung ist dem Band von Erich Hancke, *Max Liebermann. Sein Leben und seine Werke.* Berlin: Cassirer 1914, Abb. S. 335, entnommen. Nicht in Thomas Manns Nachlaßbibliothek.

Pietà Roettgen
Bonn, Rheinisches Landesmuseum

Naphtas Pietà

Aber in dem Winkel links von der Sofagruppe war ein Kunstwerk zu sehen, eine große, auf rot verkleidetem Sockel erhöhte bemalte Holzplastik, – etwas innig Schreckhaftes, eine Pietà, einfältig und wirkungsvoll bis zum Grotesken: die Gottesmutter in der Haube, mit zusammengezogenen Brauen und jammernd schief geöffnetem Munde, den Schmerzensmann auf ihrem Schoß, eine im Größenverhältnis primitiv verfehlte Figur mit kraß herausgearbeiteter Anatomie, die jedoch von Unwissenheit zeugte, das hängende Haupt von Dornen starrend, Gesicht und Glieder mit Blut befleckt und berieselt, dicke Trauben geronnenen Blutes an der Seitenwunde und den Nägelmalen der Hände und Füße. Dies Schaustück verlieh dem seidenen Zimmer nun freilich einen besonderen Akzent.

[...] Hans Castorp ging geradewegs und gebannt auf die Holzgruppe zu und blieb, Arme in die Hüften gestemmt, mit seitwärts geneigtem Kopf davor stehen.

«Was haben Sie denn da!» sagte er leise. «Das ist ja schrecklich gut. Hat man je so ein Leiden gesehn? Etwas Altes, natürlich?»

«Vierzehntes Jahrhundert», antwortete Naphta. «Wahrscheinlich rheinischer Herkunft. Es macht Ihnen Eindruck?»

«Enormen», sagte Hans Castorp. «Das kann seinen Eindruck auf den Beschauer denn doch wohl gar nicht verfehlen. Ich hätte nicht gedacht, daß etwas zugleich so häßlich – entschuldigen Sie – und so schön sein könnte.»

«Erzeugnisse einer Welt der Seele und des Ausdrucks», versetzte Naphta, «sind immer häßlich vor Schönheit und schön vor Häßlichkeit, das ist die Regel. Es handelt sich um geistige Schönheit, nicht um die des Fleisches, die absolut dumm ist. Übrigens, auch abstrakt ist sie», fügte er hinzu. «Die Schönheit des Leibes ist abstrakt. Wirklichkeit hat nur die innere, die des religiösen Ausdrucks.»

«Das haben Sie dankenswert richtig unterschieden und angeordnet», sagte Hans Castorp. «Vierzehntes?» versicherte er sich ... «Dreizehnhundertsoundso? Ja, das ist das Mittelalter, wie es im Buche steht, ich erkenne gewissermaßen die Vorstellung darin wieder, die ich mir in letzter Zeit vom Mittelalter gemacht habe.»   (III, 544 f.)

Heinz Sauereßig, *Die Entstehung des Romans «Der Zauberberg»*. Biberach an der Riß: Wege und Gestalten 1965, Tafel S. 28.
Es ist uns nicht bekannt, wo Thomas Mann die Pietà gesehen hat.
Vgl. Reiner Haussherr, «Texte über die Pietà Röttgen». Sonderdruck aus dem *Bonner Jahrbuch*, Bd. 165, 1965, S. 145–154, Abb. S. 147.

Ludwig von Hofmann, Reiter am Meer

Ludwig von Hofmann, Dekoratives Gemälde

Hans Castorps Frosttraum

Jünglinge tummelten Pferde, liefen, die Hand am Halfter, neben ihrem wie-
hernden, kopfwerfenden Trabe her, zerrten die Bockenden an langem Zügel
oder trieben sie, sattellos reitend, mit bloßen Fersen die Flanken der Gäule
schlagend, ins Meer hinein, wobei die Muskeln ihrer Rücken unter der gold-
braunen Haut in der Sonne spielten und die Rufe, die sie tauschten oder an
ihre Tiere richteten, aus irgendeinem Grunde bezaubernd klangen. An einer
wie ein Bergsee die Ufer spiegelnden Bucht, die weit ins Land trat, war Tanz
von Mädchen. Eine, von deren zum Knoten hochgenommenem Nackenhaar
besonderer Liebreiz ausging, saß, die Füße in einer Bodenvertiefung, und blies
auf einer Hirtenflöte, die Augen über ihr Fingerspiel hinweg gerichtet auf die
Gefährtinnen, die, lang- und weitgewandet, einzeln, die Arme lächelnd ausgebreitet, und zu Paaren, die Schläfen lieblich aneinander gelehnt, im Tanze
schritten, während im Rücken der Flötenden, der weiß und lang und zart und
seitlich gerundet war infolge der Stellung der Arme, andere Schwestern saßen
oder umschlungen standen, zuschauend in ruhigem Gespräch.   (III, 679)

Thomas Mann liebte die Kunst Ludwig von Hofmanns (vgl. seine Briefe an den Künstler
vom 27. 6. 1914, 4. 7. 1914 und 16. 8. 1931). Es läßt sich nicht feststellen, wo er die Bil-
der gesehen hat, die er hier als Vorlage benutzte. Teilweise kannte er wohl das Original.
Unsere Bildquellen:
Oskar Fischel, *Ludwig von Hofmann*. Bielefeld und Leipzig: Velhagen & Klasing 1903.
Künstler-Monographien, Bd. 63, Abb. 27 und 34.
Heinz Sauereßig, *Die Bildwelt von Hans Castorps Frosttraum*. Biberach an der Riß: Wege
und Gestalten 1967, Tafel S. 8.

Ludwig von Hofmann, Angler
Dresden 1916

Ludwig von Hofmann, Die Quelle

Hans Castorps Frosttraum

Andere angelten. Sie lagen bäuchlings auf Uferfelsenplatten, mit einem Beine
wippend, und hielten die Schnur ins Meer, den Kopf gemächlich plaudernd
dem Nachbarn zugewandt, der, in schrägem Sitz den Körper reckend, seinen
Köder recht weit hinauswarf.   (III, 679f.)

Edwin Redslob, *Ludwig von Hofmann.* Handzeichnungen. Weimar: Kiepenheuer 1918,
Abb. 39a.

Original-Ölgemälde «Die Quelle» von Ludwig von Hofmann. (Heute im Gedenkzimmer
des Thomas-Mann-Archivs Zürich. Vgl. Thomas Manns Brief an den Künstler vom
27. 6. 1914, *Briefe* I, 110.)

Vgl. Brief Thomas Manns an Adolf Thiersch vom 2. 6. 1954: «Haben Sie vielen Dank
für Ihren freundlichen Brief, der mir von dem Neffen eines Künstlers kommt, den ich
von jeher aufrichtig verehrt habe. Ein schönes Bild Ludwig von Hofmanns, ‹Die Quelle›,
drei koloristisch meisterhaft ausgeführte Jünglingsakte, hängt in meinem Arbeitszimmer.
Bei Hans Castorps Traum im Schneekapitel habe ich mich an ein bestimmtes Bild Ludwig
von Hofmanns gewiß nicht erinnert. Aber sehr wohl ist es möglich, daß eine allgemeine
Erinnerung an die spezifische Schönheit, die gerade dieser Künstler in seinem Werk ver-
wirklichte, dabei mitgespielt hat. Mehr kann ich nicht sagen.» (Unveröffentlichter Brief.
Thomas-Mann-Archiv Zürich.)

Paul Requadt, «Jugendstil im Frühwerk Thomas Manns». *Deutsche Vierteljahrsschrift für
Literaturwissenschaft und Geistesgeschichte,* Stuttgart, 40, Heft 2 (Juni 1966), S. 206–216,
Abb. 1.

Heinz Sauereßig, *Die Bildwelt von Hans Castorps Frosttraum.* Biberach an der Riß: Wege
und Gestalten 1967.

Ludwig von Hofmann, Frühling
Komposition. Skizze zu einem Bild im Museum zu Essen

Hans Castorps Frosttraum

Ein junges Weib, lang hingestreckt, hintüber blickend, zog mit der einen Hand das blumige Gewand zwischen den Brüsten hoch, indem sie mit der andren verlangend in die Luft nach einer Frucht mit Blättern griff, die der Schmal-hüftige, zu ihren Häupten aufrecht, ihr mit gestrecktem Arme spielend vor-enthielt. Man lehnte in Felsennischen, man zögerte am Rande des Bades, indem man kreuzweise mit den Händen die eigenen Schultern hielt und mit der Zehenspitze die Kühle des Wassers prüfte. Paare ergingen sich das Ufer entlang, und am Ohr des Mädchens war dessen Mund, der sie vertraulich führte. Lang-zottige Ziegen sprangen von Platte zu Platte, überwacht von einem jungen Hirten, der, eine Hand in der Hüfte, mit der andern auf seinen langen Stab gestützt, einen kleinen Hut mit hinten aufgeschlagener Krempe auf braunen Locken, am erhöhten Orte stand. (III, 680)

Heinz Sauereßig, *Die Bildwelt von Hans Castorps Frosttraum*. Biberach an der Riß: Wege und Gestalten 1967, Tafel S. 11.

Arnold Böcklin, Faun, einer Amsel zupfeifend
Zweite Fassung, 1864/65

L'après-midi d'un faune

Der Traum, den Hans Castorp dabei träumte, war dieser: Rücklings lag er auf
einer mit bunten Sternblumen besäten, von Sonne beglänzten Wiese, einen
kleinen Erdhügel unter dem Kopf, das eine Bein etwas hochgezogen, das andere darüber gelegt, – wobei es jedoch Bocksbeine waren, die er kreuzte. Seine
Hände fingerten, nur zu seinem eigenen Vergnügen, da die Einsamkeit über
der Wiese vollkommen war, an einem kleinen Holzgebläse, das er im Munde
hielt, einer Klarinette oder Schalmei, der er friedlich-nasale Töne entlockte:
einen nach dem anderen, wie sie eben kommen wollten, aber doch in geglück-
tem Reigen, und so stieg das sorglose Genäsel zum tiefblauen Himmel auf
[...].   (III, 897)

Thomas Manns Vorlage unbekannt. Unsere Abbildung ist dem Band *Böcklin* von Fritz
von Ostini, Bielefeld und Leipzig: Velhagen & Klasing 1904, S. 18, Abb. 16, entnommen.
Künstler-Monographien, Bd. 70. Nicht in Thomas Manns Nachlaßbibliothek.

Terebinthe

Die Terebinthe

Es war jenseits der Hügel im Norden von Hebron, ein wenig östlich der Straße, die von Urusalim kam, im Monat Adar, an einem Frühlingsabend, so mondhell, daß man Geschriebenes hätte lesen können und das Laubwerk des ziemlich kurzstämmigen, aber mit starkem Gezweige ausladenden Baumes, einer bejahrten und mächtigen Terebinthe, die hier einzeln stand, nebst ihren traubenförmigen Blüten vom Lichte kleinlich ausgearbeitet erschien, schimmernd versponnen und höchst genau zugleich. Der schöne Baum war heilig: Unterweisung war in seinem Schatten verschiedentlich zu gewinnen, sowohl aus Menschenmund (denn wer über das Göttliche aus Erfahrung etwas mitzuteilen hatte, versammelte Zuhörer unter seinen Zweigen) als auch auf höhere Weise. Wiederholt nämlich war Personen, die, das Haupt an den Stamm gelehnt, einen Schlaf getan hatten, im Traume Verkündigung und Bescheid zuteil geworden, und auch bei Brandopfern, von deren Gebräuchlichkeit an dieser Stelle ein steinerner Schlachttisch mit geschwärzter Platte Zeugnis gab, auf dem eine kleine, leicht rauchende Flamme lebte, war oft im Laufe der Zeit durch das Verhalten des Rauches, durch bedeutsamen Vogelflug und selbst durch Himmelszeichen eine besondere Aufmerksamkeit erhärtet worden, deren solche fromme Handlungen zu Füßen des Baumes sich erfreuten.

In der Umgebung gab es der Bäume mehr, wenn auch so ehrwürdige, wie der gesondert stehende, sonst nicht: von derselben Gattung sowohl, wie auch großbelaubte Feigenbäume und Steineichen, die aus ihren Stämmen Luftwurzeln in den zertretenen Grund entsandten [...].   (IV, 59; vgl. IV, 62, 68, 399)

Ludwig Preiß und Paul Rohrbach, *Palästina und das Ostjordanland.* Stuttgart: Hoffmann 1925, Abb. S. 227. Aus Thomas Manns Nachlaßbibliothek.

Relief König Barrekubs
aus Sendschirli

Armenische Mönche
an der Grabeskirche

Jaakob

Da er lange Kleider trug, da außerdem das Mondlicht in seiner Scheingenauigkeit und phantastischen Klarheit übertriebene Vorstellungen begünstigt, so erschien Jaakob – oder Jaakow ben Jizchak, wie er schrieb, wenn er seinen Namen zu zeichnen hatte – von majestätischer und fast übermenschlicher Größe, wie er dort zwischen Brunnen und Unterweisungsbaum stand, näher bei diesem, dessen Blätterschatten seine Gewänder sprenkelte. Noch eindrucksvoller – sei es bewußt oder unbewußt – wurde seine Gestalt durch ihre Haltung, denn er stützte sich auf einen langen Stab, den er sehr hoch umfaßt hielt, so daß der weite Ärmel des großfaltigen, schmal und blaßfarbig gestreiften Übergewandes oder Mantels aus einer Art von Wollmusselin, den er trug, von dem über das Haupt erhobenen, schon greisenhaften, am Handgelenk mit einem kupfernen Reifen geschmückten Arme zurückfiel. Esau's vorgezogener Zwillingsbruder zählte damals siebenundsechzig Jahre. Sein Bart, dünn, aber lang und breit (denn er stand ihm, ins Schläfenhaar übergehend, seitlich in leichten Strähnen von den Wangen ab und fiel in dieser Breite zur Brust), frei wachsend, ungelockt, in keiner Weise geformt und zusammengefaßt, schimmerte silbern im Mondlicht. Seine schmalen Lippen waren sichtbar darin. Tiefe Furchen liefen von den Flügeln der dünnrückigen Nase in den Bart hinab. Seine Augen, unter einer Stirn, die halb verhüllt war von dem Kapuzenschal aus dunkelbuntem kanaanitischen Tuchgewirk, der ihm in Falten auf die Brust hing und über die Schulter geworfen war – kleine Augen, braun, blank, mit schlaffer, drüsenzarter Unterlidgegend, schon altersmüde eigentlich und nur seelisch geschärft, spähten besorgt nach dem Knaben am Brunnen. Der Mantel, durch die Armhaltung gerafft und geöffnet, ließ ein Leibgewand aus farbiger Ziegenwolle sehen, dessen Saum bis zu den Spitzen der Stoffschuhe reichte und in langbefransten, schräglaufenden Überfällen gearbeitet war, so daß es aussah, als seien es mehrere und eines käme unter dem andern hervor. So war die Kleidung des Greises dicht und vielfach, recht willkürlich im Geschmack und zusammengesetzt: Elemente östlicher Kulturübereinkunft begegneten sich darin mit solchen, die eher dem Ismaelitisch-Beduinischen und der Wüstenwelt zugehörten. (IV, 68 f.)

Immanuel Benzinger, *Hebräische Archäologie*. Leipzig: Pfeiffer ³1927. Angelos-Lehrbücher, Bd. 1, Abb. 65. Aus Thomas Manns Nachlaßbibliothek.

Ludwig Preiß und Paul Rohrbach, *Palästina und das Ostjordanland*. Stuttgart: Hoffmann 1925, Abb. S. 42. Aus Thomas Manns Nachlaßbibliothek.

Astarte aus Ta'annak, gewöhnlicher Typus

Aschtarti

[...] er möge das Bild der Aschtarti, eine Frauenfigur in Hosen, mit Krone und Schleier, die ihre winzigen Brüste mit beiden Händen erfaßt hielt, nicht in seine Nähe bringen, sondern abseits halten.   (IV, 73)

Immanuel Benzinger, *Hebräische Archäologie*. Leipzig: Pfeiffer ³1927. Angelos-Lehrbücher, Bd. 1, S. 49, Abb. 21. Aus Thomas Manns Nachlaßbibliothek.

Bethel

Beth-el, Jaakobs Traumstätte

[...] war er zu der Stätte Luz gelangt, einer Ortschaft, die er nicht kannte, da
überhaupt diese ganze Gegend ihm schon fremd war, – [...]. Bei den Leuten
von Luz aber Einlaß zu begehren vermied er trotzdem, da er sich als Bettler
fühlte, sondern führte den lebenden Besitz, der nun sein alles war, am Zügel
über die Ortschaft empor, ganz aufwärts bis zu des Hügels gestumpftem Gipfel,
dessen Anblick ihm denn zu bedauern gab, daß er nicht früher, nicht recht-
zeitig hierhergelangt war. Denn ein heiliger Steinkreis, ein Gilgal, kennzeich-
nete den Ort als Freistatt, und dem hier Fußenden hätte Jung-Eliphas, der
Straßenräumer, nichts anzuhaben vermocht.

In der Mitte des Gilgals war ein besonderer Stein, kohlschwarz und kegel-
förmig, aufgerichtet, ein offenbar vom Himmel gefallener, in dem Sternen-
kräfte schlummerten. [...] Hier wollte er die Nacht verbringen, bis der Tag
sie wieder verbarg. Zur Kopfstütze wählte er einen der Steinklötze des Kreises
aus. Komm, sprach er, tröstlicher alter Stein, erhebe dem Friedlosen das Haupt
zur Nacht! Er deckte sein Kopftuch darüber, streckte sich aus, das Haupt
gegen den phallischen Himmelsstämmling erhoben, blinzelte noch ein wenig
in die Sterne und entschlief. [...]

Bevor er weiterzog nach Osten und gegen das Wasser Naharina, stieg er
noch einmal zur Traumstätte empor, richtete den Stein, auf dem er geschlafen,
gerade auf, als ein Denkmal, goß reichlich Öl darüber und sprach dabei:
«Beth-el, Beth-el soll diese Stätte heißen und nicht Luz, denn sie ist ein Haus
der Gegenwart, und Gott, der König, hat sich enthüllt hier dem Erniedrigten
und ihm das Herz gestärkt über alles Maß. [...]»

(IV, 140f., 144; vgl. IV, 35, 361, 380; V, 1782)

Ludwig Preiß und Paul Rohrbach, *Palästina und das Ostjordanland*. Stuttgart: Hoffmann
1925, Abb. S. 159. Aus Thomas Manns Nachlaßbibliothek.

Hans Schöllhorn, Beduinenmädchen
1925

Dina

Da nun war es, daß Sichem, der Burgsohn, Dina sah, des Ibrims Tochter, dreizehnjährig, und sie begehren lernte, daß er nie wieder aufhören konnte, sie zu begehren. [...] Sie war nicht schön, kein Leakind war das, aber ein Reiz ging zu jener Zeit von ihrer Jugend aus, süß, zäh, gleichsam Fäden ziehend wie Dattelhonig, und dem Sichem erging es vom Anschauen alsbald wie der Fliege an der bestrichenen Tüte [...]. Sie hatte ein dunkles Frätzchen mit schwarzen Haarfransen in der Stirn unter dem Schleiertuch ihres Hauptes, lange finster-süße Augen von klebrigem Schwarz, die unter den Blicken des sich Vergaffenden öfters ins Schielen gerieten, eine breitnüstrige Nase, an deren Scheidewand ein Goldring baumelte, einen ebenfalls breiten, rot aufgehöhten, schmerzlich verzerrten Mund und fast überhaupt kein Kinn. Ihr ungegürteter Hemdrock [...] bedeckte nur eine Schulter, und die andere, bloße, war äußerst lieblich in ihrer Schmalheit, die Liebe selbst, – wobei die Sache nicht besser, sondern nur schlimmer wurde, wenn sie den Arm an dieser Schulter hob, um ihn hinter den Kopf zu führen, so daß Sichem das feuchte Gekräusel ihrer kleinen Achselhöhle sah und durch Hemd und Oberkleid die zierlich harten Brüste strotzten. (IV, 168)

Ausschnitt aus einem Kunstkatalog. Aus dem Arbeitsmaterial zu *Joseph und seine Brüder*. Thomas-Mann-Archiv Zürich.
Der Schweizer Maler Hans Schöllhorn hatte seine Arbeiten, darunter das Bild des Beduinenmädchens, an der Internationalen Aktausstellung der Wiener Secession im November/Dezember 1928 in Wien ausgestellt. Thomas Mann war anfangs November zu Vortragszwecken in Wien; es ist möglich, daß er die Ausstellung besuchte und das Bild des Mädchens dort sah.

Kana. Am Brunnen

Am Brunnen

[...] an den Brunnen draußen, mit deren Wasser man ihm erlaubte, sein Tier zu tränken und sich zu waschen. Knaben, Männer und Weiber mit Krügen umstanden ihn [...].   (IV, 218)

[...] gewahrte er, zwischen zwei Hügeln stumpfen Sinnes hervorschauend, welche den Durchlaß einer gestreckten Geländewelle bildeten, in der ebenen Weite fern einen belebten Punkt, den sein auch in Mattigkeit noch scharfes Auge sogleich als eine Schafherde mit Hunden und Hirten, um einen Brunnen versammelt, erkannte. Er schrak auf vor Glück und stieß einen Dankesseufzer zu Ja, dem Höchsten, empor, dachte aber nichts als «Wasser!» dabei und rief auch dies Wort aus dürrer Kehle und unter Schnalzen seinem Tiere zu [...].
                                                          (IV, 223)

Ludwig Preiß und Paul Rohrbach, *Palästina und das Ostjordanland*. Stuttgart: Hoffmann 1925, Abb. S. 201. Aus Thomas Manns Nachlaßbibliothek.

das Haus, in dem er arbeitete. Es ist so ziemlich in dem Zustand erhalten, in dem er es bewohnte.

Die Gasse, in die er hinabsah, war wohl nicht anders als sie heute ist. Seine Bathseba. Hendrikje.

Laban

Er trug ein Paar böse Zeichen zwischen den Augen, und das eine dieser Augen war blinzelnd zugezogen, während er doch gerade mit diesem fast geschlossenen Auge mehr zu sehen schien als mit dem offenen. Dazu kam, an derselben Seite, ein ausgesprochen unterweltlicher Zug um den Mund, ein gelähmtes Hängen des Mundwinkels im schwarzgrauen Bart, das einem saueren Lächeln ähnelte und den Jaakob ebenfalls bedenklich anmutete. Übrigens war Laban ein starker Mann, dessen volles ergrautes Haar noch unter dem Nackenschutz hervorquoll [...]. Dabei hätte der Ohm eigentlich schön sein können von Angesicht mit seinen dick aufliegenden, noch ganz schwarzen Brauen, der fleischigen, mit der Stirn in einer Linie verlaufenden Nase und den vollen Lippen im Bart. Die Augen hatte Rahel offensichtlich von ihm, – [...].   (IV, 233 f.)

Zeitungsausschnitt aus dem Arbeitsmaterial zu *Joseph und seine Brüder*. Thomas-Mann-Archiv Zürich.

[Heinrich von Zügel, Schafe]

Jaakobs Schafe

[...] – liebte ihre fromm verschlossenen Physiognomien, die waagerecht abstehenden Ohrlöffel, die weit auseinanderliegenden spiegelnden Augen, zwischen denen die Stirnwolle den oberen Teil der platten Nase bedeckte, das mächtige, heilige Haupt des Widders, das zarter und hübscher gestaltete des Mutterschafs, das unwissende Kindergesicht des Lammes – liebte die zottig gekräuselte, kostbare Ware, die sie friedlich umhertrugen [...].   (IV, 279)

Kunstblatt des Tiermalers Heinrich von Zügel. Es dürfte sich um eine seiner Schafstudien (ca. 1920) handeln. Aus dem Arbeitsmaterial zu *Joseph und seine Brüder*. Thomas-Mann-Archiv Zürich.

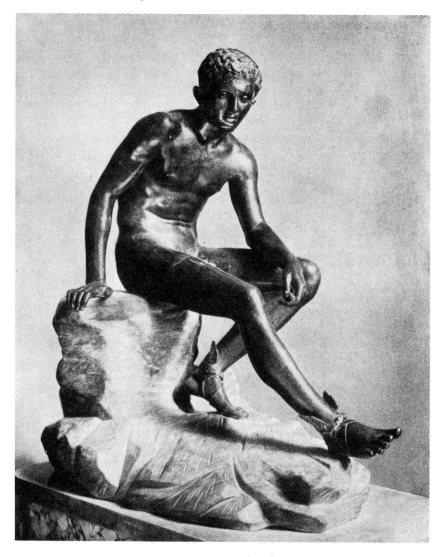

Hermes, ausruhend

Kopie nach Lysipp, 2. Hälfte des 4. Jahrhunderts v. Chr. Aus Herculanum
Neapel, Museo Nazionale

Anup

[...] sein Leib aber war menschlich gestaltet bis zu den wenig bestaubten Zehen und angenehm zu sehen wie eines feinen, leichten Knaben Leib. Er saß auf dem Brocken in lässiger Haltung, etwas vorgeneigt und einen Unterarm auf den Oberschenkel des eingezogenen Beines gelehnt, so daß eine Bauchfalte sich über dem Nabel bildete, und hielt das andere Bein vor sich hingestreckt, die Ferse am Boden. Dies ausgestreckte Bein mit dem schlanken Knie und dem langen und leicht geschwungenen, feinsehnigen Unterschenkel war am wohlgefälligsten zu sehen.   (IV, 288)

Der Eilbote

[...] ein Mann hüpfte hervor, ein junger, leicht ebenfalls, schlank wie die Eilbarke, die ihn getragen, mit magerem Gesicht und mit langen, sehnigen Beinen. [...] er lief oder flog so schnell dahin gegen die Zitadelle, die man ihm wies, daß trotz seiner Schlankheit die gemachte Atemlosigkeit wohl zur wirklichen werden mochte. Denn die kleinen Flügelpaare aus Goldblech, die er hinten an seinen Sandalen und an seiner Kappe trug, konnten ihm natürlich nicht ernstlich von der Stelle helfen, sondern waren nur das äußere Abzeichen seiner Eilfertigkeit.   (V, 1369 f.)

Heinrich Bulle, *Der schöne Mensch im Altertum*. München: Hirth ³1922. Der Stil in den bildenden Künsten aller Zeiten von Georg Hirth, Bd. 1, Tafel 166. Aus Thomas Manns Nachlaßbibliothek.
Vgl. Brief Thomas Manns an Karl Kerényi vom 20. 2. 1934. In: Karl Kerényi–Thomas Mann, *Romandichtung und Mythologie. Ein Briefwechsel*. Zürich: Rhein-Verlag 1945, S. 18–21.
Hans-Bernhard Moeller, «Thomas Manns venezianische Götterkunde, Plastik und Zeitlosigkeit». *Deutsche Vierteljahrsschrift für Literaturwissenschaft und Geistesgeschichte*, Stuttgart, 40 (1966), Heft 2, S. 184–205.

1. Der Altar. Es ist schon erwähnt worden (S 318), daß der heilige Fels, in dem die Gottheit wohnt, zugleich als Altar dient, auf den das Opfer gelegt wird. Aber der große Fels, durch einfache Zurichtung zum Gottestisch gemacht, etwa auch mit ein paar Stufen versehen, ist oft auch da Altar geblieben, wo Massebe oder Aschere die Gottheit repräsentierte. Wie ein solcher Fels aber aussieht, zeigt uns als schönstes erhaltenes Beispiel das Heiligtum von Petra, das freilich aus viel jüngerer Zeit stammt. Zu dem auf Abb. 404

Abb. 405. Heiligtum von Petra: Hof vor den Altären.

rechts stehenden Felsblock von ca. 2,72 m Länge, 1,83 m Breite und kaum 1 m Höhe führt auf der Vorderseite eine vierstufige Treppe, deren oberste Stufe in 0,50 m Höhe eine kleine Plattform, den Standort des amtierenden Priesters bildet. Der gleich hohe, aber etwas größere (etwa 3,50×4,30 m) Felsblock südlich davon (l. auf Abb. 404) hat eine ganz hinauf führende Treppe auf der Nordseite, etwa in der Mitte der Oberfläche eine runde Vertiefung von 1,11 m Durchmesser und etwa 0,06 m Tiefe, in deren Mitte eine zweite runde Vertiefung von 0,44 m Durchmesser etwa 0,05 m tief eingehauen ist. Die große Vertiefung hat in einer Rinne einen Abzugskanal. In einer Nische der Nordwand des Felsens ist ein kleines Bassin, in seiner Oberfläche östlich von der genannten Vertiefung ein größerer Trog (1,75 m lang, 0,50 m breit, 0,40 m tief). Östlich von den beiden „Altären" ist ein freier ebener Platz von etwa 14,40 m Länge (Nord-Süd) und 6,50 m Breite etwa 0,40 m tief in die Oberfläche des Berggipfels ausgehauen, so daß der umgebende Felsrand Sitzplätze oder Liegeplätze für die am Opfer Teilnehmenden bot. In der Mitte dieses Hofes erhebt sich eine kleine (0,77×1,52 m) Plattform etwa 0,10 m (Abb. 405).

So viel Stücke, so viel Fragezeichen. Sicher scheint nur zu sein, daß nirgends Spuren auf einen Feueraltar hinweisen, auf dem das Opfer verbrannt wurde, und daß die Vertiefung auf dem südlichen Felsblock eine Spendeschale war. Über alle anderen Teile

Beth-el, Jaakobs Traumstätte

[...] denn er bestand darauf, die Stätte, die er über alle Bedeutung hinaus, die man ihr hierzulande schon immer beigelegt, als einen Ort der Gegenwart erkannt hatte, würdig und praktisch zum Dienste auszugestalten und nicht nur einen Feuerherd aus Erde zu erbauen, um Nahrung für Ja darauf in Rauch aufgehen zu lassen, sondern auch das hervorragende Felsgestein der Hügelkuppe zu einem Gottestisch mit hinanführenden Stufen und einer Plattform zuzuhauen, in deren Mitte eine Spendeschale nebst Ablaufsrinne eingebohrt und gewetzt werden mußte.   (IV, 381)

Immanuel Benzinger, *Hebräische Archäologie*. Leipzig: Pfeiffer ³1927. Angelos-Lehrbücher, Bd. 1, S. 319, Abb. 405. Mit Unterstreichungen Thomas Manns. Aus Thomas Manns Nachlaßbibliothek.

Das Grab der Rahel mit Blick auf Bël Dschala

Rahels Todesstätte

Es war später Nachmittag. Unter einer bläulich-gewitterigen Wolkenwand hervor sandte die gen Westen gesunkene und verdeckte Sonne breite Lichtbündel strahlenförmig auf die Berglandschaft herab, so daß die umringte Siedelung droben weiß darin erschimmerte. Staub und Stein waren verklärt von dieser abgeblendeten und feierlich gebrochenen Offenbarung des Lichtes, die Jaakobs Herz mit stolzer und frommer Empfindung des Göttlichen erfüllte. Zur Rechten, hinter einer Mauer aus lockeren Steinen, lagen Weinberge, violett getönt. Kleine Fruchtfelder füllten die Lücken zwischen dem Geröll zur Linken des Weges. Ferneres Gebirge wollte sich in einer Art von durchsichtigem Dämmern verfärben und entstofflichen. Ein sehr alter, großenteils hohler Maulbeerbaum neigte seinen Stamm, von aufeinandergestellten Steinen gestützt, über den Weg. Hier ritt man eben vorbei, als Rahel ohnmächtig vom Tiere sank.

(IV, 384 f.)

«Nein», sprach er, «hier hat's begonnen, hier soll's vollendet sein, und wo Er's tat, da soll sie liegen. Hebet ein Grab aus und höhlt ihr die Grube an der Mauer dort! [...]» (IV, 389; vgl. V, 1661)

Ludwig Preiß und Paul Rohrbach, *Palästina und das Ostjordanland*. Stuttgart: Hoffmann 1925, Farbtafel X. Aus Thomas Manns Nachlaßbibliothek.

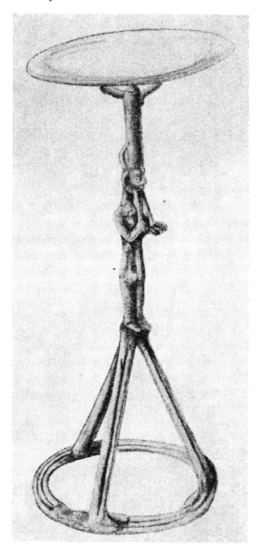

Bronzegestell (36 cm hoch) mit Flötenbläserin aus Megiddo

Kunstgewerbliches Gerät im Besitze Jaakobs

[...] ein anderer trug einen Gegenstand, der von der Wohlhabenheit des Besitzers zeugte: ein wertvolles kunstgewerbliches Gerät phönizischer Herkunft, golden, eine flache Schale auf zierlichem Untergestell, das dort, wo man es mit der Hand umfaßte, eine musizierende Frauenfigur zeigte.　　(IV, 472)

Immanuel Benzinger, *Hebräische Archäologie*. Leipzig: Pfeiffer ³1927. Angelos-Lehrbücher, Bd. 1, S. 249, Abb. 364. Aus Thomas Manns Nachlaßbibliothek.

Hermes, Eurydike, Orpheus
Marmorrelief phidiasischen Stils. 2. Hälfte des 5. Jahrhunderts v. Chr.
Neapel

Der Mann auf dem Felde – Hermes

Verwirrt betrachtete Joseph ihn von der Seite. Er sah ihn recht gut. Der Mann war eigentlich noch kein Mann in des Wortes vollster Bedeutung, sondern nur einige Jahre älter als Joseph, doch höher gewachsen, ja lang, in einem ärmellosen Leinenkleide, das bauschig durch den Gürtel hinaufgezogen und so zum Wandern kniefrei gemacht war, und einem über die eine Schulter zurückgeworfenen Mäntelchen. Sein Kopf, auf etwas geblähtem Halse sitzend, erschien klein im Verhältnis, mit braunem Haar, das in schräger Welle einen Teil der Stirn bis zur Braue bedeckte. Die Nase war groß, gerade, und fest modelliert, der Zwischenraum zwischen ihr und dem kleinen, roten Munde sehr unbedeutend, die Vertiefung unter diesem aber so weich und stark ausgebildet, daß das Kinn wie eine kuglige Frucht darunter hervorsprang. Er wandte den Kopf in etwas gezierter Neigung zur Schulter und blickte über diese aus nicht unschönen, aber mangelhaft geöffneten Augen mit matter Höflichkeit auf Joseph hinab, schläfrig verschwommenen Ausdrucks, wie er entsteht, wenn einer zu blinzeln verabsäumt. Seine Arme waren rund, aber blaß und ziemlich kraftlos.

(IV, 536f.; vgl. IV, 701)

Heinrich Bulle, *Der schöne Mensch im Altertum*. München: Hirth ³1922. Der Stil in den bildenden Künsten aller Zeiten von Georg Hirth, Bd. 1, Tafel 283. Aus Thomas Manns Nachlaßbibliothek.
Vgl. Heidi Heimann, *Thomas Manns «Hermesnatur»*. Leeds, England: Maney 1958. Nachdruck aus: *Publications of the English Goethe Society*, Bd. 27, 1958, Abb. I.

Der Josephsbrunnen

Josephs erste Grube

Das half ihm nichts, dahin ging's mit ihm im Trabe durch Kraut und Busch eine gute Strecke weit über Land bis zu einem moosigen Abhang, den ging es hinunter, und unten war ein kühler Grund, gemauert, mit Eichen- und Feigengebüsch im trümmerhaften Gemäuer und zersprungenem Fliesenboden, wo hinab einige steile und schadhafte Stufen führten: über die schleppten sie Joseph, der sich in seinen Fesseln und in ihren Armen verzweifelt zu wehren begann, denn ihm grauste vor dem Brunnen, der da gebaut war, und vor dem Loch des Brunnens [...]. (IV, 565)

Ludwig Preiß und Paul Rohrbach, *Palästina und das Ostjordanland.* Stuttgart: Hoffmann 1925, Abb. S. 173. Aus Thomas Manns Nachlaßbibliothek.

Beduinen in Nordsyrien

Der Knabe mit der Kapuze (cucullatus)

Es kamen Männer gezogen im Wiegetritt ihrer Tiere von Gilead herüber,
nämlich von Osten und von jenseits des Stromes, – vier oder fünf, mit ein paar
Kamelen noch außerdem, die nur Waren trugen, Zügelbuben und Packknech-
ten dazu, die ihre Zahl aufs Doppelte brachten: reisende Kaufleute, beheimatet
weder hier noch woher sie kamen, fremde Männer, sehr braun von Gesicht
und Händen, Filzringe um ihre Kopftücher, gehüllt in querstreifige Wüsten-
mäntel, mit weißen, aufmerksam rollenden Augen. Einer war würdigen Alters,
sein Bärtchen war weiß, und er ritt voran; ein wulstlippiger Knabe in weißem,
zerknittertem Baumwollrock, den Kopf in eine Kapuze gehüllt, führte sein
Tier an langem Zügel, indes der Herr mit ruhenden Händen, verhüllt, den
Kopf bedächtig zur Seite geneigt, im hohen Sattel saß. Wie jeder sah, war er
des Verbandes maßgebliches Haupt. Die anderen waren sein Neffe, sein Eidam
und seine Söhne.   (IV, 586; vgl. IV, 594, 667)

Reproduktion aus dem Arbeitsmaterial zu *Joseph und seine Brüder*. Thomas-Mann-Archiv
Zürich.
Vgl. Brief Thomas Manns an Karl Kerényi vom 20. 2. 1934. In: Karl Kerényi–
Thomas Mann, *Romandichtung und Mythologie*. Ein Briefwechsel. (2. Ausg.) Zürich: Rhein-
Verlag 1955, S. 18–21.
Hans Wysling, «*Mythos und Psychologie*» bei *Thomas Mann*. Erweiterte Antrittsvorlesung,
gehalten am 17. Mai 1969 an der Eidgenössischen Technischen Hochschule. Zürich: Poly-
graphischer Verlag 1969. Kultur- und Staatswissenschaftliche Schriften, Heft 130, S. 6f.
Karl Kerényi, «Dialog mit dem Freund». *Kontexte*, Bd. 5. Stuttgart/Berlin: Kreuz-Verlag
1969, S. 108–116, insbesondere S. 115.
Manfred Dierks, *Studien zu Mythos und Psychologie bei Thomas Mann*. Bern und München:
Francke 1972. Thomas-Mann-Studien II, S. 270.

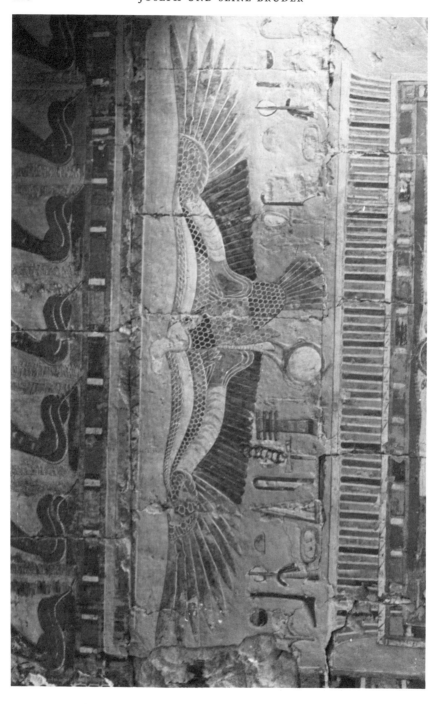

Das Mauertor der Feste Zel

Über dem Mauertor leuchtete in tiefen Linien und bunt ausgemalt mit feurigen Farben die riesige Figur eines nackthalsigen Geiers mit gebreiteten Fittichen, einen Balkenring in den Fängen, und rechts und links davon sprangen aus dem Ziegelgefüge ein Paar steinerner Brillenschlangen auf Sockeln, vier Schuh hoch, mit geblähten Köpfen auf ihren Bäuchen stehend, hervor, gräßlich zu sehen, das Zeichen der Abwehr.   (IV, 712f.)

Photographie aus dem Arbeitsmaterial zu *Joseph und seine Brüder*. Thomas-Mann-Archiv Zürich.

Dorf im Delta

Fellachenhütten mit kegelförmigen Lehmbauten
(als Kornkammern und dergleichen)

Auf der Nilfahrt

Unter den Fächern von Dum-Palmen spiegelten Dörfer sich mit den Lehm-kegeln ihrer Vorratshäuser in grünlichen Ententeichen – nicht anders zu sehen als Dörfer der Heimat und gerade kein Augenlohn für eine Reise von mehr als sieben mal siebzehn Tagen. (IV, 720f.)

Alfred Kaufmann, *Ewiges Stromland*. Stuttgart: Strecker und Schröder ²1929, Tafeln 20 und 21. Aus Thomas Manns Nachlaßbibliothek.

Kanal im östlichen Delta (bei Belbês)

Auf der Nilfahrt

Vorderhand zog er mit seinen Käufern am lehmigen, flachen, manchmal von dünn aufgeschossenen Palmen gesäumten Ufer dahin des Segenskanals, auf dessen glatter Fläche eine Bootsflottille mit überhohen Segeln an schwanken Masten langsam ihnen entgegen nach Osten glitt. (IV, 722)

Alfred Kaufmann, *Ewiges Stromland*. Stuttgart: Strecker und Schröder ²1929, S. 17, Tafel 4. Aus Thomas Manns Nachlaßbibliothek.

Kom Ombo. Relief des I. Peristyls

Wandbilder in der Katzenstadt

[...] oder wenn er sich drunten an Ort und Stelle in den Sälen erging und die gegrabenen Schildereien der Wände in tiefrot und himmelblau betrachtete: wie Pharao räucherte vor der Kätzin und unter zauberklaren Inschriften aus Vögeln, Augen, Pfeilern, Käfern und Mündern braunrote Gottheiten, geschwänzt, im Lendentuch, angetan mit leuchtenden Armringen und Halskrägen, hohe Kronen auf den Tierköpfen und den Kreuzring des Lebenszeichens in Händen, freundschaftlich die Schulter ihres irdischen Sohnes berührten.   (IV, 727)

Photographie aus dem Arbeitsmaterial zu *Joseph und seine Brüder*. Thomas-Mann-Archiv Zürich.

Schadûf, uralte ägyptische Bewässerungsart

Wasserschöpfer am Nil

Wo die Ufer steil waren, schöpften Männer an Brunnengerüsten mit Leder-
beuteln, denen ein Lehmklumpen am andern Ende des Wiegebalkens als Gegen-
gewicht diente, das schlammige Zeugungswasser aus dem Fluß und gossen's
in Rinnen, daß es in die unteren Gräben laufe und sie Korn hätten, wenn
Pharao's Schreiber kämen, es einzuziehen. (IV, 730)

Alfred Kaufmann, *Ewiges Stromland*. Stuttgart: Strecker und Schröder ²1929, Titelbild. Aus
Thomas Manns Nachlaßbibliothek.

Allée des Pyramides

Das Pyramidenfeld bei Gizeh zur Zeit des Alten Reiches. Eingangsportal in der
Nähe des Nilufers. Aufgangsstraße, Totentempel und Pyramide
(Rekonstruktion von U. Hölscher)

Joseph bei den Pyramiden am Nil

Hier war Ägyptenland enge, der Fruchtstreifen schmal. Zur Linken im Morgen ging, nahe herantretend, arabisches Wüstengebirge nach Süden, und libysche Sandberge taten's im Westen, deren Todesöde sich trügerisch-purpurlieblich verklärte, wenn die Sonne hinter sie sank. Dort aber, vor dieser Kette, dem Grünenden nah, am Rande der Wüste, sahen die Reisenden, geradeausblickend, ein anderes Gebirge von Sonderart sich erheben, – ebenmäßig-figürlich gestaltet, aus Dreiecksflächen, deren reine Kanten in riesiger Schräge zu Spitzenpunkten zusammenliefen. Es war aber nicht erschaffenes Gebirge, was sie da sahen, sondern gemachtes; es waren die großen Austritte, von denen die Welt wußte und die der Alte dem Joseph angezeigt auf der Reise, die Grabmäler Chufu's, Chefrens und anderer Könige der Vorzeit [...].

[...]
Da die Reisenden näher kamen, zog sich das Spitzgebirge auseinander im Sande, und man sah die Schadhaftigkeit seiner Dreiecksflächen, deren polierte Deckplatten zu bröckeln begannen. Öde war zwischen den Riesenmalen, wie sie dort einzeln und allzu massig, als daß die Zeit mehr als ihre Oberfläche hätte benagen können, auf dem klippigen Sandgeschiebe der Wüstenplatte standen. (IV, 739, 740f.)

Von den Totentempeln, die an ihren Schrägen gelehnt hatten und in denen der Dienst der zur Sonne Verstorbenen «für ewig» gestiftet worden; von den gedeckten, bildstarrenden Gängen, die dorthin geführt, und den breitständigen Torbauten, die östlich am Rande des Grünen den Eingang zu den Schlußwegen ins Zauberreich der Unsterblichkeit gebildet hatten, sah Joseph nichts mehr an seinem Tage [...]. (IV, 741)

Photographie aus dem Arbeitsmaterial zu *Joseph und seine Brüder*. Thomas-Mann-Archiv Zürich.
Alfred Kaufmann, *Ewiges Stromland*. Stuttgart: Strecker und Schröder ²1929, Tafel 90. Aus Thomas Manns Nachlaßbibliothek.

Die große Sphinx bei Gizeh
Vorn die Denkschrift auf die Freilegung des Kolosses durch Thutmosis IV.

Die Sphinx

Auch das Geheimnis im Kopftuch, Hor-em-achet, die große Sphinx, lag hier irgendwo überständig und unvermittelt im Sande, stark schon wieder verweht und bedeckt von diesem, obgleich doch der letzte Vorgänger Pharao's erst, Tutmose der Vierte, sie daraus befreit und errettet hatte, gehorsam gegen den Verheißungstraum eines Mittagsschlafes. Schon ging der Sand dem ungeheueren Wesen, das immer dagelegen hatte, so daß kein Mensch zu sagen vermochte, wann und wie es sich aus dem Felsen hervorgetan, wieder schräg bis zur Brust hinauf und bedeckte die eine seiner Tatzen, deren andere, noch frei, allein so groß war wie drei Häuser. An dieser Bergesbrust hatte der Königssohn, püppchenklein gegen das maßlose Gott-Tier, geschlummert, indes die Diener in einiger Entfernung den Jagdwagen gehütet hatten und hoch über dem Menschlein das Rätselhaupt mit dem starren Nackenschutz, der ewigen Stirn, der zerfressenen Nase, die ihm etwas Ausgelassenes verlieh, dem Felsengewölb seiner Oberlippe, dem breiten Munde darunter, den eine Art ruhig-wilden und sinnlichen Lächelns zu formen schien, aus hell-offenen Augen, intelligent und berauscht vom tiefen Zeitentrunke, gen Osten geblickt hatte wie eh und je.

So lag sie auch jetzt, die unvordenkliche Chimäre, in einer Gegenwart, deren Abstand und Unterschied von der damaligen in ihren Augen zweifellos nichtig war, und blickte in wilder und sinnlicher Unveränderlichkeit hoch hinweg gen Aufgang über die winzige Gruppe der Käufer Josephs. Ein Tafelstein, übermannshoch, beschrieben, lehnte an ihrer Brust, und da die Minäer ihn lasen, war's ihnen wie Wohltat und Herzensstärkung. Denn festen Zeitgrund bot dieser späte Stein; wie eine schmale Plattform war er, der Halt dem Fuße gewährte über dem Abgrund: der Denkstein war es, den Pharao Tutmose hier aufgerichtet, seinem Traum zum Gedächtnis und der Entlastung des Gottes vom Sande. (IV, 741 f.)

Am Rande der Libyschen Wüste, nahe bei Memphis, lagerte, aus dem Felsen gehauen, der dreiundfünfzig Meter hohe Koloß-Zwitter aus Löwe und Jungfrau, mit Weibesbrüsten, Manneskinnbart und der sich bäumenden Königsschlange am Kopftuch, vor sich hingestreckt die riesigen Pranken seines Katzenleibes, die Nase kurz abgestumpft vom Zeitenfraße. (IV, 21)

Georg Steindorff, *Die Blütezeit des Pharaonenreichs*. Bielefeld und Leipzig: Velhagen & Klasing ²1926. Monographien zur Weltgeschichte, Bd. 10, S. 39, Abb. 34. Aus Thomas Manns Nachlaßbibliothek.
Eine Photographie der Sphinx liegt beim Arbeitsmaterial zu *Joseph und seine Brüder*. Thomas-Mann-Archiv Zürich.

Schuster bei der Arbeit. XVIII. Dynastie

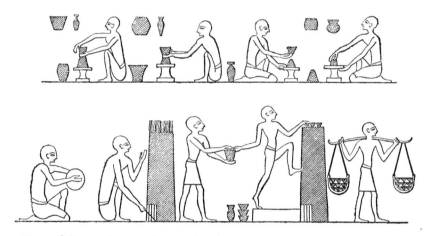

Tongefäße werden auf der Töpferscheibe geformt und dann gebrannt.

Tischler und Sargfabrikanten bei der Arbeit. Neues Reich

Schuster, Töpfer und Tischler zu Menfe

[...] Schuster zogen mit den Zähnen den Riemen an. Es formten Töpfer mit geübten und erdigen Händen das rasch umgetriebene Hohlgefäß, indem sie Chnum, dem Schöpfer, dem ziegenköpfigen Herrn der Drehscheibe, Lieder sangen; Sargtischler dechselten an menschenförmigen Schreinen mit Kinnbärten [...]. Sie trugen alle denselben Leinenschurz und denselben Haarschnitt; dieselben waagerechten Schultern und dünnen Arme hatten sie alle und zogen alle auf ein und dieselbe naive und unverschämte Weise die Brauen hoch.

(IV, 748)

Adolf Erman, *Ägypten und ägyptisches Leben im Altertum*. Neu bearbeitet von Hermann Ranke. Tübingen: Mohr 1923, Abbildungen Nr. 225, S. 539; Nr. 230, S. 545; und Nr. 227, S. 541. Aus Thomas Manns Nachlaßbibliothek.

König Chefren im Kopftuch mit dem göttlichen Falken

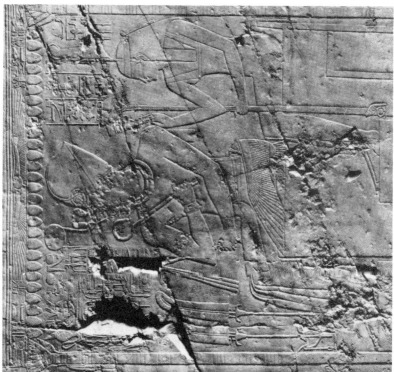

König Amenhotep IV. auf dem Thron. Grab von Ramose. Theben. XVIII. Dynastie

Statuen zu Menfe

Überall standen, schritten und saßen die Werke, zu zweien und dreien, umschlungen, auf Thronbänken, an denen in viel kleinerem Maßstabe ihre Kinder
zu sehen waren, oder allein: Königsbilder mit Mützenkrone und Krummstab,
das gefältelte Vorderblatt des Schurzes vorm Schoß ausgebreitet, oder im
Kopftuch, vor dessen über die Schultern fallenden Flügeln ihre Ohren abstan-
den, mit vornehm verschlossener Miene und zarter Brust, die Hände flach auf
den Oberschenkeln ausgestreckt, – breitschultrig-schmalhüftige Herrscher der
Urzeit, geführt von Göttinnen, die linkische Fingerchen um die muskulösen
Oberarme des Schützlings legten, während ein Falke in seinem Nacken die
Flügel spreitete.   (IV, 750)

W. Stevenson Smith, *The Art and Architecture of Ancient Egypt.* Harmondsworth, Middle-
sex: Penguin Books 1958. The Pelican History of Art, Z 14, Tafel 115. Nicht in Thomas
Manns Nachlaßbibliothek.
James Henry Breasted, *Geschichte Ägyptens.* Deutsch von Hermann Ranke. Große illu-
strierte Phaidon-Ausgabe. Wien: Phaidon-Verlag 1936, Abb. 53. Aus Thomas Manns
Nachlaßbibliothek.

Bildnis eines Schreibenden

Bemalter Kalkstein

(Die Augen aus Alabaster, schwarzem Stein, Silber und Bergkristall eingelegt)

Die Schreiberstatuen zu Menfe

Sie saßen als Schreiber mit untergeschlagenen Schenkeln und tätigen Händen
und blickten über die im Schoße ausgebreitete Arbeit hin mit klugen Augen
auf den Beschauer.   (IV, 751)

James Henry Breasted, *Geschichte Ägyptens.* Deutsch von Hermann Ranke. Große illustrierte Phaidon-Ausgabe. Wien: Phaidon-Verlag 1936, Abb. 66. Aus Thomas Manns
Nachlaßbibliothek.

Sitzbilder des Prinzen Rahotp und seiner Frau Nofret
IV. Dynastie, um 2700 v. Chr.

Statuen zu Menfe

Sie waren bemalt, wie sie da mit geschlossenen Knien nebeneinander saßen, Mann und Frau, in den natürlichsten Farben der Haut, des Haares und der Gewandstücke, so daß sie wie lebende Tote waren und starres Leben. Des öfteren hatten Ptachs Künstler ihnen Augen gemacht, höchst schreckhaft – nicht aus dem Stoffe ihrer Gestalten, sondern besonders in die Höhlen gefügt: ein schwarzes Steinchen im Glasfluß als Sehloch, aber in diesem wieder ein Silberstiftchen, das als Lichtblitzlein darin auflebte und die weiten Augen der Bilder im Hinausschauen greulich erglimmen ließ, also daß man sich nicht zu retten wußte vor dem Andrang ihrer zuckenden Blicke [...].(IV, 751)

Georg Steindorff, *Die Kunst der Ägypter*. Bauten, Plastik, Kunstgewerbe. Leipzig: Insel-Verlag 1928, Abb. S. 177. Aus Thomas Manns Nachlaßbibliothek.

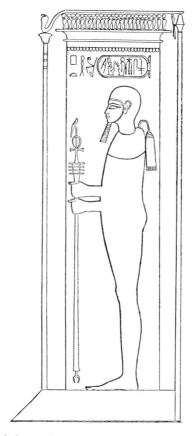

Bild des Ptah von Memphis in seiner Kapelle

Ptach

Er selbst, der Menschengestaltige, war an den lückenlos überzauberten Wänden hundertmal dargestellt in seinem Kapellenschrein: von Menschengestalt allerdings, aber sonderbar puppenhaft und von gleichsam abstrakter Form, in einbeiniger Seitenansicht mit langem Auge, den Kopf mit einer eng anliegenden Kappe bedeckt, am Kinn den künstlich befestigten Keil eines Königsbartes. Unausgebildet auf eine seltsame Art und allgemein umrissen wie seine Fäuste, die den Stab der Macht vor ihn hinhielten, war seine ganze Gestalt; sie schien in einem Futteral, einem engen, entformenden Überzuge zu stecken, schien, offen gestanden, gewickelt und balsamiert ...   (IV, 751)

Adolf Erman, *Ägypten und ägyptisches Leben im Altertum*. Neu bearbeitet von Hermann Ranke. Tübingen: Mohr 1923, S. 312, Abb. 142. Aus Thomas Manns Nachlaßbibliothek.

Die Felsentempel Ramses' II. bei Abu Simbel in Nubien

Der Eingang zum großen Felsentempel von Abu Simbel
Erbaut zur Zeit König Ramses' II. XIX. Dynastie, um 1250 v. Chr.

Statuen am Nil

[...] und Paaren von Riesen, welche, die Hände auf ihren Knien, am Ufer saßen und in erhabener Starre über Strom und Land hin ins Wüste blickten.

(IV, 763)

Adolf Erman, *Ägypten und ägyptisches Leben im Altertum*. Neu bearbeitet von Hermann Ranke. Tübingen: Mohr 1923, Tafel 3, Abb. 2. Aus Thomas Manns Nachlaßbibliothek.

James Henry Breasted, *Geschichte Ägyptens*. Deutsch von Hermann Ranke. Große illustrierte Phaidon-Ausgabe. Wien: Phaidon-Verlag 1936, Abb. 16. Aus Thomas Manns Nachlaßbibliothek.

Leichenzug. Aus dem Grabe des Neferhotep in Theben

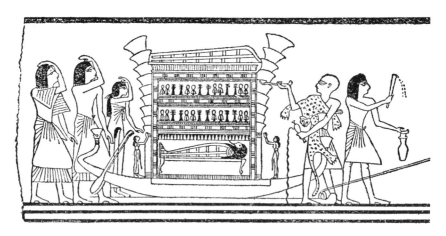

Leichenzug. Aus dem Grabe eines Gütervorstehers

Ein Leichenzug auf dem Nil

Ein Leichenzug begegnete ihnen auch, drei Schiffe hintereinander, zusammen-
getäut, auf deren letztem, einem weißen Kahn ohne Segel und Ruder, der
bunte Osiris, den Kopf voran, unter Jammernden auf einem löwenfüßigen
Schragen lag.   (IV, 764)

Adolf Erman, *Ägypten und ägyptisches Leben im Altertum*. Neu bearbeitet von Hermann
Ranke. Tübingen: Mohr 1923, S. 360f., Abb. 163. Aus Thomas Manns Nachlaßbibliothek. –
Vgl. Abb. und Text S. 284f.

Widdersphinxe vor dem Amontempel zu Karnak

Die Tempel bei Karnak, vom Flugzeug gesehen
Links der Nil, vorn die Sphinxstraße, rechts der heilige See

Die Widderstraße zu Theben

«[...] Fällt dir die Widder-Straße wohl auf, die dort über Land vom Südlichen
Frauenhause zur Großen Wohnung führt? Fünftausend Ellen ist die lang, mußt
du wissen, mit lauter Amuns-Widdern besetzt zur Rechten und Linken, die
Pharao's Bild zwischen den Beinen tragen.»   (IV, 766)

Diese Tempelbezirke, umfriedet mit ihren Gärten, Hainen und Seen, bildeten
den Kern der Stadt, sie waren im Grunde diese selbst, und was profan an ihr
war und Menschenbehausung, füllte die Räume zwischen ihnen; es erstreckte
sich namentlich von dem südlichen Hafenviertel und Amuns Frauenhaus gegen
den Tempelkomplex im Nordosten, der Länge nach durchzogen von des Gottes
großer Feststraße, der Widder-Sphinxallee, auf die der Alte den Joseph schon
vom Schiffe aus hingewiesen hatte. Das war eine stattliche Strecke, fünftausend
Ellen lang, und da die Prozessionsstraße nordöstlich landeinwärts vom Nile
abwich und die Wohnstadt den sich verbreiternden Raum zwischen ihr und
dem Flusse ausfüllte und auf der anderen Seite landeinwärts gegen die östliche
Wüste reichte, wo sie weitläufig wurde und sich in die Gärten und Villen der
Vornehmen löste [...].   (IV, 772f.)

Alfred Kaufmann, *Ewiges Stromland*. Stuttgart: Strecker und Schröder ²1929, Tafel 96.
Aus Thomas Manns Nachlaßbibliothek.

Aylward Manley Blackman, *Das hundert-torige Theben*. Übersetzt von Günther Roeder.
Leipzig: Hinrichs 1926, Tafel 5. Aus Thomas Manns Nachlaßbibliothek.

Eine Photographie der Widderstraße befindet sich auch unter dem Arbeitsmaterial zu
Joseph und seine Brüder. Thomas-Mann-Archiv Zürich.

Ägypter in einer Sänfte

Sänftenträger zu Wêse

Er sah Sänften dahinziehen, an Stangen auf den Schultern getragen in behutsam federndem Geschwindschritt von hohen Jünglingen in Goldschurzen. Geschnitzt waren die Stuhlbahren, vergoldet und behängt, und Männer saßen darin mit verborgenen Händen, das lackierte Haar aus der Stirn in den Nacken gestrichen, ein Bärtchen am Kinn, durch hohe Stellung zur Unbeweglichkeit verpflichtet und mit gesenkten Wimpern, einen großen Windschutzkasten aus Rohr und bemaltem Stoffe im Rücken.   (IV, 777)

Alfred Wiedemann, *Das alte Ägypten*. Heidelberg: Winter 1920. Kulturgeschichtliche Bibliothek, Reihe I: Ethnologische Bibliothek, Bd. 2, S. 203, Abb. 35. Aus Thomas Manns Nachlaßbibliothek.

Familiengruppe des Zwerges Seneb
Bemalter Kalkstein.
VI. Dynastie, um 2500 v. Chr. Kairo, Museum

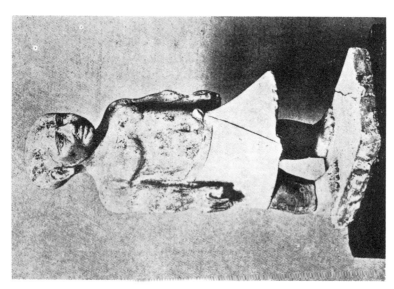

Kalksteinfigur eines Zwerges
Kairo. V. Dynastie

Dûdu

Auch zwei Kleinwüchsige fanden sich ein, Zwergmänner: gleich ein Paar solcher schloß der Hausstand des Wedelträgers ein; aber wiewohl beide nicht
mehr als drei Schuh hoch waren, wiesen sie große Unterschiede des Betragens
auf, denn der eine war ein Matz, der andere würdigen Wesens. Dieser kam
zuerst, vom Haupthause her; auf Beinchen, die gegen den Oberkörper noch
wiederum verkümmert erschienen, kam er bemüht verständigen Ganges heran,
in aufrechter, sogar etwas hintübergelehnter Haltung, angelegentlich um sich
blickend und in raschem Takt mit den Stummelärmchen rudernd, wobei er
die Handflächen nach hinten kehrte. Er trug einen gestärkten Schurz, der in
schräger Dreiecksfläche vor ihm dahinstand. Sein hinten ausladender Kopf war
groß im Verhältnis, mit kurzem Haar bedeckt, das in die Stirn und die Schläfen
wuchs, seine Nase stark und seine Miene gleichmütig, ja bestimmt.   (IV, 784)

«[...] Guten Morgen, Herr Dûdu!» zirpte er, indem er, der Knirps, sich neben
den anderen stellte. «[...] Darf man sich allenfalls nach dem Befinden Frau
Zesets erkundigen, die den Arm um Euch schlingt, sowie nach dem der über-
ragenden Sprossen, Esesi und Ebebi, der Herzigen –?»   (IV, 787)

Adolf Erman, *Ägypten und ägyptisches Leben im Altertum*. Neu bearbeitet von Hermann
Ranke. Tübingen: Mohr 1923, Tafel 10, Nr. 3. Aus Thomas Manns Nachlaßbibliothek.

James Henry Breasted, *Geschichte Ägyptens*. Deutsch von Hermann Ranke. Große illustrierte Phaidon-Ausgabe. Wien: Phaidon-Verlag 1936, Abb. 74. Aus Thomas Manns
Nachlaßbibliothek.

Ein Bild der Familiengruppe, ausgeschnitten aus dem *Cicerone*, Leipzig, 20 (1928), Heft 18,
S. 587, liegt auch beim Arbeitsmaterial zu *Joseph und seine Brüder*. Thomas-Mann-Archiv
Zürich.

Vgl. Heidi Heimann, *Thomas Manns «Hermesnatur»*. Leeds, England: Maney 1958. Nachdruck aus: *Publications of the English Goethe Society*, Bd. 27, 1958, S. 65.

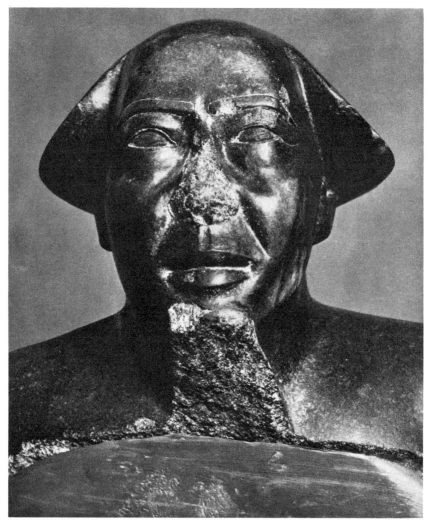

Kopf des Fürsten Mentemhet

Grauer Granit. Aus dem Tempel der Mut in Karnak. Äthiopenzeit. XXV. Dynastie,
um 670 v. Chr. Kairo, Museum

Mont-kaw

Der Vorsteher war ein kräftig untersetzter Mann von fünfzig, mit ausdrucks-
vollem Haupt und dem entschiedenen Gebaren, das seine Stellung mit sich
brachte, gemildert durch Wohlwollen. Sehr stark ausgebildete Tränensäcke
waren unter seinen Augen und bedrängten sie von unten, so daß sie ver-
schwollen und klein, fast als Schlitzaugen erschienen, von starken und noch
ganz schwarzen Brauen überspannt. Tiefe Furchen gingen von seiner wohlge-
formten, wenn auch breitgelagerten Nase zum Munde hinab, zu seiten der
gewölbten und, wie die Wangen, glänzend rasierten Oberlippe, die sie stark
aus dem Antlitz hervorhoben. Am Kinn saß ein grau gesprenkelter Knebelbart. Das Haar war schon weit von der Stirn und über den Schädel zurück-
gewichen, aber am Hinterhaupt von dichter Masse und stand ihm fächerförmig
hinter den Ohren, die Goldringe trugen. Etwas erbschlau Bäuerliches und wieder humoristisch Schiffsmannsmäßiges war in Mont-kaws Physiognomie, deren
dunkel rotbraune Tönung kräftig gegen das Blütenweiß seiner Kleidung
abstach [...].   (IV, 791; vgl. IV, 893)

James Henry Breasted, *Geschichte Ägyptens*. Deutsch von Hermann Ranke. Große illustrierte Phaidon-Ausgabe. Wien: Phaidon-Verlag 1936, Abb. 167. Aus Thomas Manns
Nachlaßbibliothek.

Vgl. Heidi Heimann, *Thomas Manns «Hermesnatur»*. Leeds, England: Maney 1958. Nachdruck aus: *Publications of the English Goethe Society*, Bd. 27, 1958, S. 65.
Hans Arens, *Analyse eines Satzes von Thomas Mann*. Düsseldorf: Schwann 1964. Beihefte
zur Zeitschrift *Wirkendes Wort*, Nr. 10, S. 35.

Prinz Hemon, Kalkstein, Hildesheim

Potiphar

Der Würdenträger war vielleicht vierzig Jahre alt, oder fünfunddreißig, und
wirklich von Turmesgröße – Joseph mußte an Ruben denken angesichts dieser
Säulenbeine, sich abzeichnend unter dem Königsleinen des nicht ganz knöchel-
langen Gewandes, das auch die Falten und hängenden Bänder des Schurzes
durchblicken ließ; doch war diese Leibesmassigkeit ganz anderer Art als die des
heldischen Bruders: sehr fett nämlich überall, besonders aber in Gegend der
Brust, die doppelhügelig unter dem zarten Batiste des Obergewandes vor-
sprang [...]. Ganz klein war der Kopf, im Verhältnis zu dieser Höhe und Fülle,
und edel gebildet, mit kurzem Haar, kurzer, fein gebogener Nase, zierlichem
Munde, einem angenehm vorspringenden Kinn und lang bewimperten, stolz
verschleiert blickenden Augen.   (IV, 807)

Ausschnitt aus dem *Cicerone*, Leipzig, 20 (1928), Heft 18, S. 586. Aus dem Arbeitsmaterial
zu *Joseph und seine Brüder*. Thomas-Mann-Archiv Zürich.
Auch abgebildet in: Adolf Erman, *Ägypten und ägyptisches Leben im Altertum*. Neu bearbeitet von Hermann Ranke. Tübingen: Mohr 1923, Tafel 5, Abb. 4. Aus Thomas Manns
Nachlaßbibliothek.
Vgl. Heidi Heimann, *Thomas Manns «Hermesnatur»*. Leeds, England: Maney 1958. Nachdruck aus: *Publications of the English Goethe Society*, Bd. 27, 1958, S. 65.
Hans Arens, *Analyse eines Satzes von Thomas Mann*. Düsseldorf: Schwann 1964. Beihefte
zur Zeitschrift *Wirkendes Wort*, Nr. 10, S. 35.

Frauenstatue
XVIII. Dynastie, um 1350 v. Chr.
Porphyr. Rom, Vatikan

Mut-em-enet

[...] eine Dame Ägyptens, hoch gepflegt, blitzenden Schmuck in den Pudel-locken, Gold auf dem Halse, beringt die Finger und Lilienarme, deren einen sie – es war ein sehr weißer und wonniger Arm – zur Seite der Trage lässig hverniederhängen ließ, – und Joseph sah unter dem Geschmeidekranz ihres Hauptes ihr persönlich-besonderes, dem Modesiegel zum Trotze ganz ein-maliges und vereinzeltes Profil mit den kosmetisch gegen die Schläfen ver-längerten Augen, der eingedrückten Nase, den schattigen Gruben der Wangen, dem zugleich schmalen und weichen, zwischen vertieften Winkeln sich schlän-gelnden Munde.

Das war Mut-em-enet, des Hauses Herrin, die sich zur Mahlzeit begab, Peteprê's Ehegemahl, eine verhängnisvolle Person.   (IV, 816)

Mut war ein Kind zu der Zeit, da man auf ähnliche Art über sie verfügte, wie Potiphars spekulierende Erzeuger über das zappelnde Söhnchen verfügt hatten, indem sie es zum Höfling des Lichtes weihten. Die Ansprüche ihres Geschlech-tes, über die man dabei hinwegging, diese Ansprüche, deren Bilder die wasser-geschwärzte Erde und das Mond-Ei, der Ursprung alles stofflichen Lebens, sind, schlummerten stumm und keimhaft in ihr, unbewußt ihrer selbst und ohne gegen die liebevoll-lebenswidrige Verfügung den leisesten Widerspruch zu erheben. Sie war leicht, lustig, ungetrübt, frei. Sie war wie eine Wasser-blüte, die auf dem Spiegel schwimmend unter den Küssen der Sonne lächelt, unberührt von dem Wissen, daß ihr langer Stengel im dunklen Schlamme der Tiefe wurzelt. Der Widerstreit zwischen ihren Augen und ihrem Munde hatte damals noch keineswegs bestanden; kindlich nichtssagende Harmonie vielmehr hatte zwischen beiden geherrscht, da ihr kecker Klein-Mädchen-Blick von verdunkelnder Strenge noch nichts gekannt hatte, die besondere Schlängelbil-dung des Mundes aber, mit den vertieften Winkeln, viel weniger ausgeprägt gewesen war. Die Veruneinigung beider hatte sich erst im Lauf ihrer Lebens-jahre als Mondnonne und Ehrengemahlin des Sonnenkämmerers allmählich hergestellt, zum Zeichen offenbar, daß der Mund ein den unteren Mächten verbundeneres und verwandteres Gebilde und Werkzeug ist als das Auge.

Was ihren Körper betraf, so kannte ihn jedermann nach seinem Wuchs und allen seinen Schönheiten, da die «gewebte Luft», die hauchzart-seidigen Luxus-gespinste, die sie trug, ihn nach Landessitte in jeder Linie zum allgemeinen besten gaben. Man darf sagen, daß er nach seinem Wesensausdruck mit dem Munde mehr übereinstimmte als mit dem Auge; sein Ehrenstand hatte nicht seine Blüte gehemmt und nicht sein Schwellen gefesselt, – es war, mit seinen

Beneš Knüpfer, Leda mit dem Schwan

kleinen und festen Brüsten, dem feinen Nacken und Rücken, den zärtlichen
Schultern und vollendeten Bildwerk-Armen, den edel hochstämmigen Beinen,
deren obere Linien in der prangenden Hüft- und Gesäßpartie weiblichst aus-
schwangen, der anerkannt trefflichste Frauenleib weit und breit: Wêse kannte
keinen lobenswerteren, und wie die Menschen waren, es stiegen ihnen bei
seinem Anblick uralt-liebliche Traumbilder auf, Bilder des Anfangs und Vor-
Anfangs, Bilder, die mit dem Mond-Ei des Ursprungs zu tun hatten: das Bild
einer herrlichen Jungfrau, welche im Grunde – so recht im feuchten Grunde –
die Liebesgans selber war in Jungfrauengestalt und in deren Schoß mit schlagend gespreizten Schwingen ein Prachtexemplar von Schwan sich schmiegte,
ein zärtlich gewaltiger, schneeig gefiederter Gott, flatternd verliebtes Werk
an der ehrenvoll Überraschten verrichtend, daß sie das Ei gebäre ...

(V, 1009f.; vgl. V, 1159f.)

James Henry Breasted, *Geschichte Ägyptens*. Deutsch von Hermann Ranke. Große illustrierte Phaidon-Ausgabe. Wien: Phaidon-Verlag 1936, Abb. 155. Aus Thomas Manns
Nachlaßbibliothek.

Zeitungsausschnitt aus dem Arbeitsmaterial zu *Joseph und seine Brüder*. Thomas-Mann-
Archiv Zürich.

Weidende Gänse

Malerei auf Stuck. Aus einem Grab bei Medum. IV. Dynastie, um 2900 v. Chr.
Kairo, Museum

Katze im Papyrusdickicht

Wandgemälde im Grabe des Chnem-hotep bei Beni-Hasan. XII. Dynastie, um 1900 v. Chr.

Wandmalereien in Potiphars Lusthäuschen

Lustige und natürliche Malereien bedeckten die Wände, aufgetragen auf ihren
weißen Grund, blumig-schmuckhaft zum Teil und reizende Nachahmungen
von Spann- und Hängegewinden aus Kornblumen, [...] teils auch szenischer
Art und auch dann von dem heitersten Leben; denn man sah eine Eselherde,
aus der man es iahen zu hören meinte, einen Fries fettbrüstiger Gänse, eine
grünblickende Katze im Schilf [...].   (IV, 853)

James Henry Breasted, *Geschichte Ägyptens.* Deutsch von Hermann Ranke. Große illustrierte Phaidon-Ausgabe. Wien: Phaidon-Verlag 1936, Abb. 244 und 245. Aus Thomas
Manns Nachlaßbibliothek.

Priesterin
mit Handpauke

Tänzerinnen. V. Dynastie

Tanzende Frauen mit Handpauken in einem Festzuge

Hathors Priesterinnen

«[...] Ist es nichts, oder ist's eine Kleinigkeit, Hathor zu sein, des Rê Gemahlin, und mit den andern vom Orden vor Amun zu tanzen im Kleide der Göttin, das eng den Gliedern anliegt, und vor ihm zu singen zur Handpauke, die Goldhaube auf dem Kopf mit den Hörnern darauf und der Sonnenscheibe dazwischen? [...]»   (IV, 869; vgl. V, 946; V, 1015)

Im Tanz die Szene umschreitend, schüttelten sie Sistren und Tamburine über ihren Köpfen und hoben das gerade ausgestreckte Bein erstaunlich hoch aus der Hüfte.   (IV, 756)

[...] von Amuns irdischen Nebenfrauen, den Damen vom Hohen Hathorenorden in Dünngewändern, die nun vor dem Hochgemahl [...] tanzten, Handpauken schlugen und sangen mit· allseits beliebten Stimmen.   (V, 1246)

Aylward Manley Blackman, *Das hundert-torige Theben*. Übersetzt von Günther Roeder. Leipzig: Hinrichs 1926, S. 55, Abb. 10, und S. 61, Abb. 19. Aus Thomas Manns Nachlaßbibliothek.

Adolf Erman, *Ägypten und ägyptisches Leben im Altertum*. Neu bearbeitet von Hermann Ranke. Tübingen: Mohr 1923, S. 281, Abb. 121. Aus Thomas Manns Nachlaßbibliothek.

Bei guter Pflege und vor allem reichlicher Bewässerung die der „*Wasserschöpfer*" ebenso wie bei dem Ackerfelde vornimmt, gehen die jungen Pflanzen bald an. Neben der Bewässerung ist vor allem die Tätigkeit des „*reiten lassen*" (*rukkubu*)[1] d. h. der künstlichen Befruchtung von ausschlaggebender Wichtigkeit, die schon Herodot ganz richtig beschreibt: „*Die Blüte derjenigen Palmbäume, die die Hellenen männliche nennen, binden sie auf den Palmbäumen, die Datteln tragen, an, damit die Gallwespe in die Dattel hineinkriecht und sie zeitigt, und damit die Frucht des Palmbaumes nicht abfällt.*"[2] Die Erkenntnis der Zweigeschlechtig-keit der Palmen, die hier den Griechen zugeschrieben wird, war natürlich auch von den Babylo-niern längst er-kannt[3], und ihre künstliche Befruch-tung erschien ihnen als ein so wichtiger Vorgang, daß diese von Genien der Fruchtbarkeit vor-genommene Proze-

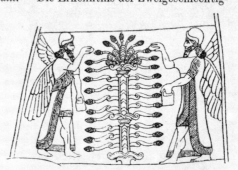

Abb. 45.   Genien befruchten die Dattelpalme.
(Der alte Orient XIII, 4, 26).

dur in symbolischer Weise, besonders sogar in der assyri-schen und hethitischen Kunst, trotzdem die Datteln in diesen Gegenden doch kaum noch reiften, dargestellt worden ist (s. Abb. 45 u. Taf.-Abb. 84f.). Sind die Palmen schon hoch gewachsen, so steigt der Gärtner mittels eines ausgepolsterten, um die Palme und den menschlichen Körper herumgelegten Stricks, der vom Altertum bis auf die Jetztzeit mit demselben Namen (*tubalû-tebelje*)[4] benannt ist, auf den Stümpfen der abgeschnittenen Blätter bis in die Krone empor, um dort die männlichen Rispen in die weib-lichen Blütenstände hineinzuhängen. Bald nach der Befruchtung setzen die Früchte an, und die ersten hellgelben, „*halbreifen Datteln*" (*tuxallu*) erscheinen, die schon vielfach von den Leuten zum Frühstück herabgeholt werden. Aber zur vollkommenen Reife gehört doch noch die Hitze der Monate Ab und Elul. Im Tischri werden dann die Fruchtstände mit den „*reifen Datteln*"

---

[1] CH. XVI, 61, 72; XVII, 8.   [2] I, 193.   [3] MVAG. XVIII, 2, 23, 63f.   [4] MVAG. XVIII, 2, 26, 59; BA. V, 102.

Bildstickerei auf dem Schleier der Rahel

Unter seinen Bildstickereien war eine gewesen, die ihm schon bei erster Besichtigung in Jaakobs Zelt, als das Brautgewand schimmernd zwischen des Vaters
Armen hing, auffallend gewesen war: Einen heiligen Baum hatte sie dargestellt, zu dessen Seiten zwei bärtige Engel einander gegenüberstanden und ihn
zur Befruchtung mit dem Zapfen der männlichen Blüte berührt hatten. Josephs
Arbeit nun war die jener Genien. Die Dattelpalme ist ein zweihäusiger Baum,
und die Bestäubung ihrer fruchtbaren Exemplare mit dem Samenstaube
derjenigen, die keine Blüten mit Griffel und Narbe, sondern nur solche mit
Staubgefäßen tragen, ist des Windes Sache. Doch hat diesem der Mensch
von jeher das Geschäft auch wohl abgenommen und künstliche Befruchtung
ausgeübt, nämlich so, daß er eigenhändig die abgeschnittenen Blütenstände
eines unfruchtbaren Baumes mit denen fruchtbarer in Berührung brachte
und sie besamte. Dies eben hatte man die Geister des Schleiers am heiligen
Baum vollziehen sehen, und ebendies bekam Joseph zu tun [...].

(IV, 881; vgl. IV, 298, 482)

Bruno Meissner, *Babylonien und Assyrien* (2 Bände), Bd. 1. Heidelberg: Winter 1920. Kulturgeschichtliche Bibliothek, Reihe I: Ethnologische Bibliothek, Bd. 3, S. 205, Abb. 45.
Mit Anstreichungen Thomas Manns. Aus Thomas Manns Nachlaßbibliothek.

Aufgehäufte Speisen und Blumen zwischen zwei Baumgöttinnen
Wandbild in einem Grabe zu Theben

In Potiphars Speisesaal

In ihrer Mitte stand eine umfängliche Anrichte, hochauf bedeckt, wie Amuns Opfertisch, mit Speisen, von denen die verbindenden Diener den unmittelbar aufwartenden zureichten und deren es viel zu viele waren, als daß sie von den vier Erhabenen auf der Estrade nur annähernd hätten verzehrt werden können: mit Röstgänsen, Bratenten und Rindskeulen, Gemüsen, Kuchen und Broten, mit Gurken, Melonen und syrischem Obst in üppiger Schaustellung. (V, 915)

Georg Steindorff, *Die Blütezeit des Pharaonenreichs*. Bielefeld und Leipzig: Velhagen & Klasing ²1926. Monographien zur Weltgeschichte, Nr. 10, S. 160, Abb. 151. Aus Thomas Manns Nachlaßbibliothek.

Relief vom Grab des Pa-aten-mheb. Der blinde Sänger
Kalkstein. Leiden. Höhe 35 cm. Ende der XVIII. Dynastie

Der alte Harfenspieler

In einem entfernten Winkel kauerte meistens ein alter Harfenspieler, der mit dürren Krummfingern sacht in die Saiten griff und undeutliche Murmellieder sprach. Er war blind, wie es sich für einen Sänger gehörte [...].   (V, 917)

Ludwig Curtius, *Die antike Kunst,* Bd. 1. Berlin: Akademische Verlagsgesellschaft Athenaion 1913. Handbuch der Kunstwissenschaft, S. 167, Abb. 126. Aus Thomas Manns Nachlaßbibliothek.
Auch abgebildet in: James Henry Breasted, *Geschichte Ägyptens.* Deutsch von Hermann Ranke. Große illustrierte Phaidon-Ausgabe. Wien: Phaidon-Verlag 1936, Abb. 227. Aus Thomas Manns Nachlaßbibliothek.

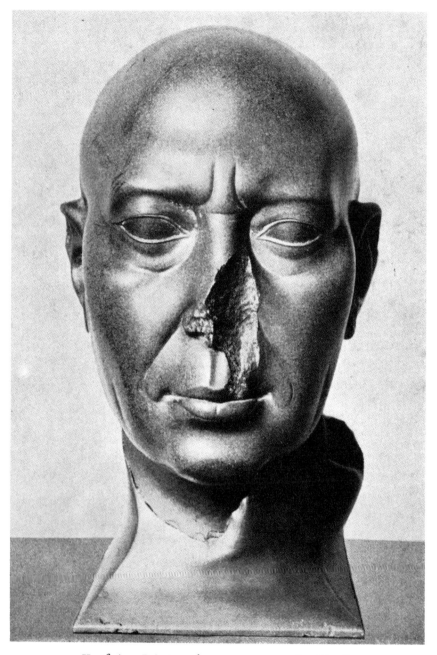

Kopf eines Priesters, der sogenannte «grüne Kopf»
Höhe 21 cm. Berlin, um 500 v. Chr.

Beknechons

Beknechons war hochgewachsen und trug sich außerdem noch sehr stolz und strack aus den Rippen emporgereckt, die Schultern zurückgenommen, das Kinn erhoben. Sein eiförmiger Kopf mit dem niemals bedeckten, glattrasierten Schädel war bedeutend und nach seinem Ausdruck gänzlich bestimmt durch ein tief und scharf eingeschnittenes Zeichen zwischen seinen Augen, das immer da war und an Strenge nichts einbüßte, wenn der Mann lächelte, was herablassenderweise und zum Lohn besonderer Unterwürfigkeit immerhin vorkam. Des Oberpriesters sorgfältig vom Bart gereinigtes, gemeißelt ebenmäßiges und unbewegtes Gesicht mit den hochsitzenden Wangenknochen und den wie das Augenzeichen sehr stark eingeschriebenen Furchen um Nüstern und Mund hatte eine Art, über Menschen und Dinge hinwegzublicken, die mehr als hochmütig war [...].   (V, 947)

Georg Steindorff, *Die Kunst der Ägypter*. Bauten, Plastik, Kunstgewerbe. Leipzig: Insel-Verlag 1928, Abb. S. 258. Aus Thomas Manns Nachlaßbibliothek.
Eine Kunstkarte der Steinplastik befindet sich auch unter dem Arbeitsmaterial zu *Joseph und seine Brüder*. Thomas-Mann-Archiv Zürich.

Hofdamen vom Palast von El Amarna auf der Ausfahrt

Hofdamen des Pharaos bei der Ausfahrt

Es war der großen Zeichen und göttlichen Merkmale übergenug, es war zuviel, daß das Volk nicht in Verzückung geraten und besinnungslos hätte schreien sollen: «Eset! Eset! Mut, Himmlische Mutterkuh! Gottesgebärerin! Die du den Palast mit Liebe füllst, süße Hathor, erbarme dich unser!» Auch zu den Königstöchtern schrie es, [...] und noch bei den Hofdamen tat es so, die auch zu Paaren fuhren, den Ehrenwedel im Arm [...].   (V, 976)

Adolf Erman, *Ägypten und ägyptisches Leben im Altertum*. Neu bearbeitet von Hermann Ranke. Tübingen: Mohr 1923, S. 571, Abb. 240. Aus Thomas Manns Nachlaßbibliothek.

Vorbereitung zum Fest

Aus dem Grab (Nr. 38) des Djeserkareseneb, Kornzählers der königlichen Verwaltung
unter Thutmosis IV. in Theben

Mut bei der Toilette

Das Ritual des Toilettentisches etwa bleibt gleich anspruchsvoll, ob es nun darauf abzielt, eines Gatten Begehren lebendig zu erhalten, oder ob es als Zweck seiner selbst, rein um der sozialen Pflicht willen geübt wird. Mut, wie jede ihrer Standesgenossinnen, widmete ihm täglich ganze Stundenfolgen. Bei seinem Vollzuge: der peinlich entwickelten Pflege ihrer emaillehaft schimmernden Finger- und Fußnägel; [...] dem Dienst ihrer Haare, der eigenen sowohl, die ein halbkurzes Gedränge glanzschwarzer und gern mit Blau- oder Goldpuder bestäubter Locken waren, sowie der verschieden gefärbten, in Zöpfen, Flechten, Tressen und befransten Perlengehängen gestalteten Perücken – hierbei wie bei der zartfingrigen Verpassung der blütenhaften Gewänder mit ihren gestickten und leierförmig gebügelten Hüftschärpenbändern und kleinlich gefältelten Schulterüberfällen, der Auswahl des auf Knien dargebotenen Schmuckes für Haupt, Brust und Arme: bei alledem hatten die nackten Mohrenmädchen, Friseur-Eunuchen und Schneiderzofen nichts zu lachen, und auch Mut lachte niemals dabei [...].   (V, 1014)

Kurt Lange und Max Hirmer, *Ägypten*. München: Hirmer ⁴1967, Farbtafel 25. Nicht in Thomas Manns Nachlaßbibliothek.

Musikantinnen
Wandmalerei in einem Grabe zu Theben

Damengesellschaft
Wandbild in einem Grabe zu Theben

Damengesellschaft bei Mut

Ein reizendes Orchester von Harfenistinnen, Lautespielerinnen und Bläserinnen der Doppelflöte in weiten Hauchgehängen von Kleidern, durch welche man die gewirkten Gürtel ihrer Lenden sah, musizierten im Brunnenhof, wo die große Mehrzahl der Damen in zwanglosen Gruppen, teils zwischen den hochbeladenen Anrichten auf Stühlen und Hockern sitzend, teils auf bunten Matten kniend, sich niedergelassen hatte. [...]
Muts Freundinnen waren hold und kunstreich zu sehen: Duftfett schmolz salbend von ihren Scheiteln in ihr breit gelöstes, zu Fransen gedrehtes Haar, durch welches die goldenen Scheiben ihres Ohrschmucks schnitten, von lieblicher Bräune waren ihre Glieder, ihre glänzenden Augen reichten bis zu den Schläfen, ihre Näschen deuteten auf nichts als Hoch- und Übermut, und die Fayence- und Steinmuster ihrer Krägen und Armringe, die Gespinste, die ihre süßen Brüste umspannten, aus Sonnengold, wie es schien, oder Mondschein gewoben, waren von letzter Kultur. Sie rochen an Lotusblüten, reichten einander Näschereien zum Kosten und plauderten mit zwitschernd hohen und tiefer-raueren Stimmen, wie sie ebenfalls weiblich vorkommen in diesen Breiten, – [...].   (V, 1213 f.)

Georg Steindorff, *Die Blütezeit des Pharaonenreichs*. Bielefeld und Leipzig: Velhagen & Klasing ²1926. Monographien zur Weltgeschichte, Nr. 10, Abb. 17 und 43 (Farbtafeln). Aus Thomas Manns Nachlaßbibliothek.
Zwei Kunstkarten mit den erwähnten Abbildungen befinden sich unter dem Arbeitsmaterial zu *Joseph und seine Brüder*. Thomas-Mann-Archiv Zürich.

Ramses III. wird von seinen Söhnen auf einer Sänfte mit Baldachin zum Gottesdienst in den Tempel getragen; vor ihm wird geräuchert.

Pharao in der Sänfte

Pharao zog aus bekrönt und in Handschuhen am hohen Kalendertage, trat glänzend wie die aufgehende Sonne hervor aus seinem Palast und begab sich auf
hochschwebendem Tragsessel mit Baldachin, unter Straußenwedeln, gehüllt in
schwer duftende Weihrauchwolken, die voranschreitende Räucherer, umge-
wandt gegen den guten Gott, ihm zuschweben ließen, in das Haus seines Vaters,
um dessen Schönheit zu schauen.   (V, 1242 f.)

Aylward Manley Blackman, *Das hundert-torige Theben*. Übersetzt von Günther Roeder.
Leipzig: Hinrichs 1926, S. 147, Abb. 39. Aus Thomas Manns Nachlaßbibliothek.

Tempelrelief:
Priester tragen die Barke mit dem Schrein, in dem das Götterbild steht.

Die Barke des Amun-Rê

Denn auch der Gott kam ja heute hervor, verließ die heiligste Dunkelkammer im letzten Hintergrund seines riesigen Grabes, hinter allen Vorhöfen, Höfen und immer stiller und niedriger werdenden Hallen und zog, ein eigentümlich unförmiges Hockepüppchen, durch sie alle, durch immer höhere und farbenvollere Räume, auf seiner widderkopfgeschmückten Barke, heilig versteckt in seiner verschleierten Kapelle, getragen auf langen Schulterstangen von vierundzwanzig Blankschädeln in gestärkten Überschürzen, befächert und beräuchert auch er, dem Sohn ins Lichte und Laute entgegen.   (V, 1243)

Aylward Manley Blackman, *Das hundert-torige Theben.* Übersetzt von Günther Roeder. Leipzig: Hinrichs 1926, S. 72, Tafel 17. Aus Thomas Manns Nachlaßbibliothek.

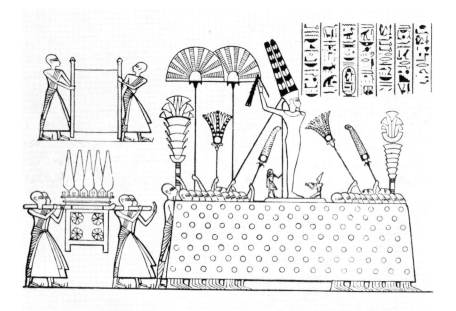

Bilder aus dem Fest Ramses' III. für den Erntegott Min: Oben wird ein Bildnis des Gottes von Priestern auf den Schultern umhergetragen, unten werden vier Vögel nach den vier Himmelsrichtungen ausgeschickt.

Das «Gänsefliegen» zu Wêse

Es war höchst vordringlich, das «Gänsefliegen» zu beobachten [...]. [...] Bild-
säulen von Pharao's Vorfahren, der Könige von Ober- und Unterägypten, her-
beigetragen von der in vier Wachen geteilten Schiffsmannschaft der Sonnen-
barke, waren hier aufgerichtet. Auf goldenen Sockeln über das Volk erhöht, die
Gesichter nach Ost, West, Mittag und Mitternacht auseinandergewandt, ließen
Priester die Wildvögel in die vier Himmelsgegenden fliegen, damit sie den Göttern einer jeden die Nachricht brächten, daß Hor, des Usir und der Eset Sohn,
sich die weiße sowohl wie die rote Krone aufs Haupt gesetzt habe. (V, 1243 f.)

Aylward Manley Blackman, *Das hundert-torige Theben*. Übersetzt von Günther Roeder.
Leipzig: Hinrichs 1926, Tafel 36. Aus Thomas Manns Nachlaßbibliothek.

Josephi castitas et Fuga. Gen. 39. v. 11. 12.   Josephs Keuschheit und Flucht. 1. B. Mos. 39. b. 11. 12.

No 43. l.

Albrecht Schmidt excud. A. V.

Joseph flieht vor Potiphars Weib

Aus einer Lage, die man nur als weit vorgeschritten bezeichnen kann, und die
der Niederlage sehr nahe gewesen, riß er sich los – zum unerträglichen Kum-
mer des Weibes, wie man um gerecht verteilten Mitgefühls willen hinzufügen
muß –, und es war nur ein Glück, daß seine körperliche Behendigkeit seiner
Redegewandtheit gleichkam, denn so vermochte er sich eins, zwei, drei aus
seiner Jacke (dem «Mantel», dem «Obergewande») zu winden, an der man ihn
in verzweifelter Liebesnot festhalten wollte, und, wenn auch in wenig meier-
licher Verfassung, das Weite, die Halle, den Gästesaal, die Vordiele dann, zu
gewinnen.   (V, 1260)

Bildvorlage aus dem Arbeitsmaterial zu *Joseph und seine Brüder*. Thomas-Mann-Archiv
Zürich.

Leichenzug und Zeremonien am Grabe

Das Öffnen des Mundes (Totenzeremonie)

[Zu S. 284/85:] Leichenzug und Zeremonien am Grabe. Die beiden oberen Reihen aus dem Grabe des Neferhotep in Theben, Ende XVIII. Dynastie. Die unterste Reihe aus dem Grabe eines Gütervorstehers, Anfang XIX. Dynastie. (Der Priester mit dem Buch ist der Vorlesepriester; der Kahlköpfige mit dem Leopardenfell ist der Sem; der Priester, der die Mumie hält, ist als Anubis verkleidet. Das Grab liegt am Bergabhang, vor ihm steht der Grabstein.)

Zeremonien am Grabe Amenhoteps III.

Nun kam er ohnedies in die Lade, in eine wundervolle, versteht sich, mit Nägeln aus reinem Gold beschlagene, und kam hinein, gesalzen und asphaltiert [...]. Siebzig Tage währte die Zubereitung, bis der Osiris fertig war und auf einem goldenen, von Rindern gezogenen Schlitten, auf welchem das Ruderboot stand, das seinerseits den löwenfüßigen, von einem Baldachin überdachten Schragen trug, unter Vorantritt von Räucherern und Wasserspendern und begleitet von einem dem Anschein nach völlig gebrochenen Gefolge zu seiner zimmerreichen und mit allen Bequemlichkeiten ausgestatteten Ewigen Wohnung im Berge gebracht werden konnte, vor deren Tür ihm ein Gottesdienst gewidmet, nämlich die «Öffnung des Mundes» mit dem Fuße des Horuskalbes an ihm vollzogen wurde.   (V, 1362)

Zeremonie der Mundöffnung

Der Aufenthalt nachher vor dem kleinen Felsengrabe, das der Gewölbebesitzer, nun Usir, sich erspart hatte und vor dessen bescheidenem Portal ein Priester in der Hundsmaske Anups die Mumie aufrecht hielt, während ein anderer mit dem mystischen Kalbsfuß die Zeremonie der Mundöffnung an ihr vornahm und die kleine Gruppe der Leidtragenden, die Hände auf den mit Asche bestreuten Köpfen, dem Zauberakt zusah, war wegen des gesteinskalten Zuges und Höhlenhauches, der dort ging, auch nicht besonders zuträglich.   (V, 988)

Adolf Erman, *Ägypten und ägyptisches Leben im Altertum*. Neu bearbeitet von Hermann Ranke. Tübingen: Mohr 1923, S. 360f., Abb. 163. Aus Thomas Manns Nachlaßbibliothek.

Alfred Wiedemann, *Das alte Ägypten*. Heidelberg: Winter 1920. Kulturgeschichtliche Bibliothek, Reihe I: Ethnologische Bibliothek, Bd. 2, S. 369, Abb. 72. Aus Thomas Manns Nachlaßbibliothek.

Thutmosis IV. im Kampf gegen Asiaten
(Stuckrelief vom Kriegswagen des Königs in Kairo)

Thutmosis IV. auf dem Streitwagen

[...] er weigerte sich, an den Tempelwänden und Torwegen abgebildet zu werden, wie er vom hohen Streitwagen mit Pfeilen in erschreckte Feinde schoß, oder wie er ein Rudel von solchen mit einer Hand an ihren Schöpfen hielt und mit der anderen die zerschmetternde Keule über ihnen schwang.   (V, 1380)

Adolf Erman, *Ägypten und ägyptisches Leben im Altertum*. Neu bearbeitet von Hermann Ranke. Tübingen: Mohr 1923, S. 489, Abb. 195. Mit Randbemerkung Thomas Manns. Aus Thomas Manns Nachlaßbibliothek.

Gruppen aus dem «Prozessionsfresko»
(Nach der zeichnerischen Ergänzung von E. Gilliéron, Fils)

Wandbilder in Pharaos Gartensaal

Fremde Leute und Sitten waren dort anschaulich gemacht, offenbar solche der
Inseln des Meeres. Frauen in bunten und starren Prunkröcken saßen und wan-
delten, den Busen entblößt im enganliegenden Mieder, und ihre Haare, über
dem Stirnband gekräuselt, fielen in langen Flechten auf ihre Schultern. Pagen
in nie gesehener Ziertracht, Spitzkrüge in Händen, warteten ihnen auf.

(V, 1411)

Arthur Evans, *The palace of Minos at Knossos,* Bd. 2, Teil 2. London: MacMillan 1928,
S. 723, Abb. 450. Nicht in Thomas Manns Nachlaßbibliothek.

Bemaltes Stuckrelief eines «Priesterkönigs» (Restauriert)

Wandbild in Pharaos Gartensaal

Ein Prinzchen mit Wespentaille und zweifarbigem Beinkleid, in Lammfell-
stiefeln, auf dem Lockenkopf einen Kronenputz mit bunt wallenden Federn,
zog in Selbstgefälligkeit zwischen abenteuerlich blühenden Gräsern dahin und
schoß mit Pfeilen nach flüchtigen Jagdtieren [...].   (V, 1411)

Arthur Evans, *The palace of Minos at Knossos,* Bd. 2, Teil 2. London: MacMillan 1928,
Frontispiz. Nicht in Thomas Manns Nachlaßbibliothek.

Bildniskopf der Königin Teje
Museum in Berlin

Teje

Amenhotep-Nebmarê's Witwe thronte ihm gerade gegenüber auf hohem Stuhl mit hohem Schemel, gegen das Licht, vor dem mittleren der tiefreichenden Bogenfenster, so daß ihr ohnedies bronzefarben gegen das Gewand abstechender Teint durch die Verschattung noch dunkler schien. Dennoch erkannte Joseph ihre eigentümlichen Züge wieder, wie er sie vordem bei königlichen Ausfahrten das eine und andere Mal erblickt: das fein gebogene Näschen, die aufgeworfenen, von Furchen bitterer Weltkunde eingefaßten Lippen, die gewölbten, mit dem Pinsel nachgezogenen Brauen über den kleinen, schwarzglänzenden, mit kühler Aufmerksamkeit blickenden Augen. Die Mutter trug nicht die goldene Geierhaube, in der Jaakobs Sohn sie im Öffentlichen gesehen. Ihr gewiß schon ergrautes Haar – denn sie mußte ihres Alters gegen Ende Fünfzig sein – war in ein silbriges Beuteltuch gehüllt, das den goldenen Streifen einer Stirn- und Schläfenspange frei ließ, und von dessen Scheitel zwei ebenfalls goldene Königsschlangen – gleich zwei, als hätte sie auch die ihres in den Gott eingegangenen Gemahles übernommen – sich herabringelten und sich vor der Stirn aufbäumten. Runde Scheiben aus dem gleichen bunten Edelstein, aus dem auch ihr Halskragen gefertigt war, schmückten ihre Ohren. Die kleine, energische Gestalt saß sehr gerade, sehr aufgerichtet und wohlgeordnet, sozusagen im alten, hieratischen Stil, die Oberarme auf den Lehnen des Sessels, die Füßchen auf dem Hochschemel geschlossen nebeneinander gestellt. Ihre klugen Augen begegneten denen des verehrend Eintretenden, wandten sich aber, nachdem sie flüchtig an dessen Gestalt heruntergeglitten waren, in begreiflicher und selbst gebotener Gleichgültigkeit gleich wieder ihrem Sohne zu, wobei die lebensbitteren Falten um ihren vortretenden Mund sich zu einem spöttischen Lächeln formten [...].   (V, 1412 f.; vgl. V, 1442)

Georg Steindorff, *Die Blütezeit des Pharaonenreichs*. Bielefeld und Leipzig: Velhagen & Klasing ²1926. Monographien zur Weltgeschichte, Nr. 10, S. 47, Abb. 42. Aus Thomas Manns Nachlaßbibliothek.

Heinrich Schäfer, *Amarna in Religion und Kunst*. Leipzig: Hinrichs 1931. Sendschrift der Deutschen Orient-Gesellschaft, Nr. 7, Tafel 10. Aus Thomas Manns Nachlaßbibliothek.

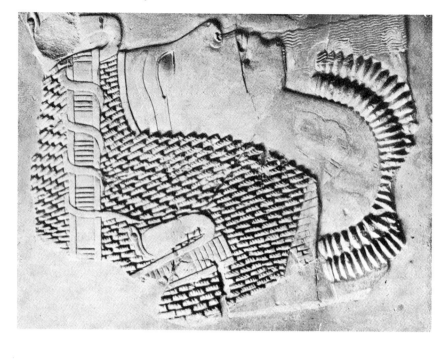

Reliefkopf des Königs Amenophis des III im Stile seiner Zeit.

Kalkstein. H. vom Kinn bis zum Haaransatz rd. 13 cm. Berlin 14 503.

Der König trägt eine runde Perücke über einer Leinenkappe, deren glatter Rand sichtbar ist. Um den Stirnreif ringelt sich der Leib der Königsschlange. Das Untergesicht hat der Künstler nachträglich etwas zurückgenommen. Die dadurch notwendig gewordene Änderung an dem großen, zur Amtstracht des Königs gehörigen künstlichen Barte ist nicht klar durchgeführt, durfte man doch bei der ganzen Verbesserung auf die jetzt fehlende Bemalung rechnen. — Der Künstler gehört zu den großen Meistern der formenschönen Kunst seiner Zeit; sie faßt das Bildnis in straffere Linien als die Amarnakunst, vgl. Tafel 7 und 8.

Aus dem Grabe des Chaēmhet in Theben.

Pharao

Nefer-cheperu-Rê-Amenhotep war damals so alt, wie Joseph, der nun als ein Dreißigjähriger vor ihm stand, gewesen war, als er «ein Hirte des Viehs ward mit seinen Brüdern» und den Vater ums bunte Kleid beschwatzte, nämlich siebzehn. Doch schien er älter, nicht nur, weil in seiner Zone die Menschen rascher reifen, auch nicht allein durch die Anfälligkeit seiner Gesundheit, sondern auch kraft seiner frühen Verpflichtung auf das Weltganze, vielfältiger Eindrücke, die, aus allen Himmelsgegenden kommend, seine Seele bestürmt hatten, und seiner eifrig-schwärmerischen Bemühtheit um das Göttliche. Bei der Beschreibung seines Gesichts unter der runden blauen Perücke mit Königsschlange, die er heute über der Leinenkappe trug, dürfen die Jahrtausende uns nicht von dem zutreffenden Gleichnis abschrecken, daß es aussah wie das eines jungen, vornehmen Engländers von etwas ausgeblühtem Geschlecht: langgezogen, hochmütig und müde, mit nach unten ausgebildetem, also keineswegs mangelndem und dennoch schwachem Kinn, einer Nase, deren schmaler, etwas eingedrückter Sattel die breiten, witternden Nüstern desto auffallender machte, und tief träumerisch verhängten Augen, von denen er die Lider nie ganz aufzuheben vermochte, und deren Mattigkeit in bestürzendem Gegensatz stand zu der nicht etwa aufgeschminkten, sondern von Natur krankhaft blühenden Röte der sehr vollen Lippen. So war eine Mischung schmerzlich verwickelter Geistigkeit und Sinnlichkeit in diesem Gesicht – auf der Stufe des Knabenhaften und vermutlich sogar des zu Übermut und Ausgelassenheit Geneigten. Hübsch und schön war es mitnichten, aber von beunruhigender Anziehungskraft; man wunderte sich nicht, daß Ägyptens Volk ihm Zärtlichkeit erwies und ihm blumige Namen gab.

Auch nicht schön, sondern eher seltsam und teilweise etwas aus der Form gegangen war auch Pharao's die Mittelgröße kaum erreichende Körpergestalt, wie sie da, in der leichten, wenn auch auserlesen kostbaren Kleidung sehr deutlich erkennbar, in einer Lässigkeit, die nicht Unmanier, sondern einen oppositionellen Lebensstil bedeutete, in den Kissen hing: der lange Hals, die von einem wundervollen Stein-Blütenkragen halb bedeckte schmale und weiche Brust, die dünnen, von getriebenen Goldreifen eingefaßten Arme, der von jeher etwas vortretende Bauch, freigegeben von dem vorn tief unter dem Nabel ansetzenden, hinten aber hoch den Rücken hinaufreichenden Schurz, dessen prachtvoller Vorderbehang mit Uräen und Bandfransen geschmückt war. Dazu waren die Beine nicht nur zu kurz, sondern auch sonst noch ohne Verhältnis, da die Oberschenkel entschieden zu voll, die unteren aber fast hühnerartig mager erschienen. Amenhotep hielt einen Bildhauer an, diese

Maske Echnatôns.

Stuck. H. rd. 30 cm. Berlin 21 348.

Abguß nach einem Kunstwerke. Das geistig be=
deutendste aller bekannten Bildnisse des Königs. Kein
anderes spiegelt so das Wesen eines religiösen Menschen
seiner Art wider, eines Schauenden, dem mehr das
Sinnen als das stetige Handeln eignet. An den Gesichts=
formen ist nichts übertrieben, nichts abgeschwächt, aber
sie sind von einer inneren Größe erfüllt, die alle
äußere Häßlichkeit aufhebt.

Aus der Werkstatt des Thutmosis.

Holzfigürchen Echnatôns.

H. rd. 25 cm. Berlin 21 836.

Auf einer schwarzen Standplatte mit Elfenbein=
kanten schreitet der König über gelb umrissene Bilder
gefesselter Feinde, Neger, Asiaten und Libyer, hin
(vgl. S. 60). Er trägt die, besonders aufgesetzte, blaue
Krone und legt die Rechte, die einst Krummstab und
Geißel (vgl. Taf. 3) hielt, auf die Brust. Die Linke
hängt leer herab, nach neuerer Sitte ihre Fläche rück=
wärts, nicht zum Körper kehrend. Die zierliche Figur
ist vollständig bemalt und vergoldet. Die blaue Krone
ist gelb betupft, der Körper gelblich rotbraun, der
Blütenkragen bunt bemalt. Die Lippen sind rot, die
Augen schwarz und weiß. Ganz überraschend ist der
Schnurrbart und ein aus schwarzen Punkten bestehender
Backenbart. Vergoldet sind das Stirnband, die Arm=
reife, die Sandalen, der nach der Sitte der Zeit vorn
tief ansetzende und kurze, hinten auf die Waden
reichende Schurz (vgl. Taf. 12), dessen Fältelung
und mit Königsschlangen und Bändern geschmückter
Vorderbehang modelliert sind.

Eigentümlichkeit nicht nur nicht zu beschönigen, sondern sie, um der teueren Wahrheit willen, sogar noch zu übertreiben. Sehr schön und nobel gebildet dagegen waren Hände und Füße, besonders die langfingrigen und elegant-empfindsamen Hände mit Resten von Salböl in den Nagelbetten. Daß die beherrschende Leidenschaft dieses verwöhnten, die Köstlichkeit seiner Geburt offenbar mit Selbstverständlichkeit hinnehmenden Knaben die Erkenntnis des Höchsten sein sollte, war sonderbar zu denken, und Abrahams schauend beiseite stehender Enkel wunderte sich, in wie unterschiedlicher Menschlichkeit, ganz fern und fremd die eine der anderen, die Gottessorge doch auf Erden erscheine.   (V, 1414f.)

Heinrich Schäfer, *Amarna in Religion und Kunst*. Leipzig: Hinrichs 1931. Sendschrift der Deutschen Orient-Gesellschaft, Nr. 7, Tafeln 1, 13, 14 und 19. Mit Randbemerkungen und Anstreichungen Thomas Manns. Aus Thomas Manns Nachlaßbibliothek.

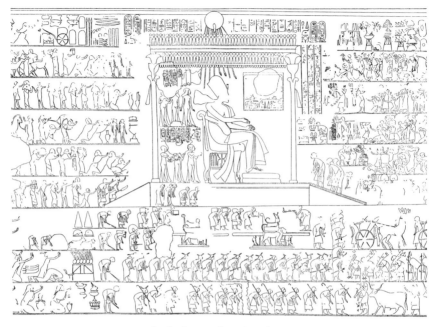

Gesandtschaftsempfang in El Amarna.
Rechts Nubier, links Asiaten, Libyer und Ägypter

Das Tributfest

Wie meine Majestät beim großen Tributfest in dem schönen Kiosk der Erscheinung sitzt neben der Süßen Gemahlin, und die Boten der Völker, Mohren, Libyer und Asiaten führen in unaufhörlichem Zuge die Abgaben der Welt, Gold in Barren und Ringen, Elfenbein, Silber in Vasenform, Straußenfedern, Rinder, Byssus, Geparden und Elefanten an mir vorüber, – also auch sitzt der Herr der Kronen nur da in der Schönheit seines Palastes inmitten der Welt und empfängt in gebührender Bequemlichkeit den Gedankentribut der bewohnten Erde.   (V, 1423 f.)

Adolf Erman, *Ägypten und ägyptisches Leben im Altertum*. Neu bearbeitet von Hermann Ranke. Tübingen: Mohr 1923, S. 614, Abb. 259. Aus Thomas Manns Nachlaßbibliothek.

schreckliche Dämonen sind seine Beamten, die seine Tore hüten oder als Richter in seinem großen Gerichtssaale sitzen. In dieser *Halle der beiden Rechtsgöttinnen* hocken zu seiten des Totenkönigs 42 seltsame Dämonengestalten, schlangen-, falken-, geier-, widderköpfig, jede ein Messer in der Hand. Und vor diese, vor *Blutfresser, Weitschritt, Schattenfresser, Wendekopf, Flammenauge, Knochenbrecher, Flammenatem, Feuerbein, Weißzahn* und wie sie alle heißen [1]), muß der Tote hintreten und seine Unschuld bekennen. Wenn er versichern kann, daß er weder gestohlen noch die Ehe gebrochen noch den König geschmäht noch irgendeine andere der

Abb. 157.   Osiris als Totenrichter, 18. Dynastie.

42 Sünden begangen hat, und wenn die große Wage, auf der sein Herz abgewogen wird (vgl. Abb. 157), bewiesen hat, daß er sündlos ist, dann schreibt Thoth, der Schreiber der Götter, das freisprechende Urteil des Gerichtes auf [2]). Darauf nimmt Horus den Toten bei der Hand und führt den neuen Untertan zu seinem Vater Osiris, ganz wie auf Erden ein irdischer

Amenhoteps Schilderung des Totengerichts

«Wie soll es denn daran wohl hängen, daß die Seele, die nach dem Richterstuhl wandert, sieben mal sieben Gefilde des Schreckens durchschreiten muß, von Dämonen belagert, die sie auf Schritt und Tritt nach dreihundertsechzig schwer zu behaltenden Zaubersprüchen verhören, – all diese muß die arme Seele am Schnürchen haben und aufsagen können einen jeden am rechten Ort, sonst kommt sie nicht durch und wird schon vorher gefressen, bevor sie zum Stuhle gelangt, wo sie aber auch alle Aussicht hat, gefressen zu werden, wenn nämlich ihr Herz zu leicht befunden wird auf der Waage, und wird diesesfalls dem Ungetüm überliefert, dem Hund von Amente. [...]»   (V, 1449)

Adolf Erman, *Ägypten und ägyptisches Leben im Altertum*. Neu bearbeitet von Hermann Ranke. Tübingen: Mohr 1923, S. 348 mit Abb. 157. Mit Unterstreichungen Thomas Manns. Aus Thomas Manns Nachlaßbibliothek.

Vgl. auch Kunstkarte aus dem Arbeitsmaterial zu *Joseph und seine Brüder* (hier nicht abgebildet). Thomas-Mann-Archiv Zürich.

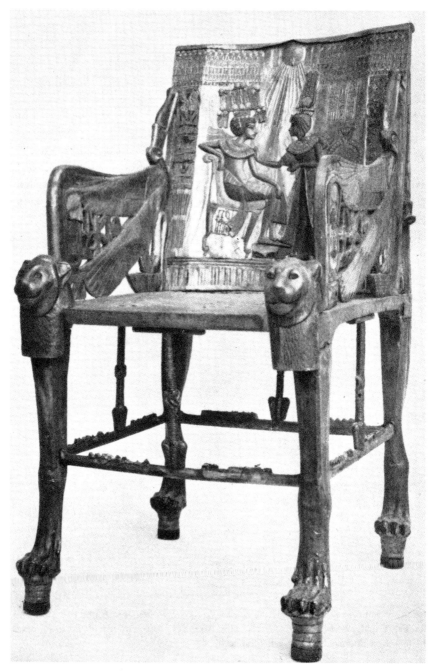

Thronsessel des Tutanchamun. Aus dem Königsgrabe in Theben
Museum in Kairo

Echnatons gelöste Stellung

Er lehnte an seinem Stuhl in einer seiner übermäßig gelösten Stellungen, die tendenziös gegen den alten Stil und Amuns Strenge gerichtet waren: den Ellbogen auf die Rücklehne gestützt, die andere Hand in der vom Standbein herausgetriebenen Hüfte, die Fußspitze des Spielbeins aufgestellt, und hing seinen eigenen Worten nach. (V, 1455)

Georg Steindorff, *Die Blütezeit des Pharaonenreichs.* Bielefeld und Leipzig: Velhagen & Klasing ²1926. Monographien zur Weltgeschichte, Nr. 10, S. 201, Abb. 186. Aus Thomas Manns Nachlaßbibliothek.

Standbildchen der Königin.

Kalkstein. H. rd. 40 cm. Berlin 21 263.

Die Königin ist nicht unbekleidet, sondern trägt das
dünne Gewand, das die Körperformen durchscheinen
läßt (vgl. Taf. 33). Im plastischen Werke sind sie ganz
herausgeholt. Das Kleid blieb nur durch den Schulterüberwurf und die weiße Bemalung angedeutet, mit
der es sich von der gelben Hautfarbe abheben sollte.
Die Bemalung ist noch nicht aufgetragen. Nur die
Stirnbinde ist gelb, die Lippen sind rot, die Augen,
Kragenränder und einige sonstige feine Linien schwarz.
Die Arme hängen gleichmäßig herab; die Hände hat
der Künstler unbedenklich durch Füllpolster gesichert.
Er hat auch der Figur einen Rückenpfeiler gegeben,
der so gestaltet ist, daß sie nur durch die notwendige
Füllung mit einer schmalen Wand verbunden scheint.
Das Standbild war schon im Altertum zerbrochen
und geflickt. — Es ist eine reife Frau dargestellt, in
Formen, wie sie auch die deutsche Kunst der Re-
naissance liebte. Das anziehende und schöne, schlichte
Menschlichkeit groß auffassende Werk ist nicht bezeichnet, wird aber ein Bild Nofretétes sein, wenn
auch anders empfunden als in der Büste von Taf. 20.

Aus der Werkstatt des Thutmosis.

Nofretete

[...] und zwischen ihnen schwebte mit bläßlichem Lächeln und vorsichtigen Trittchen, die Lider gesenkt, den langen Hals in ängstlicher Lieblichkeit vorgeschoben, die Sonnenfrucht tragende Königin der Länder herein. Sie sagte nichts während ihres kurzen Auftritts. Das Haar von einer blauen Kappe bedeckt, die ihren Hinterkopf rundlich verlängerte und neben der ihre großen, dünnen und feingedrechselten Ohren standen, in dem ätherischen Plissee ihres Gewandflusses, der Nabel und Schenkel durchscheinen ließ [...].   (V, 1459)

Heinrich Schäfer, *Amarna in Religion und Kunst*. Leipzig: Hinrichs 1931. Sendschrift der Deutschen Orient-Gesellschaft, Nr. 7, Tafel 21. Aus Thomas Manns Nachlaßbibliothek.

Relief aus dem Grab des Ay.
Ay und seine Frau empfangen von Amenophis IV. Auszeichnungen
Kalkstein. Höhe 2,25 m. XVIII. Dynastie

Das Fest der Vergoldung

Nach dieser sehr schönen Ausfahrt kehrte man, von Barken über den Fluß
gesetzt, ans westliche Ufer und zum Palast zurück, wo denn nun also das
immer wundervolle und auch diesmal für Auge und Herz unwiderstehliche
Fest der Vergoldung seinen Verlauf nahm. Es trug sich folgendermaßen zu:
Pharao und die den Palast mit Liebe füllte, Nefernefruatôn, die Königin, zeigten sich an dem sogenannten «Erscheinungsfenster», – das eigentlich kein Fenster war, sondern eine Art von Balkon, ein auf den inneren Schloßhof blicken-
der und der großen Empfangshalle vorgelagerter, besonders reich aus Blaustein
und Malachit gebildeter und mit bronzenen Uräen geschmückter Säulen-Altan,
der noch einen Vorbau von reizenden bewimpelten Lotospfeilern hatte und
dessen Brüstung mit bunten Kissen belegt war. Auf diese stützten sich die
Majestäten, indem sie Geldgeschenke von allerlei Gestalt, die ihnen von Schatz-
kammer-Beamten zugereicht wurden, auf den unter der Empore stehenden
Empfänger, der also nun Jaakobs Sohn war, hinunterwarfen. Mit ihrem Drum
und Dran war es eine Szene, die jedem, der ihr einmal beigewohnt, unver-
geßlich blieb. Alles schwamm in Farben und Pracht, in freigebigster Gnade
und frommem Entzücken. Die durchbrochene Herrlichkeit der Architektur;
die unterm sonnigen Himmel im leichten Winde flatternden Wimpel der an-
mutigen vergoldeten und bunt bemalten Holzpfeiler; die blauen und roten
Wedel und Fächer des den Hof füllenden Gesindes vom Stande, das in seinen
gebauschten Luxusschürzen dienerte, grüßte, frohlockte, anbetete; Tamburin
schlagende Frauen; Knaben in der Kinderlocke, die eigens angestellt waren,
unausgesetzt Freudensprünge zu vollführen; die Schar der Schreiber, die in
gewohnter Zärtlichkeitshaltung mit der Binse alles aufzeichnete, was geschah;
der Durchblick durch drei offene Tore in den Außenhof voller Gespanne,
deren tänzelnde Pferde hoch-bunten Federputz auf dem Kopfe trugen, und
hinter denen die Lenker, dem Akte drinnen zugewandt, ebenfalls aus ver-
ehrender Beugung die Arme hoben; dreinblickend auf dies alles von außen
die roten und gelben Berge von Theben mit dem Dunkelblau und Violett ihrer
Felsenschatten; und auf der Prunk-Estrade denn also das zarte und lächelnd in
matter Distinktion blickende göttliche Paar im Schmuck ihrer hohen, mit
Nackenschutz-Tüchern versehenen Mützenkronen, das ohne Unterlaß und mit
sichtlichem Vergnügen, recht aus dem vollen schöpfend, einen Regen und
Segen von Kostbarkeiten auf den Begünstigten niedergehen ließ: Ketten aus
aufgereihten Goldperlen, Gold in Löwengestalt, goldene Armringe, goldene
Dolche, Stirnbänder, Halskrägen, Zepter, Vasen und Beile aus gediegenem
Gold, – was alles der Beschenkte allein natürlich nicht auffangen konnte, so

daß ihm ein paar Auffange-Sklaven beigegeben waren, die einen ganzen Hort von im Sonnenstrahl blitzendem Golde unter den Wunderrufen der Menge am Boden vor ihm aufhäuften: – es war in der Tat das Hübscheste, was man sehen konnte, und wenn nicht das unerbittliche Gesetz der Aussparung wäre, so würden wir das Gesehene noch viel genauer beschreiben.　　　(V, 1486f.)

Ludwig Curtius, *Die antike Kunst,* Bd. 1. Berlin: Akademische Verlagsgesellschaft Athenaion 1913. Handbuch der Kunstwissenschaft, S. 160, Abb. 123. Aus Thomas Manns Nachlaßbibliothek.
Auch abgebildet in: Adolf Erman, *Ägypten und ägyptisches Leben im Altertum.* Neu bearbeitet von Hermann Ranke. Tübingen: Mohr 1923, S. 135, Abb. 41. Aus Thomas Manns Nachlaßbibliothek.

Statuette der Imeret-Nebes
Holz. XII. Dynastie, um 1800 v. Chr. Leiden, Rijksmuseum van Oudheden

Asnath

Bei all dieser Wehr und äußerlich betonten Stech-Bereitschaft nun aber war Asnath ein sowohl liebreizendes wie höchst gutartiges, sanftes und fügsames, in den Willen ihrer vornehmen Eltern, in den Pharao's und dann in den ihres Gatten bis zur eigenen Willenlosigkeit ergebenes Kind, und gerade die Vereinigung heilig-spröder Versiegeltheit mit einer ausgesprochenen Neigung zum Mit-sich-geschehen-Lassen und zum duldenden Hinnehmen ihres weiblichen Loses war das Kennzeichen für Asnaths Charakter. Ihr Gesicht war von typisch-ägyptischer Bildung, feinknochig, mit etwas vorgebautem Unterkiefer, entbehrte aber nicht eines persönlichen Gepräges. Noch waren die Wangen kindlich voll, voll auch die Lippen mit einer weichen Vertiefung darunter zwischen Mund und Kinn, die Stirne rein, das Näschen allenfalls etwas zu fleischig, der Blick der großen, schön ummalten Augen von einem eigentümlich starren, lauschenden Ausdruck, ein wenig wie bei Tauben, ohne daß sie im entferntesten taub gewesen wäre: es malte sich in diesen Blicken nur innere Gewärtigkeit, das Horchen auf einen vielleicht bald erschallenden Befehl, eine dunkelaufmerksame Bereitschaft, den Ruf des Schicksals zu vernehmen. Das beim Sprechen immer sich zeigende Grübchen in einer Wange stand in entschuldigendem Gegensatz dazu, – und das Ganze war einmalig-lieblich.

Lieblich und gewissermaßen einmalig war auch ihr Körperbau, der durch die gesponnene Luft ihrer Kleidung schien, ausgezeichnet durch eine von Natur ausnehmend schmal und wespenartig eingezogene Taillengegend mit entsprechend ausladendem Becken und langer Bauchpartie darunter, einem gebärtüchtigen Schoß. Ein starrender Busen und Arme von schlankem Ebenmaß mit großen Händen, die sie gern völlig ausgestreckt trug, vollendeten das bernsteinfarbene Bild dieser Jungfräulichkeit. (V, 1516f.)

James Henry Breasted, *Geschichte Ägyptens*. Deutsch von Hermann Ranke. Große illustrierte Phaidon-Ausgabe. Wien: Phaidon-Verlag 1936, Abb. 104. Aus Thomas Manns Nachlaßbibliothek.
Ein Ausschnitt mit der Abbildung der Holzfigur (aus der *Münchner Illustrierten Presse,* Nr. 19, 1929, S. 635) befindet sich unter dem Arbeitsmaterial zu *Joseph und seine Brüder*. Thomas-Mann-Archiv Zürich.

Köpfe von Prinzessinnenstatuen

Brauner Sandstein.   Kalkstein.
Höhe vom Halsrande bis zum Scheitel   Höhe rund 14 cm. Berlin
rund 21 cm. Berlin

Prinzessin Merytatôn

Es war die liebe Prinzessin Merytatôn, die da zur Welt kam, – die Ärzte verlängerten ihr aus Schönheitsgründen den noch bildsamen Schädel fast übermäßig nach hinten [...].   (V, 1531)

Heinrich Schäfer, *Amarna in Religion und Kunst.* Leipzig: Hinrichs 1931. Sendschrift der Deutschen Orient-Gesellschaft, Nr. 7, Tafeln 24 und 26. Aus Thomas Manns Nachlaßbibliothek.

König, Audienz erteilend

Pharaos Audienz

Die fünf wurden von schwänzelnden Kammerherrn in die Halle des Rats und der Vernehmung eingelassen, wo Jung-Pharao umgeben von statierenden Palast-beamten, Krummstab, Geißel und ein goldenes Lebenszeichen in der Hand unter dem bebänderten Baldachin saß. Obgleich sein geschnitzter Stuhl von altherkömmlicher Unbequemlichkeit, ein archaisches Möbel war, brachte Ech-natôn es fertig, in über-lässiger Haltung darauf zu sitzen, da die hieratische Gliederordnung sich nicht mit seiner Idee der liebevollen Natürlichkeit Gottes vertrug. Sein Oberster Mund, der Herr des Brotes, Djepnuteef-onech, der Ernährer, stand gleich am rechten Vorderpfosten des zierlichen Geheges und gab acht, daß das vom Dolmetscher vermittelte Gespräch verlief, wie es fest-gelegt worden war. (V, 1753)

Adolf Erman, *Ägypten und ägyptisches Leben im Altertum*. Neu bearbeitet von Hermann Ranke. Tübingen: Mohr 1923, S. 68, Abb. 20. Aus Thomas Manns Nachlaßbibliothek.

Rembrandt van Rijn, Jacobs Segen

Jaakobs Segen

[...] wenn manche Vorspiegelungen der Kunst den Joseph an Jaakobs Sterbe-
lager noch immer in jünglingshafter Gestalt zeigen, so verfehlen sie insofern
die Wahrheit nicht ganz, als Rahels Erster tatsächlich einige Lustren vordem
schon viel schwerer und fleischiger gewesen, aber um diese Zeit wieder entschieden schlanker geworden war und seinem zwanzigjährigen Selbst ähnlicher
sah als seinem vierzigjährigen.   (V, 1770)

«Menasse», sagte er leise zum Älteren, «Achtung! Hierher! Sieh nach der Ordnung, Ephraim, dorthin!»
   Und nahm diesen mit seiner Rechten und schob ihn vor Israels linke Hand,
und mit seiner Linken nahm er Menasse und stellte ihn gegen Jaakobs rechte,
damit alles die rechte Art habe. Was aber sah er nun da mit Staunen, Unwillen
und stiller Erheiterung? Das sah er: Der Vater, blind erhobenen Angesichts,
legte seine linke Hand auf Menasse's gebeugtes Haupt und, indem er die Arme
kreuzte, die rechte auf Ephraims und fing, die Augen blind in den Lüften,
bevor Joseph einschreiten konnte, sofort an zu reden und zu segnen. (V, 1784)

Der, welcher sie einst die Welt gelehrt und die große Geschichte, in die sie
sich eingeschaltet, er, der die Sterbeversammlung einberufen, Jaakob ben
Jizchak, der vor Esau gesegnete, lag, von Kissen gestützt, unter einem Widder-
fell, im Hintergrunde auf seinem Bette, genau so weit bei Kräften, wie er's
noch bedurfte, die Wachsblässe seines Antlitzes leicht getönt vom farbigen
Zwielicht und von der Glut des Kohlenbeckens in seiner Nähe. Sein Anblick
war mild und groß. Eine weiße Binde, wie er sie zu tragen pflegte, wenn er
opferte, war um seine Stirn geschlungen. Weißes Schläfenhaar krauste darunter
seitlich dahin und ging in gleicher Breite in den die Brust ganz bedeckenden
Patriarchenbart über, der unterm Kinn dicht und weiß, weiter unten grauer
und schütterer war, und in dem der feine, geistige und etwas bittere Mund
sich abzeichnete.   (V, 1791)

Kunstblatt aus dem Arbeitsmaterial zu *Joseph und seine Brüder*. Thomas-Mann-Archiv
Zürich.
Vgl. Brief Thomas Manns an Frau Koebner-Kuznitzky vom 9. 10. 1947 (unveröffent-
licht, Thomas-Mann-Archiv Zürich): «Es gibt so manches, worauf man sich bei der
Bewältigung eines Werkes wie des ‹Joseph› innerlich beruft. Dazu gehörte gelegentlich
die Welt Rembrandts.»

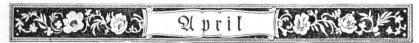

April

Charlotte Buff   Joh. Heinrich Schröder

3	4	5	6	7	8	9
Sonntag	Montag	Dienstag	Mittwoch	Donnerstag	Freitag	Sonnabend

15. Woche

Lotte

Die Hofrätin errötete, was sie gut und rührend kleidete. Es verjüngte sie merkwürdigerweise, veränderte ihr Gesicht ins Lieblich-Jungmädchenhafte: man
glaubte auf einmal zu erkennen, wie es mit zwanzig Jahren ausgesehen hatte;
die zart blickenden blauen Augen unter den ebenmäßig gewölbten Brauen,
das fein gebogene Näschen, der angenehme kleine Mund gewannen in dem
Licht, der rosigen Tönung dieses Errötens für einige Sekunden den reizenden
Sinn zurück, den sie einst besessen; des Amtmanns wackeres Töchterchen, die
Mutter seiner Kleinen, die Ballfee von Volpertshausen trat unter diesem Alt-
Damen-Erröten überraschend noch einmal hervor. (II, 385)

Kalenderblatt aus dem Arbeitsmaterial zu *Lotte in Weimar*. Thomas-Mann-Archiv Zürich.

Charlotte Kestner, geb. Buff
Nach einem im Goethe-Nationalmuseum zu Weimar befindlichen Pastell

Lotte

Oftmals hatte sie zwischendurch die Lust daran verloren und nur aus Hart-
köpfigkeit, weil die Idee einmal gefaßt war, daran festgehalten, wobei es
ihr zur Beruhigung diente, daß ja nur geringe Vorkehrungen nötig gewesen
waren, um ihre Erscheinung von damals wiederherzustellen, denn Weiß war
ja ein für allemal ihre notorisch bevorzugte Tracht, auf die sie ein Recht hatte,
und nur in den rosa Schleifen, besonders in der an der Brust fehlenden, bestand
der Schulmädelstreich, der ihr denn doch, wie sie da saß, mit ihrer hohen,
aschfarbenen, in einen Schleierstreifen gefaßten und in rundlichen Locken zum
Halse hängenden Frisur, bei einigem Neide auf die nichtssagende Kleidung der
anderen, ein Herzklopfen trotzig-diebischer und erwartungsvoller Freude ver-
ursachte.   (II, 702 f.; vgl. auch II, 706)

Rudolf Payer-Thurn, *Goethe. Ein Bilderbuch*. Leipzig: Schulz 1931, Farbtafel S. 48. Aus
Thomas Manns Nachlaßbibliothek.

August

KALENDER der DEUTSCHEN BUCH-GEMEINSCHAFT

WERTHER

Werther   D. Chodowiecki

21   22   23   24   25   26   27

Goethe zur Werther-Zeit

Unter ihren Lidern sah sie noch heute, nach soviel Jahren, mit erstaunlicher
Deutlichkeit die Miene vor sich, die er bei dem überaus trockenen Empfang
gemacht, den ihm die Brautleute am Tage nach dem Kuß und namentlich am
übernächsten Tage bereitet, als er abends um zehne, da sie miteinander vorm
Hause saßen, mit Blumen gekommen war, die so unachtsam waren aufgenom-
men worden, daß er sie weggeworfen und sonderbaren Unsinn peroriert, in
Tropen geredet hatte. Er konnte ein merkwürdig langes Gesicht haben damals
unter seinem gepuderten, über den Ohren gerollten Haar: mit großer, betrüb-
ter Nase, dem schmalen Schatten des Schnurrbärtchens über einem Frauen-
mündchen und schwachem Kinn, auch traurig bittenden braunen Augen dazu,
klein wirkend gegen die Nase, aber mit auffallend hübschen seidig-schwarzen
Brauen darüber.   (II, 391)

Kalenderblatt aus dem Arbeitsmaterial zu *Lotte in Weimar*. Thomas-Mann-Archiv Zürich.

Riemer. Von Joseph Schmeller

Riemer

Dr. Riemer war ein Mann Anfang Vierzig, von mäßiger Statur, mit noch vollem und braunem, nur leicht meliertem Haar, das strähnig in die Schläfen gebürstet war, weit auseinander und flach liegenden, ja etwas hervorquellenden Augen, einer geraden, fleischigen Nase und weichem Munde, um den ein etwas verdrießlicher, gleichsam maulender Zug lag. Er trug einen braunen Überrock, dessen dick aufliegender Kragen ihm hoch im Nacken stand und vorn die Pikeeweste, das gekreuzte Haltstuch sehen ließ. (II, 404)

Wilhelm Bode, *Goethes Sohn*. Berlin: Mittler 1918, Tafel S. 329. Aus Thomas Manns Nachlaßbibliothek.

August von Goethe
Von Gräfin Julie von Egloffstein

Goethes Sohn August.
Zeitgenössisches Bildnis.

Die Bilder, die wir von August von Goethe besitzen, zeigen einen schönen Kopf von edler Prägung, von dunklem Lockenhaar umspielt. Die Augen blicken weich und schwermütig in die Welt, und sie haben einen feuchten Glanz, der dem Gesicht des Lebenden einen eigenartigen Reiz verliehen haben muß. Die Stirn ist nicht hoch, und auch der Nicht-Physiognom erkennt auf den ersten Blick, daß die Intelligenz dieses Mannes die Durchschnittsmaße nicht wesentlich überschritten haben kann. Alles in allem ein mehr weiblicher Typ. Schwache Willensentwicklung. Eine vorwiegend passive Natur, den eigenen Trieben und Leidenschaften wie allen von außen kommenden Einflüssen hemmungslos preisgegeben. Dabei aber gutherzig, idealen Auftrieben zugänglich. Die Zeitgenossen betonen vielfach die Aehnlichkeit Goethes mit seinem Vater. Noch Preller, der ihn erst einige Tage vor seinem Tode zum erstenmal sah, äußerte sich in diesem Sinne: „Ich konnte mich nicht satt sehen, da er große Aehnlichkeit mit dem Vater hatte."

August von Goethe

August trat ein, die braunen, nahe beisammenliegenden Augen in neugierigem
Glanz, aber mit schüchternem Lächeln auf Charlotte gerichtet. [...]
   Sie prüfte ihn mit den Augen, die Hervorbringung der andern, kritisch,
mißgünstig, musterte seine Gestalt, ob sie ihn nicht besser würde in die Welt
gesetzt haben. Nun, die Demoiselle hatte ihre Sache passabel gemacht. Er war
stattlich, er war sogar schön, wenn man wollte. Ob er Christianen ähnlich sah?
Sie hatte den Bettschatz nie gesehen. Möglicherweise kam die Neigung zur
Dicklichkeit von ihr, – er war zu stark für seine Jahre, wenn auch die Größe
es leidlich balancierte: der Vater war schlanker gewesen zu ihrer Zeit, – der
verschollenen Zeit, die ihre Kinder noch ganz anders geprägt und costümiert
hatte, schicklich gebundener sowohl, mit den gerollten Puderhaaren und der
Zopfschleife im Nacken, wie zugleich auch lockerer, den Hals genialisch offen
im Spitzenhemd – statt des braunlockichten Wuschelhaars, das dem Gegenwärtigen ungepudert, in nachrevolutionärem Naturzustande, die halbe Stirn
bedeckte und von den Schläfen als krauses Backenbärtchen in den spitz hoch-
stehenden Hemdkragen verlief, worin das jugendlich weiche Kinn sich mit fast
drolliger Würde barg. Unbedingt würdiger und gesellschaftlich gemessener,
ja officieller gab sich der gegenwärtige Junge in seiner hohen, die Öffnung
des Kragens füllenden Binde. Der braune, modisch weit aufgeschlagene Überrock mit Ärmeln, die an den Schultern hochstanden, und an deren einem ein
Trauerflor saß, umspannte knapp und korrekt die etwas feiste Gestalt. Elegant,
den Ellbogen angezogen, hielt er den Cylinderhut, die Öffnung nach oben,
vor sich hin. Und dabei schien diese formelle und allem Phantastischen abholde
Tadellosigkeit gegen ein nicht ganz Geheueres, bürgerlich nicht ganz Einwand-
freies, wenn auch recht Schönes aufkommen und es in Vergessenheit bringen
zu sollen: – das waren die Augen, weich und schwermütig, von einem, man
hätte sagen mögen unerlaubt feuchten Glanz.   (II, 564 ff.)

Wilhelm Bode, *Goethes Sohn*. Berlin: Mittler 1918, Tafel S. 248. Aus Thomas Manns
Nachlaßbibliothek.

Ausschnitt aus der *Berliner Illustrierten Zeitung* 39, Nr. 51 (21. Dezember 1930), S. 2305
(Aufsatz Eberhard Buchner, «Goethes Sohn August»). Aus dem Arbeitsmaterial zu *Lotte
in Weimar*. Die Unterstreichungen stammen von Thomas Mann. Thomas-Mann-Archiv
Zürich.

Vgl. Gerhard Lange, *Der Goethe-Roman Thomas Manns im Vergleich zu den Quellen.*
Inaugural-Dissertation der Philosophischen Fakultät der Rheinischen Friedrich-Wilhelms-
Universität zu Bonn. Bonn 1954. (Maschinenschrift.) Kapitel «Der letzte Besucher:
Goethes Sohn», S. 138–159.

Goethe und Eckermann. Gemalt von Joseph Schmeller
(Großherzogliche Bibliothek in Weimar)

Goethe und sein Schreiber

Wo ist mein Schlafrock? Schellen dem Carl zum Frisieren. The readiness is all – es könnte Besuch kommen. Angenehmer weicher Flanell, auf dem sichs so gut die Hände im Rücken verschränkt. Ging darin morgens den Bogengang gegen den Rhein auf und ab zu Winkel bei den Brentanos und den Altan bei Willemers auf der Mühle.   (II, 649 f.)

Es hüstelt und klopft. Das ist der Dämpfige. «Nur vorwärts. Nur in Gottes Namen herein!»

«Ergebenster Diener, Herr Geheimer Rat.»

«So John, sind Sie's. Willkommen und näher. Früh aus den Federn heut'.»

«Ja, Excellenz treibt's immer zeitig zu den Geschäften.»

«Nicht doch. Euch mein' ich. Ihr seid früh an der Sonne heut'.» [...]

«[...] Lassen wir's gut sein. Wir werden sehen. Setzt Euch, wenn's gefällig, ich will aus meinem Leben dictieren.»

«Fertig zu Diensten, Euer Excellenz.»

«Lieber Freund, steht noch einmal auf! Sie sitzen auf dem Schoß Ihres Rockes. Geht das eine Stunde, so sieht es nachher abscheulich aus, zerdrückt und zerknautscht, und in meinen Diensten habt Ihr Euch's zugezogen. Laßt beide Schöße in schonender Freiheit vom Stuhle hängen, ich bitte Euch.»

«Verbindlichsten Dank der Fürsorge, Excellenz.»

(II, 665, 675; vgl. auch 666)

Ludwig Geiger, *Goethe und die Seinen.* Quellenmäßige Darstellungen über Goethes Haus. Leipzig: Voigtländer 1908, Tafel S. 225 (mit Thomas Manns Vermerk «Kräuter oder John»).
Ebenfalls abgebildet in: Hans Ludwig Oeser, *Das Zeitalter Goethes.* Ein Bilderwerk. Berlin: Deutsche Buch-Gemeinschaft 1932, S. 39.
Beide Werke in Thomas Manns Nachlaßbibliothek.

Johann Heinrich M e y e r (1760—1832)
Gezeichnet von J. Schmeller

Hofrat Meyer

Das tat auch sein Begleiter, ein etwas gebückter Fünfziger mit milden Gesichts-
zügen und strähnig erblichenem langem Haar, das unter seinem hohen Hut
hervorging. Es war kein Geringerer als Hofrat Meyer, der Kunstprofessor.
(II, 703 f.)
Meyer hatte statt des Cylinders, in dem auch er gekommen, ein samtenes Käpp-
chen aufgesetzt, das zu dem Frack sonderbar häuslich wirkte, so daß Charlotte
unwillkürlich nach seinen Füßen sah, ob sie nicht vielleicht in Filzpantoffeln
steckten. (II, 708 f.)

Rudolf Payer-Thurn, *Goethe. Ein Bilderbuch.* Leipzig: Schulz 1931, Abb. 107. Aus Thomas Manns Nachlaßbibliothek. Mit handschriftlichem Vermerk Thomas Manns.

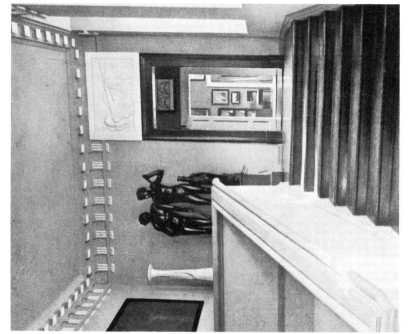

Treppenaufgang
Goethehaus am Frauenplan zu Weimar

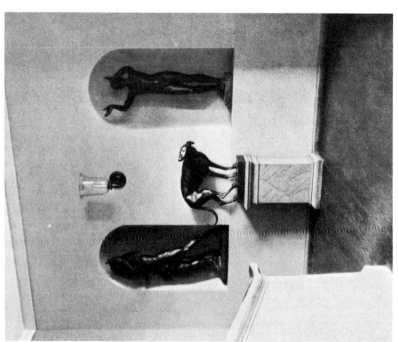

Skulpturen im Treppenhaus
Goethehaus am Frauenplan zu Weimar

Treppenaufgang in Goethes Haus

Charlotte hörte nicht hin. Sie war beeindruckt von der Noblesse des Treppen-
hauses, in das man eingetreten war, dem breiten Marmorgeländer, den in splen-
dider Langsamkeit sich hebenden Stufen, dem mit schönem Maß verteilten
antiken Schmuck überall. Auf der Treppenruhe schon, wo in weißen Nischen
Broncegüsse anmutiger Griechengestalten, davor auf marmornem Postament,
ebenfalls in Bronce, ein in vortrefflich beobachteter Pose sich wendender
Windhund standen, erwartete August von Goethe mit dem Bedienten die
Gäste, – [...].   (II, 704)

Auch zu Häupten der Staatstreppe war's edel-prächtig und kunstreich. Eine
Gruppe, die Charlotte als «Schlaf und Tod» zu bezeichnen gewohnt war,
zwei Jünglinge vorstellend, von denen einer dem andern den Arm um die
Schulter legte, hob sich dunkel glänzend ab von der hellen Fläche der Wand
zur Seite des Entrées, welchem ein weißes Relief als Sopraport diente, und
vor dem ein blau emailliertes «Salve» in den Fußboden eingelassen war.
                                                                   (II, 705)

Hans Ludwig Oeser, *Das Zeitalter Goethes*. Menschen und Werke. Ein Bilderwerk. Berlin:
Deutsche Buch-Gemeinschaft 1932, Abb. S. 170f. Aus Thomas Manns Nachlaßbibliothek.

Iphigenie. Figurine

Hofrätin Meyer

Ein Zug zu ästhetischer Freiheit, ja zur Theatralik herrschte durchaus in der Kleidung der Damen [...]. Madame Riemer aber sowohl – eben jene Waise also, die der Gelehrte aus diesem Hause heimgeführt – wie die Hofrätin Meyer, eine geborene von Koppenfels, zeigten in ihrer Tracht sehr stark die Note des Künstlerischen und Persönlich-Gewagten: jene im Geschmack einer gewissen intellectuellen Düsternis [...] – diese, die Meyer, mehr als allerdings recht reife Iphigenie stilisiert, einen Halbmond an dem gleich unter dem losen Busen sitzenden Gürtel ihrer am Saume antik bordierten, citronenfarbenen Robe von classischem Fall, auf die vom Kopfe herab eine Schleierdraperie dunklerer Farbe floß, und zu deren kurzen Ärmeln die Meyern modernisierender Weise lange Handschuhe angelegt hatte. (II, 707f.)

Hans Ludwig Oeser, *Das Zeitalter Goethes*. Menschen und Werke. Ein Bilderwerk. Berlin: Deutsche Buch-Gemeinschaft 1932, Abb. S. 117. Aus Thomas Manns Nachlaßbibliothek.

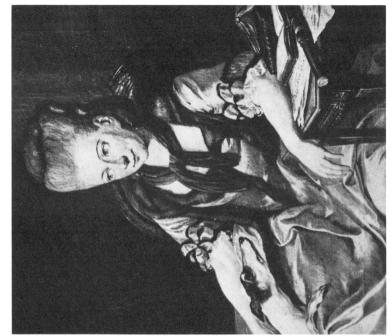

Herzogin Anna Amalia
Ölgemälde von G. M. Kraus, 1774

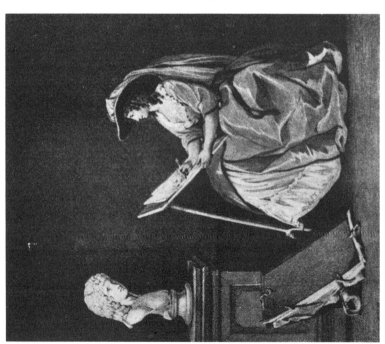

Corona Schröter
Gemalt von G. M. Kraus, 1785

Madame Coudray und Amalie Ridel

Madame Coudray, die Gattin des Oberbaurats, zeichnete sich außer durch die Bauschigkeit ihres Rockes durch einen breit schattenden und schleierumwundenen Corona Schröter-Hut aus, der ihr, die hintere Krempe in den Rücken gebogen, auf den herabfallenden Ringellocken saß; und selbst Amalie Ridel, etwas entenhaft von Profil, hatte ihrem Aussehen durch complicierte Ärmelkrausen und einen kurzen Schulterüberwurf von Schwanenpelz eine malerische Seltsamkeit zu geben gewußt.   (II, 708)

Rudolf Payer-Thurn, *Goethe. Ein Bilderbuch.* Leipzig: Schulz 1931, Abb. S. 86, 62. Aus Thomas Manns Nachlaßbibliothek.

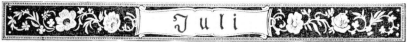

KALENDER der DEUTSCHEN BUCH-GEMEINSCHAFT

Auf der Straße in Weimar (um 1810)   F. W. Riemer

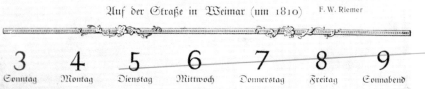

3	4	5	6	7	8	9
Sonntag	Montag	Dienstag	Mittwoch	Donnerstag	Freitag	Sonnabend

28. Woche

Goethe

Goethe kam bestimmten und kurzen, etwas abgehackten Schrittes herein, die
Schultern zurückgenommen, den Unterleib etwas vorgeschoben, in zweireihig
geknöpftem Frack und seidenen Strümpfen, einen schön gearbeiteten silbernen
Stern, der blitzte, ziemlich hoch auf der Brust, das weißbatistene Halstuch ge-
kreuzt und mit einer Amethystnadel zusammengesteckt. Sein an den Schläfen
lockiges, über der sehr hohen und gewölbten Stirn schon dünnes Haar war
gleichmäßig gepudert. Charlotte erkannte ihn und erkannte ihn nicht – von
beidem war sie erschüttert. Vor allem erkannte sie auf den ersten Blick das
eigentümlich weite Geöffnetsein der eigentlich nicht gar großen, dunkel spiegelnden Augen in dem bräunlich getönten Gesichte wieder, von denen das
rechte beträchtlich niedriger saß als das linke, – dies naiv große Geschau, das
jetzt durch ein fragendes Aufheben der in sehr feinen Bögen zu den etwas
nach unten gezogenen äußeren Augenwinkeln laufenden Brauen verstärkt
wurde, einen Ausdruck, als wollte er sagen: «Wer sind denn all die Leute?» –
Du lieber Gott, wie sie über das ganze Leben hinweg die Augen des Jungen
wiedererkannte! – braune Augen, genau genommen, und etwas nahe beisammen, die aber meistens als schwarz angesprochen wurden, und zwar, weil bei
jeder Gemütsbewegung – und wann war sein Gemüt nicht bewegt gewesen! –
die Pupillen sich so stark erweiterten, daß ihre Schwärze das Braun der Iris
schlug und den Eindruck beherrschte. Er war es und war es nicht. Eine solche
Felsenstirn hatte er sonst keineswegs gehabt, – nun ja, ihre Höhe war dem
dünnen Zurückweichen des übrigens sehr schön angewachsenen Haares zuzuschreiben, sie war einfach ein Product der bloßlegenden Zeit, wie man sich zur
Beruhigung sagen wollte, ohne daß rechte Beruhigung dabei herauskam; denn
die Zeit, das war das Leben, das Werk, welche an diesem Stirngestein durch die
Jahrzehnte gemetzt, diese einst glatten Züge so ernstlich durchmodelliert und
ergreifend eingefurcht hatte, – Zeit, Alter, hier waren sie mehr als Ausfall,
Bloßlegung, natürliche Mitgenommenheit, die hätte rühren und melancholisch stimmen können; sie waren voller Sinn, waren Geist, Leistung, Geschichte, und ihre Ausprägungen, sehr fern davon, bedauerlich zu wirken,
ließen das denkende Herz in freudigem Schrecken klopfen.

Goethe war damals siebenundsechzig. Charlotte hätte von Glück sagen können, daß sie ihn jetzt wiedersah und nicht fünfzehn Jahre früher, zu Beginn
des Jahrhunderts, wo die schwerfällige Beleibtheit, mit der es schon in Italien
angefangen, auf die Höhe gekommen war. Er hatte diese Erscheinungsform
längst wieder abgelegt. Trotz der Steifigkeit des Gehens, die aber auch an
manches immer schon Charakteristische erinnerte, wirkten die Glieder jugend-

Goethe
Ölgemälde von George Dawe, 1819

lich unter dem ausnehmend feinen und glänzenden Tuch des schwarzen Fracks;
seine Figur hatte sich im letzten Jahrzehnt derjenigen des Jünglings wieder
mehr angenähert. Die gute Charlotte hatte manches übersprungen, besonders
was sein Gesicht betraf, das dem des Freundes von Wetzlar ferner war, als es
ihr schien, da es durch Stadien hindurchgegangen, die sie nicht kannte. Einmal
war es in mürrische Dickigkeit mit hängenden Wangen verwandelt gewesen,
so daß es der Jugendgenossin weit schwerer gefallen wäre, sich darin zurecht-
zufinden, als auf seiner gegenwärtigen Stufe. Übrigens war etwas Gespieltes
darin, nach dessen Wozu man sich fragte: hauptsächlich durch die Unschulds-
miene schlecht motivierter Verwunderung über den Anblick der wartenden
Gäste; aber es schien zudem, als ob der breit geschnittene und vollkommen
schöne, weder zu schmale noch zu üppige Mund, mit tiefen Winkeln, welche
in der Altersmodellierung der unteren Wangen ruhten, an einer übermäßigen
Beweglichkeit litte, einem nervösen Zuviel von rasch einander verleugnenden
Ausdrucksmöglichkeiten, und auf eine unaufrichtige Art in der Wahl zwischen
ihnen schwankte. Ein Widerspruch zwischen der gemeißelten Würde und Be-
deutendheit dieser Züge und dem kindlichen Zweifel, einer gewissen Koket-
terie und Zweideutigkeit, die sich, bei etwas schräg geneigtem Kopf, darin
malte, war unverkennbar.   (II, 711–713)

Kalenderblatt aus dem Arbeitsmaterial zu *Lotte in Weimar*. Thomas-Mann-Archiv Zürich.

Rudolf Payer-Thurn, *Goethe*. Ein Bilderbuch. Leipzig: Schulz 1931, Farbtafel S. 160.
Vgl. auch Abb. 174 (hier nicht abgedruckt). Aus Thomas Manns Nachlaßbibliothek.

«Junozimmer»

Goethes Empfangsraum im weimarischen Hause

Empfangszimmer in Goethes Haus

Man stand noch eine Weile in dem von der classischen Riesenbüste beherrsch-
ten, mit gestickten Wandbordüren, Aquarellen, Kupfern und Ölgemälden geschmückten Empfangszimmer umher, dessen Stühle, schlicht von Form, symmetrisch an den Wänden, neben den weiß gerahmten Türen und vor den
Fenstern zwischen ebenfalls weiß lackierten Sammlungsschränken angeordnet
waren. Durch die vielen überall aufgestellten Schauobjecte und kleinen Alter-
tümer, die geschliffenen Chalcedon-Schalen auf Marmortischen, die geflügelte
Nike, welche den bedeckten Sofatisch unter der «Hochzeit» zierte, die antiken
Götterbildchen, Larven und Faunen unter Glassturzen auf den Schubschrän-
ken, machte der Raum einen kunstcabinettartigen Eindruck.   (II, 716f.)

Den Kestners, Mutter und Tochter, zeigte der Sohn des Hauses das Gemälde
über dem Sofa, indem er die grünseidenen Vorhänge, mit denen es zu ver-
hüllen war, besser auseinanderzog. Es war eine Copie der sogenannten «Aldo-
brandini'schen Hochzeit» [...].   (II, 708)

Hans Ludwig Oeser, *Das Zeitalter Goethes*. Menschen und Werke. Ein Bilderwerk. Berlin:
Deutsche Buch-Gemeinschaft 1932, Abb. S. 173. Mit handschriftlichem Vermerk Thomas
Manns. Aus Thomas Manns Nachlaßbibliothek.

Das Innere des Goethehauses auf dem Frauenplan in seinem heutigen Zustande

Der Gelbe Saal in Goethes Haus

Damit trat er auf Lotte und Lottchen zu, nahm sie mit einer gewissen Contre-
tanz-Zierlichkeit bei den Händen und eröffnete mit ihnen den Eintritt in den
anstoßenden sogenannten Gelben Saal [...].
Der Name «Saal» war leicht übertrieben für den Raum, der die Gesellschaft
nun aufnahm, doch war er gestreckter als der eben verlassene und wies seinerseits gleich zwei weiße Colossalköpfe auf: einen Antinous, melancholisch vor
Schönheit, und einen majestätischen Jupiter. Eine Suite von colorierten Kupfern mythologischen Gegenstandes und eine Copie von Tizians «Himmlischer
Liebe» schmückten die Wände. Auch hier taten hinter offenen Türen Durch-
blicke in weitere Räumlichkeiten sich auf, und besonders hübsch war derjenige
der Schmalseite durch eine Büstenhalle auf den umrankten Altan und die zum
Garten hinabführende Treppe. (II, 718)

Rudolf Payer-Thurn, *Goethe. Ein Bilderbuch*. Leipzig: Schulz 1931, Abb. 165. Mit hand-
schriftlichen Vermerken Thomas Manns. Aus Thomas Manns Nachlaßbibliothek.

Krischna mit Hirtinnen

Nanda

Nicht also Nanda, des Garga Sohn. Sein Karman war anders, und nie hatte er, durch Überlieferung und Blutmischung dazu angehalten, sich mit Geistigem abgegeben, sondern war wie er war, ein Sohn des Volks und von lustiger Einfalt, eine Krischna-Erscheinung, denn er war dunkel nach Haut und Haaren, und sogar die Locke «Glückskalb» hatte er auf der Brust. Vom Schmiedehandwerk hatte er die wackeren Arme und vom Hirtentum noch weiterhin ein gutes Gepräge; denn sein Körper, den er mit Senföl zu salben und mit Ketten wilder Blumen, auch mit Goldschmuck zu behängen liebte, war wohlgestalt, entsprechend seinem netten bartlosen Gesicht, das allenfalls, wie erwähnt, etwas ziegennasig war und gewissermaßen auch wulstlippig, aber beides auf einnehmende Art, und seine schwarzen Augen pflegten zu lachen.

(VIII, 714)

Heinrich Zimmer, *Maya. Der indische Mythos.* Stuttgart, Berlin: Deutsche Verlags-Anstalt 1936, Tafel S. 352. Aus Thomas Manns Nachlaßbibliothek.

Wilhelm von Kaulbach, Lotte

Lotte, Brot schneidend

Sie ist zierlich, blond, blauäugig, von heiterem, tüchtigem Charakter [...].
Goethe sieht sie zuerst, als er sie von ihrem Gehöft abholt, wo sie, schon zum Balle angekleidet, in einem weißen, mit rosa Schleifen garnierten Kleide dasteht und den sie umringenden Kleinen das Vesperbrot schneidet – eine im «Werther» genau verewigte und von der bildenden Kunst oft wiedergegebene Szene. (IX, 644)

Goethes Frauengestalten. Nach Originalzeichnungen von Wilhelm von Kaulbach. Mit erläuterndem Text von Friedrich Spielhagen. München: Bruckmann ²1865. Tafel: Lotte, Werther's Leiden. Nicht in Thomas Manns Nachlaßbibliothek. Thomas Manns Vorlage unbekannt.
Vgl. «Die Leiden des jungen Werthers», *Goethes Sämtliche Werke* VII. Berlin, Leipzig: Tempel-Verlag 1910, S. 25 f.: «Ich gieng durch den Hof nach dem wohlgebauten Hause, und da ich die vorliegenden Treppen hinaufgestiegen war und in die Thüre trat, fiel mir das reizendste Schauspiel in die Augen, das ich jemals gesehen habe. In dem Vorsaale wimmelten sechs Kinder, von eilf zu zwey Jahren, um ein Mädchen von schöner mittlerer Taille, die ein simples weißes Kleid mit blaßrothen Schleifen an Arm und Brust anhatte. Sie hielt ein schwarzes Brod und schnitt ihren Kleinen rings herum jedem sein Stük nach Proportion ihres Alters und Appetites ab, gabs jedem mit solcher Freundlichkeit, und jedes rufte so ungekünstelt sein: Danke! indem es mit den kleinen Händchen lang in die Höh gereicht hatte, eh es noch abgeschnitten war [...].»

Fritz von Kaulbach, Kinderkarneval

Die Pringsheim-Kinder

Bei einem dieser Feste nun, einem Kostümball im Fasching, erschienen die Kinder des Hauses, vier Knaben und ein Mädchen, reizende, schwarzlockige Geschöpfe, als Pierrots in der weißen und bauschigen Tracht dieses Typs, mit Halskrause und spitzer Mütze, – das kleine Mädchen, die Jüngste, nicht etwa auch, wie es heute wohl sein würde, in der Pluderhose, sondern im artigen Röckchen. Die Gruppe hatte einen sensationellen Erfolg bei den Gästen, und Fritz von Kaulbach, Exzellenz, der Hofporträtist und einer der Malerfürsten jener Tage, bestand darauf, sie auf die Leinwand zu bringen. Er bekam seinen Willen, und sein Bild, wohl etwas zu glatt und schön gemalt für den heutigen Geschmack, aber in seiner Art ein Meisterwerk, gewann eine ungeheuere Popularität, wie sie in der Epoche bürgerlicher Kultur Werken der bildenden Kunst manchmal zuteil wurde. (XI, 467f.)

Das Originalgemälde befindet sich in privater Hand. Aus der Photosammlung des Thomas-Mann-Archivs Zürich.

Michelangelo, Jeremia. Rom, Sixtina

Michelagniolo

Moses

Als er von dort zurückkehrte, seiner Gottesentdeckung und seines Auftrages
voll, war er ein Mann auf der Höhe der Jahre, stämmig, mit gedrückter Nase,
vortretenden Backenknochen, einem geteilten Bart, weitstehenden Augen und
breiten Handgelenken, wie man besonders sah, wenn er, was oft geschah, grü-
belnd Mund und Bart mit der Rechten bedeckte.   (VIII, 816 f.)

Hermann Grimm, *Leben Michelangelos*. 23. bis 45. Tausend der Volksausgabe. Wien, Leipzig: Phaidon-Verlag 1933. Titelbild. Nicht in Thomas Manns Nachlaßbibliothek.

Konrad Escher, *Malerei der Renaissance in Italien*. Berlin: Akademische Verlagsgesellschaft
Athenaion 1922. Handbuch der Kunstwissenschaft, S. 298, Abb. 273. Aus Thomas Manns
Nachlaßbibliothek.

Vgl. Briefe Thomas Manns an Otto Basler vom 1. 9. 1945 (Altes und Neues, S. 748–750),
Richard Weil vom 9. 8. 1945 (unveröffentlicht, Thomas-Mann-Archiv Zürich), Anna
Jacobson vom 28. 8. 1944 (Briefe II, 388) und 19. 1. 1945 (Briefe II, 409 f.); *Die Entstehung
des Doktor Faustus* (XI, 154).

Kopf des David

Joschua

Aber Mose hatte ihm den Jahwe-Namen Jehoschua, auch kurzweg Joschua, verliehen, und den trug er nun mit Stolz, – ein gerade stehender, sehniger junger Mensch mit einem Krauskopf, vortretendem Adamsapfel und einem bestimmt eingezeichneten Faltenpaar zwischen seinen Brauen [...].

Joschua, so jung er war, hatte alle einschlägigen Fakten in seinem gerade und fest blickenden Krauskopf und besprach sie unaufhörlich mit Mose, seinem älteren Freunde und Herrn. (VIII, 817f.; vgl. VIII, 828)

Ludwig Goldschneider, *Michelangelo*. Gesamtausgabe, 5. Ausgabe. Köln: Phaidon-Verlag 1964, Tafel 20. Nicht in Thomas Manns Nachlaßbibliothek.

Philipp Melanchthon
1526. Kupferstich. Berlin, Kupferstichkabinett

Vater Leverkühn

Jonathan Leverkühn war ein Mann besten deutschen Schlages, ein Typ, wie er in unseren Städten kaum noch begegnet und gewiß nicht unter denen zu finden ist, die heute unser Menschentum mit oft denn doch beklemmendem Ungestüm gegen die Welt vertreten, – eine Physiognomie, wie geprägt von vergangenen Zeiten, gleichsam ländlich aufgespart und herübergebracht aus deutschen Tagen von vor dem Dreißigjährigen Kriege. Das war mein Gedanke, wenn ich ihn, heranwachsend, mit schon halbwegs zum Sehen gebildetem Auge betrachtete. Wenig geordnetes aschblondes Haar fiel in eine gewölbte, stark zweigeteilte Stirn mit vortretenden Schläfenadern, hing unmodisch lang und dick aufliegend in den Nacken und ging am wohlgebildeten, kleinen Ohr in den gekrausten Bart über, der blond die Kinnbacken, das Kinn und die Vertiefung unter der Lippe bewuchs. Diese, die Unterlippe, trat ziemlich stark und geründet unter dem kurzen, leicht abwärts hängenden Schnurrbart hervor, mit einem Lächeln, das außerordentlich anziehend mit dem etwas angestrengten, aber ebenfalls halb lächelnden, in leichter Scheuheit vertieften Blick der blauen Augen übereinstimmte. Die Nase war dünnrückig und fein gebogen, die unbebartete Wangenpartie unter den Backenknochen schattig vertieft und selbst etwas hager. Den sehnigen Hals trug er meist offen und liebte nicht städtische Allerweltskleidung, die auch seiner Erscheinung nicht wohltat, besonders nicht zu seinen Händen paßte, dieser kräftigen, gebräunten und trockenen, leicht sommersprossigen Hand, mit der er die Stockkrücke umfaßte, wenn er ins Dorf zum Gemeinderat ging.   (VI, 20 f.)

Wilhelm Waetzoldt, *Dürer und seine Zeit*. Große illustrierte Phaidon-Ausgabe. Wien: Phaidon-Verlag 1935, Abbildungen I, Bildnisse: Nr. 70. Aus Thomas Manns Nachlaßbibliothek.

Vgl. Brief Thomas Manns an Hans Ulrich Staeps vom 9. 6. 1952: «Was den ‹Faustus› betrifft, geehrter Herr Staeps, so kann ich Ihren Fund nur als vollkommen richtig bestätigen. Manche Figuren des Buches sind nach dem Leben gezeichnet. Aber da es sozusagen immer mit einem Fuß im deutschen 16ten Jahrhundert steht, so habe ich damals viele Bilder aus der Zeit, namentlich solche von Dürer angeschaut, und die Physiognomien der Eltern Adrians sind dem Melanchthon und der ‹jungen Deutschen aus Venedig› nachgebildet, die des Onkel-Instrumentenmachers dem ‹Baumeister Hieronymus von Augsburg›.» (Unveröffentlicht. Thomas-Mann-Archiv Zürich.)

J. Elema, «Thomas Mann, Dürer und Doktor Faustus». *Euphorion*, Heidelberg, 59 (1965), Heft 1/2, S. 97–117.

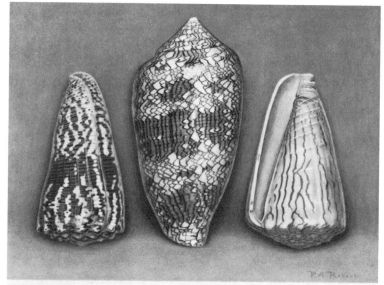

Kegelschnecken, *Zeßt bies*

Vater Leverkühns Muscheln

Zuweilen war sie tückisch, diese Außenästhetik; denn gewisse Kegelschnecken, reizend asymmetrische, in ein geädertes Blaßrosa oder weißgeflecktes Honigbraun getauchte Erscheinungen, waren wegen ihres Giftbisses berüchtigt, – und überhaupt war, wenn man den Herrn des Buchelhofes hörte, eine gewisse Anrüchigkeit oder phantastische Zweideutigkeit von dieser ganzen wunderlichen Sektion des Lebens nicht fernzuhalten. [...]
Was nun jene Zeichenschrift betrifft, über die er sich gar niemals beruhigen konnte, so fand sie sich auf der Schale einer neu-kaledonischen Muschel von mäßiger Größe und war auf weißlichem Grunde in leicht rötlichbrauner Farbe ausgeführt. Die Charaktere, wie mit dem Pinsel gezogen, gingen gegen den Rand hin in reine Strich-Ornamentik über, hatten aber auf dem größeren Teil der gewölbten Fläche in ihrer sorgfältigen Kompliziertheit das entschiedenste Ansehen von Verständigungsmalen. Meiner Erinnerung nach zeigten sie starke Ähnlichkeit mit früh-orientalischen Schriftarten, etwa dem altaramäischen Duktus, und tatsächlich mußte mein Vater seinem Freunde aus der gar nicht übel versehenen Stadtbibliothek von Kaisersaschern archäologische Bücher mitbringen, die die Möglichkeit der Nachforschung, des Vergleiches boten. Selbstverständlich führten diese Studien zu keinem Ergebnis oder doch nur zu so wirren und widersinnigen, daß sie auf nichts hinausliefen. Mit einer gewissen Melancholie gab Jonathan dies auch zu, wenn er uns die rätselhafte Abbildung zeigte. «Es hat sich», sagte er, «die Unmöglichkeit erwiesen, dem Sinn dieser Zeichen auf den Grund zu kommen. Leider, meine Lieben, ist dem so. Sie entziehen sich unserem Verständnis, und es wird schmerzlicherweise dabei wohl bleiben. Wenn ich aber sage, sie ‹entziehen sich›, so ist das eben nur das Gegenteil von ‹sich erschließen›, und daß die Natur diese Chiffren, zu denen uns der Schlüssel fehlt, der bloßen Zier wegen auf die Schale ihres Geschöpfes gemalt haben sollte, redet mir niemand ein. Zier und Bedeutung liefen stets nebeneinander her, auch die alten Schriften dienten dem Schmuck und zugleich der Mitteilung. Sage mir keiner, hier werde nicht etwas mitgeteilt! Daß es eine unzugängliche Mitteilung ist, in diesen Widerspruch sich zu versenken ist auch ein Genuß.»   (VI, 26f.)

Paul A. Robert, *Kunstgebilde des Meeres*. Muscheln und Schneckengehäuse. 15 Farbtafeln nach Aquarellen von P. A. Robert. Einführung von Arnold Masarey. Bern: Iris-Verlag 1936, Tafeln VI und X. Mit Vermerk Thomas Manns «Kegelschnecken, Giftbiß» zu Tafel VI und «Zeichenschrift» zu Tafel X. Aus Thomas Manns Nachlaßbibliothek.

Bakterium, dessen individuelles Leben unter normalen Umständen vielleicht kaum nach Stunden zählt, in der Eiseskälte sicher monate-, wahrscheinlich viele, viele Jahre lang.

So weit also erscheint die Hypothese der „Planetenimpfung"
physikalisch gut gestützt; aber auch die (ihr nicht notwendig wider-
sprechende) Hypothese von der erdheimatlichen Entstehung des Lebens
hat jüngst durch physikalische Vorgänge große Förderung erfahren.
Der osmotische Druck, den mischbare Flüssigkeiten bei ihrem Durch-
tritt durch poröse trennende Häute („Membranen") ausüben, läßt in
Versuchen von Leduc, Quincke, Benedikt und Stadelmann anorganische

Abb. 1. Landschaft aus osmotischen Gebilden im Meerwasser.
(Nach Leduc.)

Stoffe zu champignon-, ast- und gliedmaßenähnlichen Gebilden heran-
wachsen, die bestimmten Gruppen und Arten von Lebewesen täuschend
ähnlich sehen (Abb. 1). Bedeckt man z. B. den Boden einer Kristallisier-
schale mit reinem Sand, streut verschiedengroße Kristalle von chromsaurem Kali, Eisen- und Kupfersulfat darüber und füllt dann die Schale,
die an ruhigem Orte stehen bleibe, mit verdünntem Wasserglas, so entwickelt sich ein scheinbarer Pflanzenwuchs aus blauen, grünen und
braunen Bäumchen. Besonders frappierend wirkt es, daß die osmotischen Gebilde, wenn sie unter Süßwasser zustandekommen, tatsächlich in
Binnengewässern vorkommende Formen, Fadenalgen, Schimmelpilze,
Moose, Malermuscheln u. dgl. kopieren; wenn sie aber unter Seewasser
wuchsen, im Meere lebenden Formen, wie Röhrenwürmern, Napfschnecken,
Austern, Hydroidpolypen, Aktinien, Kalkalgen usw. ähneln. Nicht bloß
in den äußeren Formen, sondern auch in der inneren, zelligen Struktur,

Vater Leverkühns Experimente

Allenfalls konnte man den fressenden Tropfen komisch finden; aber keineswegs war dies für mein Empfinden der Fall bei gewissen unglaublichen und geisterhaften Naturerzeugnissen, die dem Vater in sonderbarster Kultur zu züchten gelungen war, und die er uns ebenfalls zu betrachten gestattete. Ich werde den Anblick niemals vergessen. Das Kristallisationsgefäß, in dem er sich darbot, war zu drei Vierteln mit leicht schleimigem Wasser, nämlich verdünntem Wasserglas gefüllt, und aus sandigem Grunde strebte darin eine groteske kleine Landschaft verschieden gefärbter Gewächse empor, eine konfuse Vegetation blauer, grüner und brauner Sprießereien, die an Algen, Pilze, festsitzende Polypen, auch an Moose, dann an Muscheln, Fruchtkolben, Bäumchen oder Äste von Bäumchen, da und dort geradezu an Gliedmaßen erinnerten – das Merkwürdigste, was mir je vor Augen gekommen [...].

Den Sand am Boden des Gefäßes hatte Jonathan, bevor er die Wasserglaslösung nachgoß, mit verschiedenen Kristallen, es waren, wenn ich nicht irre, solche von chromsaurem Kali und Kupfersulfat, bestreut, und aus dieser Saat hatte sich als Werk eines physikalischen Vorgangs, den man als «osmotischen Druck» bezeichnet, die bemitleidenswerte Zucht entwickelt, für die ihr Betreuer unsere Sympathie sogleich noch dringlicher in Anspruch nahm.

(VI, 30 f.)

Paul Kammerer, *Allgemeine Biologie*. Stuttgart und Berlin: Deutsche Verlags-Anstalt 1915. Text und Abb. S. 26. Die Unterstreichungen stammen von Thomas Mann. Aus Thomas Manns Nachlaßbibliothek.

Bildnis einer Deutschen aus Venedig
(Anna Dorßin?) Um 1507. Berlin, Deutsches Museum

Leverkühns Mutter

[...] ich sage doch, daß mir in meinem Leben keine anziehendere Frau vorgekommen ist als Elsbeth Leverkühn, und ich spreche von ihrer schlichten, intellektuell durchaus anspruchslosen Person mit der Ehrerbietung, die die Überzeugung mir einflößt, daß das Genie des Sohnes der vitalen Wohlbeschaffenheit dieser Mutter viel zu danken hatte.

Wenn es mir Freude machte, den schönen altdeutschen Kopf ihres Gatten zu betrachten, – auf ihrer so ganz und gar angenehmen, eigentümlich bestimmten und klar proportionierten Erscheinung verweilten meine Augen nicht weniger gern. Aus der Gegend von Apolda gebürtig, war sie so brünetten Typs, wie es in deutschen Landen zuweilen vorkommt, ohne daß die erfaßbare Genealogie eine Handhabe zur Annahme römischen Bluteinschlages böte. Der Dunkelheit ihres Teints, der Schwärze ihres Scheitels und ihrer still und freundlich blickenden Augen nach hätte man sie für eine Welsche halten können, wenn nicht doch eine gewisse germanische Derbheit der Gesichtsbildung dem widersprochen hätte. Es bildete ein ziemlich kurzes Oval, dieses Gesicht, mit eher spitz zulaufendem Kinn, einer nicht eben regelmäßigen, leicht eingedrückten, vorn etwas aufgebogenen Nase und einem geruhigen, ohne Üppigkeit noch Schärfe geschnittenen Mund. Der die Ohren zur Hälfte bedeckende Scheitel, von dem ich sprach, und der sich, während ich heranwuchs, langsam versilberte, war sehr straff gezogen, so daß er spiegelte und die Teilungslinie über der Stirn die weiße Kopfhaut bloßlegte. Trotzdem hing – nicht immer und also wohl nicht absichtlich – einiges loses Haar vor den Ohren sehr anmutig davon herunter. Der in unseren Kindertagen noch massige Zopf war nach bäuerlicher Art um den Hinterkopf geschlungen und an Festtagen wohl von einem farbig gestickten Bande durchzogen.

Städtische Kleidung war sowenig ihre wie ihres Mannes Sache; das Damenhafte stand ihr nicht an, ausgezeichnet dagegen die ländlich-halbkostümliche Tracht, in der wir sie kannten, der feste, wie wir sagten: eigengemachte Rock, eine Art von bordiertem Mieder dazu, dessen eckiger Ausschnitt den einigermaßen gedrungenen Hals und den oberen Teil der Brust frei ließ, auf dem wohl ein einfacher, leichter Goldschmuck lag. (VI, 32f.)

Wilhelm Waetzoldt, *Dürer und seine Zeit*. Große illustrierte Phaidon-Ausgabe. Wien: Phaidon-Verlag 1935, Abbildungen I, Bildnisse: Nr. 36. Aus Thomas Manns Nachlaßbibliothek.

Dürers Haus am Tiergärtnertor in Nürnberg

Nikolaus Leverkühns Haus in Kaisersaschern

Es war eine stille Lage, abseits der Geschäftsgegend von Kaisersaschern, der Marktstraße, der Grieskrämerzeile: eine winklige Gasse ohne Trottoir, nahe dem Dom, in der Nikolaus Leverkühns Haus sich als das stattlichste hervortat. Dreistöckig, die Räume des abgesetzten und erkerförmig ausgebauten Daches nicht mitgezählt, war es ein Bürgerhaus aus dem sechzehnten Jahrhundert, das schon dem Großvater des Besitzers gehört hatte, mit fünf Fenstern Front im ersten Stock über dem Eingangstor, und nur vieren, mit Läden versehenen, im zweiten, wo erst die Wohnräume lagen und außen, über dem schmuck-losen, ungetünchten Unterbau, die Holzwerkdekoration begann.   (VI, 55)

Wilhelm Waetzoldt, *Dürer und seine Zeit*. Große illustrierte Phaidon-Ausgabe. Wien: Phaidon-Verlag 1935, Tafel V, S. 176. Aus Thomas Manns Nachlaßbibliothek.

Baumeister Hieronymus von Augsburg
Studie zum Rosenkranzfestbild. 1506. Pinselzeichnung auf blauem Papier.
Berlin, Kupferstichkabinett

Nikolaus Leverkühn

[...] denn Oheim Leverkühn war auch ein Geigenmacher. Er war ein Mann mit ungeordnet herumhängendem aschfarbenen Haar und einem bartlosen, sympathisch ausgearbeiteten Gesicht, dessen Backenknochen sehr stark hervortraten, mit gebogener, etwas hängender Nase, einem großen, ausdrucksvollen Mund und in bemühter Herzensgüte, auch Klugheit dreinblickenden braunen Augen. Zu Hause sah man ihn stets in einer hochgeschlossenen, faltigen Handwerkerbluse aus Barchent. (VI, 56)

Wilhelm Waetzoldt, *Dürer und seine Zeit*. Große illustrierte Phaidon-Ausgabe. Wien: Phaidon-Verlag 1935, Abbildungen II, Religiöse Bildwelt: Nr. 94. Aus Thomas Manns Nachlaßbibliothek.

Luther
Uffizien, Florenz

Ehrenfried Kumpf

[...] weil der Systematik lesende Professor, Ehrenfried Kumpf, der saftigste
Sprecher an der ganzen Hochschule war und überhaupt den größten Zulauf
von Studenten aller Jahrgänge, auch von nichttheologischen, hatte. Ich sagte
ja zwar, daß wir bei Kegel Kirchengeschichte hörten, aber das waren ver-
gleichsweise trockene Stunden, und mit Kumpf konnte der monotone Kegel
keineswegs wetteifern.

Jener war durchaus das, was die Studenten eine «wuchtige Persönlichkeit»
nannten, und auch ich konnte mich einer gewissen Bewunderung seines Tem-
peramentes nicht entschlagen, liebte ihn aber gar nicht und habe niemals
glauben können, daß nicht auch Adrian öfters von seiner Herzhaftigkeit sollte
peinlich berührt gewesen sein, obgleich er ihn nicht offen ironisierte. «Wuch-
tig» war er schon seiner Physis nach: ein großer, massiger, voller Mann mit
gepolsterten Händen, dröhnender Stimme und einer vom vielen Sprechen
leicht vorgebäumten, zum Spritzen geneigten Unterlippe.   (VI, 128 f.)

Eduard Heyck, *Lukas Cranach*. Bielefeld und Leipzig: Velhagen & Klasing 1908. Künstler-
Monographien, Bd. 95, S. 114, Abb. 94. Nicht in Thomas Manns Nachlaßbibliothek.
Unter dem Quellenmaterial zum *Doktor Faustus* befindet sich das Buch *Hier stehe ich. Das
Leben Martin Luthers* von Roland H. Bainton (Göttingen: Deuerlich 1952) mit mehreren
Luther-Porträts. Der Text dürfte aber doch wohl am ehesten dem Luther-Bild von Lukas
Cranach entsprechen.
Vgl. *Die Entstehung des Doktor Faustus* (XI, 191 f.).

Ritter, Tod und Teufel
1513. Kupferstich

Ritter zwischen Tod und Teufel

«Hältst du Religiosität für eine auszeichnend deutsche Gabe?» fragte Adrian. «In dem Sinne, den ich ihr gab, als seelische Jugend, als Spontaneität, als Lebensgläubigkeit und Dürer'sches Reiten zwischen Tod und Teufel – allerdings.» (VI, 160)

Wilhelm Waetzoldt, *Dürer und seine Zeit.* Große illustrierte Phaidon-Ausgabe. Wien: Phaidon-Verlag 1935, Abbildungen VI, Pflanze und Tier: Nr. 216. Aus Thomas Manns Nachlaßbibliothek. Beim Material zum *Erwählten* liegt ein Blatt aus einem Kunstkalender von 1922, auf dem ebenfalls dieser Kupferstich abgebildet ist.

Vgl. *Ritter zwischen Tod und Teufel* (X, 465); *Dürer* (X, 230–233). Das Bild wird bei Thomas Mann wiederholt erwähnt. Vgl. Nietzsches Brief an Erwin Rohde vom 8. 10. 1868: «Mir behagt an Wagner, was mir an Schopenhauer behagt, die ethische Luft, der faustische Duft, Kreuz, Tod und Gruft.» *Friedrich Nietzsches Gesammelte Briefe,* Bd. 2: Briefwechsel mit Erwin Rohde. Hrsg. von Elisabeth Förster-Nietzsche und Fritz Schöll. Berlin, Leipzig: Schuster & Loeffler ²1902, S. 70–74.

Botticelli, Bildnis
Wien, Gemäldegalerie

Rudolf Schwerdtfeger an einem Künstlerfest

[...] Schwerdtfeger – als Bauernbursch gekleidet oder in der Tracht des florentinischen fünfzehnten Jahrhunderts, die seinen hübschen Beinen zustatten kam
und ihn Botticelli's Jünglingsportrait mit der roten Mütze nicht unähnlich
machte – [...].   (VI, 270f.)

Thomas Manns Vorlage unbekannt. Eventuell aus: Konrad Escher, *Malerei der Renaissance
in Italien*. Berlin: Akademische Verlagsgesellschaft Athenaion 1922. Handbuch der Kunstwissenschaft, S. 158, Abb. 148. Aus Thomas Manns Nachlaßbibliothek.

Dürers Arbeitszimmer
Nürnberg, Dürerhaus

Leverkühns «Abtsstube» in Pfeiffering

[...] und weiterhin dann die Abtsstube, einen sympathischen Raum, nicht gar groß und hinter dem Stil der Außenarchitektur des Hauses etwas zurück, im Charakter eher von 1600 als von 1700, getäfelt, mit teppichlosem Bretterboden und einer gepreßten Ledertapete unter der Balkendecke, mit Heiligenbildern an den Wänden der flachgewölbten Fensternische und in Bleiringe gefaßten Scheiben, in welche Vierecke aus bunter Glasmalerei eingelassen waren; mit einer Wandnische, in der ein kupferner Wasserkessel über einem ebensolchen Becken hing, und einem Wandschrank, der mit eisernen Spangen und Schlössern beschlagen war. Es gab eine Eckbank, mit Lederkissen belegt, und einen schweren eichenen Tisch nicht weit vom Fenster, kastenartig gebaut, mit tiefen Schubladen unter der polierten Platte. Sie zeigte ein vertieftes Mittelstück, einen höheren Rand, und ein geschnitztes Studienpult war ihr aufgesetzt. Darüber schwebte von der Balkendecke ein riesiger Kronleuchter, in dem noch Reste von Wachskerzen staken, ein unregelmäßig ausladendes, in Hörner, Geweihschaufeln und sonstige phantastische Bildungen nach allen Seiten endendes Dekorationsstück der Renaissance. (VI, 276f.)

Wilhelm Waetzoldt, *Dürer und seine Zeit.* 129.–148. Tausend. Köln: Phaidon-Verlag 1953. Tafel S. 256.
Thomas Manns Vorlage unbekannt. Das Bild des Arbeitszimmers befindet sich nicht in der Dürer-Ausgabe seiner Nachlaßbibliothek.
Vgl. J. Elema, «Thomas Mann, Dürer und Doktor Faustus». *Euphorion,* Heidelberg, 59 (1965), Heft 1/2, S. 97–117.

Die Melancholie
1514. Kupferstich

Das magische Quadrat

Darüber an der Wand war mit Reißnägeln ein arithmetischer Stich befestigt, den er in irgendeinem Altkramladen aufgetrieben: ein sogenanntes magisches Quadrat, wie es neben dem Stundenglase, dem Zirkel, der Waage, dem Polyeder und anderen Symbolen auch auf Dürers «Melencolia» erscheint. Wie dort war die Figur in sechzehn arabisch bezifferte Felder eingeteilt, so zwar, daß die 1 im rechten unteren, die 16 im linken oberen Felde zu finden war; und die Magie – oder Kuriosität – bestand nun darin, daß diese Zahlen, wie man sie auch addierte, von oben nach unten, in die Quere oder in der Diagonale, immer die Summe 34 ergaben.   (VI, 125; vgl. VI, 257)

Er: «[...] Nur eben daß das Stundglas gestellt ist, der Sand immerhin zu rinnen begonnen hat, darüber wollt ich mich gern mit dir, mein Lieber, verständigen.»
Ich (recht höhnisch): «Außerordentlich Dürerisch liebt Ihrs, – erst ‹Wie wirds mich nach der Sonne frieren› und nun die Sanduhr der Melencolia. Kommt auch das stimmige Zahlenquadrat? [...]»   (VI, 303)

Wilhelm Waetzoldt, *Dürer und seine Zeit*. Große illustrierte Phaidon-Ausgabe. Wien: Phaidon-Verlag 1935, Abbildungen IV, Phantasie: Nr. 172. Aus Thomas Manns Nachlaß-bibliothek.
Vgl. Brief Thomas Manns an Hans Peschick vom 2. 12. 1949 (unveröffentlicht, Thomas-Mann-Archiv Zürich): «Ihre exakte Ausforschung des Magischen Quadrats, das ich von Dürers berühmter Zeichnung als charakteristisch in die kleine Symbolwelt meines Romans übernahm, hat mir großes Vergnügen gemacht.»

Painting by Else Bostelmann

Giants of the Deep Seen for the First Time

Strange creatures, beautiful and grotesque as figments of fancy, revealed themselves at the windows of the Bathysphere, the steel diving ball of the National Geographic-William Beebe expedition, which penetrated ocean depths to a half mile, setting the world's record. In authoritative text and color-luminous plates The Magazine covers the entire range of Nature subjects.

Leverkühns Tiefseefahrt

Da also gefiel Adrian sich in dem Scherz, mir höchst anschaulich vorzuerzäh-
len, wie er mit Mr. Capercailzie eine kugelförmige Tauchergondel von nur
1,20 m Innendurchmesser und ausgerüstet ungefähr wie ein Stratosphären-
ballon bestiegen habe und sich mit ihm darin durch den Kran des Begleit-
schiffes in das hier ungeheuer tiefe Meer habe versenken lassen. Es war mehr
als aufregend gewesen, – wenigstens für ihn, wenn auch nicht für seinen Men-
tor oder Cicerone, dem er dies Erlebnis abgefordert hatte, und den die Sache
kühler ließ, da es nicht seine erste Niederfahrt war. Ihre Lage im engen Inneren
der zwei Tonnen schweren Hohlkugel war nichts weniger als bequem gewesen,
dafür aber hatte das Bewußtsein der absoluten Zuverlässigkeit ihrer Behausung
sie entschädigt: durchaus wasserdicht gebaut, wie sie war, einem gewaltigen
Druck gewachsen, versehen mit einem ergiebigen Sauerstoff-Vorrat, Telephon,
Starkstrom-Scheinwerfern und Quarzfenstern zur Ausschau nach allen Seiten.
[...]
   Die Ankunft eines menschlichen Raum-Fahrzeuges auf dem Mars, oder sagen
wir lieber auf der der Sonne ewig abgewandten Hälfte des Merkur, hätte denn
auch unter etwaigen Bewohnern dieser «nahen» Körper keine größere Sensa-
tion erregen können als das Erscheinen der Capercailzie'schen Senkglocke hier
unten. Die volkstümliche Neugier, mit der die abstrusen Kreaturen des Ab-
grundes das Haus der Gäste umdrängt hatten, war unbeschreiblich gewesen –
und unbeschreiblich, was da in verwirrtem Flitzen an tollen Geheimfratzen des
Organischen, an räuberischen Mäulern, schamlosen Gebissen, Teleskopaugen,
an Papierbootfischen, Silberbeilen mit aufwärts gerichteten Glotzern, Kiel-
und Flossenfüßern, bis zwei Meter lang, vor den Fenstern der Gondel vorüber-
huschte. [...]
   Übrigens hatte es wohl sein mögen, daß alle diese «natives» der Tiefe den
zu ihnen niedergestiegenen scheinwerfenden Gast als eine überdimensionierte
Abart ihrer selbst betrachteten, denn die meisten von ihnen konnten auch, was
er konnte, nämlich aus eigenen Kräften leuchten. Die Besucher hätten, erzählte
Adrian, ihr Dynamo-Licht nur verlöschen dürfen, damit ein Schauspiel anderer
absonderlicher Art sich ihnen enthüllte. Denn weithin sei dann das Meeres-
dunkel von kreisenden und dahinschießenden Irrlichtern illuminiert gewesen,
dem Selbstleuchten der Fische, mit dem sehr viele von ihnen begabt waren [...].
                                                              (VI, 355, 357)

Ausschnitt aus einer Zeitschrift. Aus dem Arbeitsmaterial zum *Doktor Faustus*. Thomas-
Mann-Archiv Zürich.

Holbein, Erasmus von Rotterdam

Adrian Leverkühn am Lesepult

[...] und Adrian, wie es sich traf, vor seinem altdeutschen Arbeitstisch mit der vertieften Mittelplatte und dem aufgesetzten Schreib- und Lesepult stand. Denn merkwürdigerweise schrieb er ja auch, etwa wie der Holbein'sche Erasmus es tut, auf schräger Fläche.   (VI, 406)

David Friedrich Strauß, *Ulrich von Hutten*. Leipzig: Insel-Verlag 1927, S. 80, Tafel 9. Aus Thomas Manns Nachlaßbibliothek.

Die Marter des Evangelisten Johannis
(Apokalypse) 1498

Aus Leverkühns Oratorium «Apocalipsis»

«Wie mir zumute ist?» sagte er damals zu mir. «Ungefähr wie Johanni Martyr im Ölkessel. Ziemlich genau so mußt du dir's vorstellen. Ich hocke als frommer Dulder im Schaff, unter dem ein lustiges Holzfeuer prasselt, gewissenhaft ange-facht von einem Braven mit dem Handblasebalg; und vor den Augen kaiser-licher Majestät, die sich die Sache ganz aus der Nähe ansieht – es ist der Kaiser Nero, mußt du wissen, ein prächtiger Großtürke mit einem italienischen Brokat im Rücken, – gießt mir der Henkersknecht mit Schamtasche und Flatterjacke aus einer gestielten Schöpfkelle das siedende Öl, worin ich andächtig sitze, über den Nacken. Ich werde begossen nach der Kunst wie ein Braten, ein Höllenbraten, es ist sehenswert, und du bist eingeladen, dich unter die auf-richtig interessierten Zuschauer hinter der Schranke zu mischen, die Magi-stratspersonen, das geladene Publikum, in Turbanen teils und teils in gut alt-deutschen Kappen mit Hüten noch obendrauf. Biedere Städter – und ihre betrachtsame Stimmung erfreut sich des Schutzes von Hellebardieren. Einer zeigt es dem andern, wie's einem Höllenbraten ergeht. Sie haben zwei Finger an der Wange und zwei unter der Nase. Ein Feister hebt die Hand, als wollte er sagen: ‹Bewahre Gott einen jeden!› Einfältige Erbautheit auf den Gesich-tern der Frauen. Siehst du's? wir sind alle dicht beieinander, die Szene ist treulich angefüllt mit Figur. Das Hündchen Herrn Nero's ist auch mitgekom-men, damit kein Fleckchen leer ist. Es hat ein zorniges Pinscher-Mienchen. Im Hintergrund sieht man die Türme, Spitzerker und Giebel von Kaisers-aschern ...»   (VI, 470f.)

Wilhelm Waetzoldt, *Dürer und seine Zeit*. Große illustrierte Phaidon-Ausgabe. Wien: Phaidon-Verlag 1935, Abschnitt 3: Die Apokalypse, S. 47–82, Abb. S. 53. Aus Thomas Manns Nachlaßbibliothek.

Johannes verschlingt das Buch
1498

Aus Leverkühns Oratorium «Apocalipsis»

So ist das «Verschlingen des Buches», das auch Albrecht Dürer kühnlich zum Gegenstand eines seiner Holzschnitte gemacht hat, fast wortgetreu von Hesekiel entliehen, bis auf die Einzelheit, daß es (oder der «Brief», darinnen Klage, Ach und Wehe geschrieben steht) im Munde des gehorsam Essenden so süß als Honig schmeckt. (VI, 475)

Wilhelm Waetzoldt, *Dürer und seine Zeit.* Große illustrierte Phaidon-Ausgabe. Wien: Phaidon-Verlag 1935, Abschnitt 3: Die Apokalypse, S. 47–82, Abb. S. 77. Aus Thomas Manns Nachlaßbibliothek.

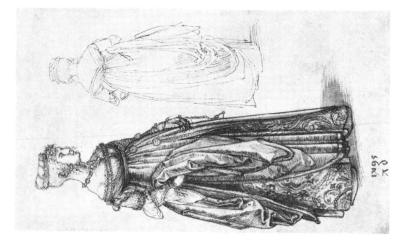

Venezianische Dame
1495. Federzeichnung. Wien, Albertina

Die babylonische Buhlerin
(Apokalypse) 1498

Aus Leverkühns Oratorium «Apocalipsis»

So auch ist die große Erzhure, das Weib auf dem Tiere, bei deren Schilderung
der Nürnberger sich heitererweise geholfen hat, indem er die mitgebrachte
Portraitstudie einer venezianischen Kurtisane dazu benutzte, bei Ezechiel sehr
weitgehend und in ganz verwandten Wendungen vorgezeichnet.   (VI, 475)

Wilhelm Waetzoldt, *Dürer und seine Zeit*. Große illustrierte Phaidon-Ausgabe. Wien:
Phaidon-Verlag 1935, Abschnitt 3: Die Apokalypse, S. 47–82, Abb. S. 61, und Abbildungen VII, Bauern, Bürger und Soldaten: Nr. 236. Aus Thomas Manns Nachlaßbibliothek.

Das Jüngste Gericht
1536–1541. Rom, Sixtinische Kapelle

Aus Leverkühns Oratorium «Apocalipsis»

Von Dante's Gedicht hat Leverkühns tönendes Gemälde viel, noch mehr von jener körperstrotzend übervölkerten Wand, auf welcher Engel hier in die Posaunen des Untergangs stoßen, dort Charons Nachen sich seiner Last entlädt, die Toten auferstehen, die Heiligen anbeten, Dämonenmasken den Wink des schlangengegürteten Minos erwarten, der Verdammte, üppig in Fleisch, von grinsenden Söhnen des Pfuhls umschlungen, getragen, gezogen, gräßliche Abfahrt hält, indem er ein Auge mit der Hand bedeckt und mit dem anderen entsetzensvoll ins ewige Unheil starrt, nicht weit von ihm aber die Gnade zwei Sünderseelen noch aus dem Falle ins Heil emporzieht, – kurzum, von dem Gruppen- und Szenenaufbau des Jüngsten Gerichts.   (VI, 476)

Thomas Manns Vorlage unbekannt. Er sah Michelangelos Werke in Rom selbst, während seines Aufenthalts im Jahre 1895; vgl. *Lebensabriß* (XI, 103) und *Ästhetizistische Politik* (XII, 539).
Unsere Abbildung ist dem Band: Ludwig Goldschneider, *Michelangelo*. Gesamtausgabe, 5. Ausgabe, Köln: Phaidon 1964, Tafel 228, entnommen. Nicht in Thomas Manns Nachlaßbibliothek.
Vgl. Gertrud Höhler, «Der Verdammte, üppig im Fleisch. Ein Bildzitat in Thomas Manns ‹Doktor Faustus›». *Euphorion*, Heidelberg, 62 (1968), Heft 3/4, S. 405–414.

Sturz der Verdammten
Detail aus dem «Jüngsten Gericht»

Aus Leverkühns Oratorium «Apocalipsis»

Deutschland, die Wangen hektisch gerötet, taumelte dazumal auf der Höhe
wüster Triumphe [...].

Heute stürzt es, von Dämonen umschlungen, über einem Auge die Hand
und mit dem andern ins Grauen starrend, hinab von Verzweiflung zu Verzweiflung. Wann wird es des Schlundes Grund erreichen?   (VI, 676)

Ludwig Goldschneider, *Michelangelo*. Gesamtausgabe, 5. Ausgabe. Köln: Phaidon 1964,
Tafel 230. Nicht in Thomas Manns Nachlaßbibliothek.
Vgl. Gertrud Höhler, «Der Verdammte, üppig im Fleisch. Ein Bildzitat in Thomas Manns
‹Doktor Faustus›». *Euphorion*, Heidelberg, 62 (1968), Heft 3/4, S. 405–414.

Die vier apokalyptischen Reiter
1498

Aus Leverkühns Oratorium «Apocalipsis»

Ich sehe ihn mit einem gemurmelten «Sprich weiter! Sprich nur weiter!» an seinen Tisch treten, die Orchesterskizze aufreißen [...], und mit einer Grimasse, deren Ausdrucksmischung ich nicht zu nennen versuche, die aber in meinen Augen die kluge und stolze Schönheit seines Gesichts entstellte, dorthin blik-ken, wo vielleicht der Schreckenschor der vor den vier Reitern flüchtenden, strauchelnden, hingestürzten, überrittenen Menschheit entworfen, der greu-liche, dem höhnisch meckernden Fagott übergebene Ruf des «Vogels Wehe» notiert, oder auch der antiphonartige Wechselgesang gefügt war, der gleich bei erster Kenntnisnahme so tief mein Herz ergriff [...].   (VI, 478)

Wilhelm Waetzoldt, *Dürer und seine Zeit*. Große illustrierte Phaidon-Ausgabe. Wien: Phaidon-Verlag 1935, Abschnitt 3: Die Apokalypse, S. 47–82, Abb. S. 58. Aus Thomas Manns Nachlaßbibliothek.

Lobgesang der Auserwählten im Himmel
1498

Aus Leverkühns Oratorium «Apocalipsis»

Ich bewahre einen Brief, den Adrian mir zu jener Zeit von Pfeiffering nach Freising schrieb – aus der Arbeit heraus an dem Lobgesang der «großen Schar, welche niemand zählen konnte, aus allen Heiden und Völkern und Sprachen, vor dem Stuhl stehend und vor dem Lamm» (siehe Dürers siebentes Blatt) –, einen Brief, in dem er nach meinem Besuch verlangte [...].   (VI, 494)

Wilhelm Waetzoldt, *Dürer und seine Zeit*. Große illustrierte Phaidon-Ausgabe. Wien: Phaidon-Verlag 1935, Abschnitt 3: Die Apokalypse, S. 47–82, Abb. S. 67. Aus Thomas Manns Nachlaßbibliothek.

Der Kampf der Engel
1498

Aus Leverkühns Oratorium «Apocalipsis»

Wie entsetzlich wirken an der Stelle, wo die vier Stimmen des Altars das Los-
lassen der vier Würgeengel verordnen, welche Roß und Reiter, Kaiser und
Papst und ein Drittel der Menschheit mähen, die Posaunen-Glissandi, die hier
das Thema vertreten, – dieses zerstörerische Durchfahren der sieben Zugord-
nungen oder Lagen des Instruments!   (VI, 497)

Wilhelm Waetzoldt, *Dürer und seine Zeit*. Große illustrierte Phaidon-Ausgabe. Wien:
Phaidon-Verlag 1935, Abschnitt 3: Die Apokalypse, S. 47–82, Abb. S. 75. Aus Thomas
Manns Nachlaßbibliothek.
Zur «Apocalipsis» vgl. auch Abb. S. 63 und 73 (VI, 478, 497).

[Frido und Antonio Mann, Enkelkinder von Thomas Mann]

Nepomuk Schneidewein

[...] Frauen ließen meist eine Neigung merken, bei Nepomuk niederzuknien. [...] Ich sah ihn zuerst von weitem: Adrian zeigte ihn mir von der Hausecke aus, wie er ganz allein im rückwärtigen Nutzgarten am Boden saß, [...] ein Beinchen ausgestreckt, das andere halb hochgezogen, die geteilten Strähnen des Haars in der Stirn, und, wie es schien, mit etwas distanziertem Wohlgefallen ein Bilderbuch betrachtete, das ihm der Oheim geschenkt hatte. Er hielt es auf den Knien mit der Rechten am Rande. Das linke Ärmchen und Händchen aber, womit er das Blatt gewendet hatte, verharrten, die Bewegung des Umblätterns unbewußt festhaltend, in unglaublich graziöser Gebarung, das Händchen geöffnet, seitwärts vom Buch in der Luft, so daß mir war, als hätte ich nie ein Kind so reizend dasitzen sehen (meinen eigenen war's nicht im Traume gegeben, den Augen dergleichen zu bieten!), und bei mir dachte, auf diese Manier müßten die Englein droben die Seiten ihrer Hallelujabücher wenden.   (VI, 615 f.)

Photographie aus dem Besitze Thomas Manns. Das Original steht auf dem Schreibtisch des Dichters im Gedenkzimmer des Thomas-Mann-Archivs Zürich.

Selbstbildnis Dürers (1500?)
München, Ältere Pinakothek

Adrian Leverkühn

Ich darf zuvor nicht unterlassen, auf die persönliche Kondition ihres Schöpfers, eines damals Vierundvierzigjährigen, auf seine Erscheinung und Lebensweise, wie sie sich meiner immer gespannten Beobachtung darstellten, ein Licht zu werfen. Was mir dabei zuerst in die Feder kommt, ist die Tatsache, auf die ich in diesen Blättern schon frühzeitig vorbereitete, daß sein Gesicht, welches, solange er es glatt rasierte, die Ähnlichkeit mit dem seiner Mutter so offen zur Schau getragen hatte, seit kurzem durch einen dunklen, mit Grau vermischten Bartwuchs verändert war, eine Art von Knebelbart, in den ein schmales Oberlippenbärtchen hinabhing, und der, wenn er auch die Wangen nicht frei ließ, doch weit dichter am Kinn, hier aber wieder stärker zu seiten desselben als in der Mitte, also nicht etwa ein Spitzbart war. Die Verfremdung, die diese partielle Bedeckung der Züge bewirkte, nahm man in den Kauf, weil der Bart es war, der, wohl zusammen mit einer wachsenden Neigung, den Kopf zur Schulter geneigt zu tragen, dem Antlitz etwas Vergeistigt-Leidendes, ja Christushaftes verlieh. (VI, 640)

Wilhelm Waetzoldt, *Dürer und seine Zeit.* Große illustrierte Phaidon-Ausgabe. Wien: Phaidon-Verlag 1935, Abbildungen I, Bildnisse: Nr. 12. Aus Thomas Manns Nachlaßbibliothek.
Vgl. J. Elema, «Thomas Mann, Dürer und Doktor Faustus». *Euphorion,* Heidelberg, 59 (1965), Heft 1/2, S. 97–117.

Der Schmerzensmann
(Selbstbildnis Dürers?) 1522. Bremen, Kunsthalle

Adrian Leverkühn

Er schien mir kleiner geworden, was an der schief gebückten Haltung liegen mochte, aus der ein verschmälertes Gesicht, ein Ecce homo-Antlitz, trotz der ländlich gesunden Hautfarbe, mit weh geöffnetem Munde und blicklosen Augen zu mir emporhob.   (VI, 674)

Wilhelm Waetzoldt, *Dürer und seine Zeit*. Große illustrierte Phaidon-Ausgabe. Wien: Phaidon-Verlag 1935, Abbildungen I, Bildnisse: Nr. 19. Aus Thomas Manns Nachlaßbibliothek.
Vgl. J. Elema, «Thomas Mann, Dürer und Doktor Faustus». *Euphorion,* Heidelberg, 59 (1965), Heft 1/2, S. 97–117.

[Abenteuer, wie Gunther um Brunhild gen Isenland fuhr]

Der Buhurd

Auch der Buhurd, das lustige Reiterspiel, das Jung Wiligis auf dem weichen
Talgrund zu Füßen der Burg mit Herren und Knappen übte, wobei in Carrière
Schar auf Schar stößt und einander vom Plan zu sprengen sucht (die Damen
aber saßen Spott spendend oder verliebten Beifall auf hölzernen Balkonen um
den Kampfplatz), – auch diese Hurterei ist mir im Grunde ganz fremd und
eher widersam; aber ich erzähle doch geläufig davon, wie Willo mit seiner
Schar daherpreschte, daß die Krume stob, der schönste Fünfzehnjährige, den
man sich denken kann, auf seinem Schecken, ohne Rüstung, nur in Hals- und
Schulterberge aus leichten Stahlringen [...].   (VII, 25)

Der Nibelungen Not. In der Simrockschen Übersetzung nach dem Versbestande der Hundes-
hagenschen Handschrift. Bearbeitet und hrsg. von Hermann Degering. Berlin: Wegweiser-
Verlag 1924, Abb. S. 41. Aus Thomas Manns Nachlaßbibliothek.
Vgl. Briefe Thomas Manns an Walter H. Perl vom 27. 10. 1951 (unveröffentlicht, Thomas-
Mann-Archiv Zürich) und Erich Auerbach vom 12. 10. 1951 (XI, 691–693).

Meister des Sterzinger Altars, Ulmer Verlöbnis
(Um 1460) Original: Museum of Art, Cleveland, Ohio

Sibylla und Wiligis

Wollt ihr wissen, wie das Fräulein zur Feier des Tages gekleidet war, so war sie angetan mit einem Kleide, so grün wie Gras, aus Assagauker Sammet, schön weit und lang und luxuriös gerafft, und wo es vorn in breiten Falten gerafft war, sah man, daß das Futter aus roter und das Unterkleid aus weißer Seide war. An ihrem elfenbeinfarbenen Halse schloß es rund und war, wie an den Handgelenken, mit Perlen und Steinen gesäumt, die tiefer auf der Brust zu einem breiten Geschmeide zusammentraten. Dicht besetzt mit Edelsteinen war auch ihr Gürtel, und der Jungfrauenkranz in ihrem offenen Haar, er ebenfalls, bestand aus kleinen Rubinen und Granatstein grün und rot. Da mag wohl Neid ankommen manche Maid, wie ich das Herzogskind beschreibe, auch wegen der Länge ihrer Wimpern, zwischen denen die blauschwarzen Augen spielten, ferner weil ich, die eigenen Augen mönchisch niederschlagend, berichte, daß unter Sammet und Steinen ihre Brust schon blühend wogte, nicht zu schweigen von der ganz außerordentlichen Schönheit ihrer Hände, – kaum kleiner waren sie als die des Bruders, aber überaus fein von Knöcheln, mit zugespitzten Fingern, und an einigen von diesen funkelten Ringe, je einer am oberen und unteren Gliede. Schlank war sie, von lieblicher Hüftlinie, und wie bei ihm setzte die Oberlippe weit vorn am Näschen an und war gewölbt. Die dünnen Nüstern dazu flatterten ganz wie seine. (VII, 25 f.)

Meister des Sterzinger Altars: *Ulmer Verlöbnis* (um 1460). Eine Kopie des Gemäldes befindet sich im Gedenkzimmer des Thomas-Mann-Archivs Zürich.
Vgl. Hans Wysling, «Thomas Manns Verhältnis zu den Quellen. Beobachtungen am ‹Erwählten›». In: Paul Scherrer und Hans Wysling, *Quellenkritische Studien zum Werk Thomas Manns*. Bern und München: Francke 1967. Thomas-Mann-Studien I, S. 258–324.

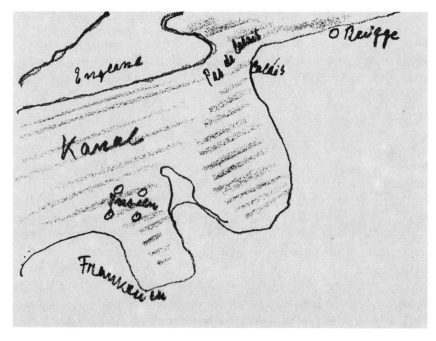

[Eigenhändige Skizze Thomas Manns]

Der «Kanal»

Wie vorzüglich und zur Bewunderung auffordernd erscheint nicht dem, der
von Erdkunde einigen Unterricht besitzt, die Tatsache, daß eine Verbindung
bestellt ist zwischen dem oceanus und der Nordsee: durch einen Meereszug
nämlich, der, hingehend zwischen Karolingen und Engelland, seiner Schmalheit wegen im Scherze «der Ärmel» genannt wird, sonst auch wohl «der
Kanal» [...].

Inseln sind bereitet in diesem Wasser, nämlich dort, wo es sich schon gegen
das Weltmeer öffnen will: größere, kleine und ganz kleine, genannt «die Nor-
mannischen», wohl weil sie näher gegen Francia und das Land der Normannen
gelegen sind als gegen Cornwall und Sussex, und auf eine der kleinsten davon,
abgelegen von den anderen tiefer ins Meer hinein gegen Engelland, bin ich im
Begriffe mich mit dem Leser im Geist zu versetzen. Das war ein flutumgürtetes
Stückchen Gotteserde, dessen Bewohner zwar zu ihrem Heil vom Kristentum
waren erreicht worden, sonst aber ein recht ursprüngliches, im Weltgeschehen
wenig erfahrenes Leben führten.   (VII, 66 f.)

Notizblatt aus dem Arbeitsmaterial zum *Erwählten*. Thomas-Mann-Archiv Zürich.

Bramante

Abt Gregorius

Abt Gregorius ist als ein einnehmender Mann von mäßiger Statur zu schildern, dessen volles, sorgfältig geschabtes Gesicht mit kleinem Mund und gerundet vorstehender Unterlippe von einem schön polierten Glitz- und Glatzschädel überwölbt war. Krauses Grauhaar stand an den Schläfen davon ab. (VII, 68)

Ferdinand Gregorovius, *Geschichte der Stadt Rom im Mittelalter.* Neue, vollständige Ausgabe. Hrsg. von Fritz Schillmann. 2 Bände. Dresden: Jeß 1926, Bd. 2, Tafel S. 1072. Aus Thomas Manns Nachlaßbibliothek.

[Zeitungsausschnitt]

Grigorß

Mit fünfzehn, sechzehn war er zum besten Jüngling erwachsen, rank von Gliedern, das Antlitz schmal, mit geradem Näschen, anmutigem Munde, schönen
Brauen, von Schwermut sanft beseelt. (VII, 89)

Das mochte der Grund sein, weshalb Traurigkeit wie ein Schleier über seinem
Wesen lag, die ihn übrigens gut kleidete und seinem Jugendreiz eher zustatten
kam, als daß sie ihn vermindert hätte. [...]
    In eine gespannte Stirn fiel sein braunes Haar, das weicher war als das der
anderen, und in dem schmalen Gesicht mit der allzu gewölbten Oberlippe, die
fest auf der unteren lag, und den dünn fliegenden Nüstern, – in diesem Gesicht,
das nicht, wie bei den Gesellen, in der Anstrengung rot-puterig aufschwoll, vielmehr noch in mattere Bleichheit fiel, brannten die bläulichen Augen mit son-
derlicher Kraft und waren überall [...]. (VII, 91 f.)

Zeitungsausschnitt aus dem Arbeitsmaterial zum *Erwählten*. Thomas-Mann-Archiv Zürich.
Vgl. Hans Wysling, «Thomas Manns Verhältnis zu den Quellen. Beobachtungen am
‹Erwählten›». In: Paul Scherrer und Hans Wysling, *Quellenkritische Studien zum Werk
Thomas Manns*. Bern und München: Francke 1967. Thomas-Mann-Studien I, S. 258–324.

Henning von der Heide, Kopf des heiligen Hieronymus in Vadstena
Um 1490

Herr Poitewin, Schultheiß von Brügge

Dem Grigorß trat am Kai [...] ein ansehnlicher Mann entgegen, versorgten mehr als strengen Angesichts, einen Hut auf dem Kopf, von dessen Krempe ein Tuch ihm über die Ohren zur Brust hinabhing [...]. (VII, 119)

Ausschnitt aus einer Zeitschrift. Aus dem Arbeitsmaterial zum *Erwählten*. Thomas-Mann-Archiv Zürich.

[Siegfried wird nach Worms gesandt]

Die Grabenbrücke

Den dritten Tag schon, da läßt ihm der Soldgraf bei guter Zeit die Balken-
riegel ziehen aus den Furchen, die Grabenbrücke fallen und die Flügel öffnen,
und hinaus tritt weltallein der von Ukerland, – wir alle dachten wahrlich, er
hätte den Tod an der Hand. [...]
    Da kamen sie gelaufen von Herzog Rogers Lehn, weil sie seiner Waffe
Winken und das offene Tor gesehn.   (VII, 128)

Der Nibelungen Not. In der Simrockschen Übersetzung nach dem Versbestande der Hundes-
hagenschen Handschrift. Bearbeitet und hrsg. von Hermann Degering. Berlin: Wegweiser-
Verlag 1924, Abb. S. 59. Aus Thomas Manns Nachlaßbibliothek.
Vgl. Briefe Thomas Manns an Walter H. Perl vom 27. 10. 1951 (unveröffentlicht, Thomas-
Mann-Archiv Zürich) und Erich Auerbach vom 12. 10. 1951 (XI, 691–693).

[Volker ersticht den reichen Heunen]

Der Zweikampf

So tönte denn das Heerhorn, und der Zweikampf begann.

[...] Sie schlugen die Speere unter die Arme, rückten den Schild hoch, und in vollem Lauf, mit viel Geklapper und Geklirr, berannten sie einander zu prasselndem Zusammenprall, daß einer dem andern mit dem Speere gleich beikäme und ihn vom Sattel stieße. [...] Für die Schwerter war jetzt der Augenblick gekommen. Aus den breiten Scheiden zogen sie sie und schmiedeten damit aufeinander los, daß die Schläge hinhallten übers Feld und zu den Ohren der Gaffer auf der Mauer, daß es nur so lohte und funkte beim Treffen von Stahl auf Eisen. [...] Die Rosse traten und tänzelten umeinander herum, wie die Reiter fochten und einander Schlagesvorteil abzugewinnen suchten; bald standen sie seitlich zueinander, bald Stirn zu Stirn. [...] da zeigte sich des Herzogs überlegene Reife: jählings schlug er dem andern das Schwert aus der Hand, daß es im Bogen von ihm flog und lauter Jubel und Triumphgeschrei ausbrach unter den Burgunden und bei den Bürgern lautes Wehe. Indes aber das Schwert noch flog, war etwas andres geschehen, blitzschnell, was mir bei aller Abneigung gegen das Männergeräuf den Sinn erheitert, und was niemand sogleich verstand: Grigorß hatte mit seiner schwertfreien Rechten im Eisenhandschuh dem Roß des Spitzbarts in den Zaum gegriffen und mit demselben unbedingten Griff auch dessen Schwert gefangen, das noch vom sieghaften Schlage unten war. Die hielt er nun beide unbedingt, Zaum und Schwert, und im selben Nu fing Sturmi an, aus allen Kräften seines kurzen, lieben, gedrungenen Leibes rückwärts zu gehen und den hohen Rappen mitsamt dem Herzog, dem es um nichts in der Welt gelingen wollte, sein Gewaffen aus diesem unbedingten Griff zu befreien, vor sich her zu ziehen zu der Brücke und gegen das Tor.   (VII, 143 f.)

Der Nibelungen Not. In der Simrockschen Übersetzung nach dem Versbestande der Hundeshagenschen Handschrift. Bearbeitet und hrsg. von Hermann Degering. Berlin: Wegweiser-Verlag 1924, Abb. S. 206. Aus Thomas Manns Nachlaßbibliothek.

Vgl. Briefe Thomas Manns an Walter H. Perl vom 27. 10. 1951 (unveröffentlicht, Thomas-Mann-Archiv Zürich) und Erich Auerbach vom 12. 10. 1951 (XI, 691–693).

Hans Wysling, «Thomas Manns Verhältnis zu den Quellen. Beobachtungen am ‹Erwählten›». In: Paul Scherrer und Hans Wysling, *Quellenkritische Studien zum Werk Thomas Manns.* Bern und München: Francke 1967. Thomas-Mann-Studien I, S. 258–324.

Verkündigung
Oberrheinische Schule des K. Witz. Nürnberg, Germanisches Museum

Mariä Verkündigung

Von der Gebenedeiten war vor dem Schemel, wo sie kniete, ein schönes Bild
ausgespannt, aus guter Schule: nämlich wie sie's erfuhr und von dem Fittich-
Boten die ungeheuere Botschaft in süßer Demut empfing, – in einer Kemenate
von Holz saß sie, in faltenweitem Kleide, hinter dem Scheitelhäuptchen einen
Kreis von Glorie und zwischen den erhobenen Händchen ein Buch, darin sie
in aller Unschuld gelesen, und wovon sie halb ungern das Köpfchen wandte,
so als kehrte sie lieber zu ihrer stillen Beschäftigung zurück, als daß sie des
lockigen Engels achtete, der an der Tür in weißem gebauschtem Unterkleid
und blauem Mantel hockend schwebte, nach oben weisend mit dem Finger
seiner Linken, und in der Rechten es schriftlich hatte: ein gerolltes Blatt, worauf es in Lettern geschrieben stand, was sein kleiner roter Mund der Magd
eröffnete. Sie aber blickte unter gesenkten Lidern zwischen ihm und dem Buch
hinab zum Estrich in heiliger Ziererei, als wollte sie sagen: «Ich? Wie denn
wohl? Das kann nicht sein. Du hast zwar Fittiche und hast es schriftlich und
kamst, ohne die Tür zu öffnen, ich aber saß hier ohne den leisesten Gedanken
der Ehrsucht bei meinem Buch und war auf solche Heimsuchung nicht im
entferntesten gefaßt.» (VII, 155)

Fritz Burger, *Die deutsche Malerei vom ausgehenden Mittelalter bis zum Ende der Renaissance*,
Bd. 1. Berlin-Neubabelsberg: Akademische Verlagsgesellschaft 1913. Handbuch der
Kunstwissenschaft, S. 119, Abb. 134. Aus Thomas Manns Nachlaßbibliothek.
Vgl. Brief Thomas Manns an Erich Auerbach vom 12. 10. 1951 (XI, 691–693).

Kardinal Scarampo

Liberius

[...] ein hoher und schöner Mann, ergraut, mit der gewölbten Oberlippe des Römers, sinnenden dunklen Augen und einem Munde, der seinen eigentümlichen, schmerzlich-frommen Ausdruck durch das Herabhängen des einen Winkels – nur des einen – gewann. (VII, 204)

Ferdinand Gregorovius, *Geschichte der Stadt Rom im Mittelalter*. Neue, vollständige Ausgabe. Hrsg. von Fritz Schillmann. 2 Bände. Dresden: Jeß 1926, Bd. 2, Tafel S. 624. Aus Thomas Manns Nachlaßbibliothek.

Papst Gregor XII.

Gregorius, der «sehr große Papst»

Seitlich saß er zu der, die eintrat und sich schon an der Tür zum ersten Tief-
knicks niederließ, und wandte sein Haupt gegen sie, das in eine rote, mit
Hermelin verbrämte, in den Nacken und halb über die Ohren reichende
Sammetkappe gehüllt war. Das ist eine feine Kopfbedeckung, dem Papste vorbehalten, und sehr gefällt mir auch der Stutzmantel aus gleichen Stoffen, den
er über der weißen Dalmatika um die Schultern trug, – darüber das Pallium,
mit Kreuzen bestickt. Streng war in der Kappe sein vom Barte freies Antlitz;
blank und so stark zeichneten die Wangenknochen sich darin ab, daß es aussah,
als würden sie durch ein Zusammenpressen der Kiefer hervorgetrieben, und
überaus ernst lag die etwas weit vorn an der Nase ansetzende Oberlippe auf
der unteren. Die dunklen Augen aber erschimmerten, wie sie der Büßerin
entgegenschauten, in Tränen [...].   (VII, 250f.)

Ferdinand Gregorovius, *Geschichte der Stadt Rom im Mittelalter*. Neue, vollständige Ausgabe.
Hrsg. von Fritz Schillmann. 2 Bände. Dresden: Jeß 1926, Bd. 2, Tafel S. 496. Mit Thomas
Manns Vermerk «Rote Mozzetta». Aus Thomas Manns Nachlaßbibliothek.

[Gertrud von le Fort]

Frau Rosalie von Tümmler

Frau von Tümmler war gesellig von Anlage. Sie liebte es, auszugehen und in den ihr gesteckten Grenzen ein Haus zu machen. Ihre schlichte und heitere Gemütsart, ihre Herzenswärme, von der ihre Liebe zur Natur ein Ausdruck war, erwarben ihr allgemeine Zuneigung. Nicht groß von Person, die Figur aber wohlerhalten, mit schon stark ergrautem, reichlichem, welligem Haar und feinen, wenn auch etwas alternden Händen, auf deren Rücken gar zu viele und große, sommersprossenähnliche Hautverfärbungen sich mit den Jahren hervorgetan hatten (eine Erscheinung, gegen die noch kein Mittel gefunden ist), wirkte sie jugendlich kraft eines Paars prächtiger, lebendiger brauner Augen, die, genau von der Farbe geschälter Kastanien, aus einem fraulich lieben Gesicht von den angenehmsten Zügen leuchteten. Einer kleinen Neigung zur Nasenröte, die sich gerade in Gesellschaft, bei angeregter Stimmung, geltend machte, suchte sie durch ein wenig Puder abzuhelfen – unnötigerweise, da sie sie nach allgemeinem Urteil herzig kleidete.   (VIII, 878)

Zeitungsausschnitt eines Porträts von Gertrud von le Fort. Aus dem Arbeitsmaterial zur *Betrogenen*. Thomas-Mann-Archiv Zürich.

Düsseldorf. Rheinufer

Am Quai von Düsseldorf

Man war für den Vormittag. Eduard glaubte zu wissen, daß das Schloß ohne-
hin nur wenige Stunden in den Nachmittag hinein der Besichtigung offen-
stehe. Am Sonntagmorgen also. Unter Rosaliens energischem Antrieb war die
Abmachung schnell und fest getroffen. Es war Keaton, der mit dem Chartern
des Motorbootes beauftragt wurde. Bei der Pegeluhr, am Rathausufer, der
Abfahrtsstelle, wollte man sich früh neun Uhr am übernächsten Tage zu-
sammenfinden.

So geschah es. Der Morgen war sonnig und etwas windig. Am Quai staute
sich viel unternehmendes Publikum, das mit Kindern und Fahrrädern den
Zutritt zu einem der weißen Dampfer der Köln-Düsseldorfer Schiffahrtslinie
erwartete. Für Tümmlers und ihren Begleiter lag das gemietete Motorboot
bereit.   (VIII, 938)

Ansichtskarte von Düsseldorf. Aus dem Arbeitsmaterial zur *Betrogenen*. Thomas-Mann-
Archiv Zürich.

Schloß Benrath

Schloß Holterhof

Sie kamen zum Schloß, zu dem blanken, kreisrunden Weiher, in dem es sich spiegelte, mit einem Inselchen seitlich darin [...].

Unsere Freunde gesellten sich zu ihnen und sahen wie sie an der reizend geschmückten Feudalarchitektur zu den ovalen Œils-de-bœuf im schieferfarbenen Dachgeschoß empor. Mythologisch leichtgeschürzte Figuren, Pan und seine Nymphen, standen auf Sockeln zu seiten der tiefreichenden Fenster [...].

(VIII, 942)

«Düsseldorf», *Merian,* Hamburg, 4 (1951), Heft 5 (vgl. Aufsatz von Emil Barth, «Schloß–zauber», S. 56–60 mit Abb. S. 57). Aus dem Arbeitsmaterial zur *Betrogenen.* Thomas-Mann-Archiv Zürich.
Vgl. Mario Szenessy, «Über Thomas Manns ‹Die Betrogene›». *Deutsche Vierteljahrsschrift für Literaturwissenschaft und Geistesgeschichte,* Stuttgart, 40 (1966), Heft 2, S. 217–247.

HINWEISE AUF WEITERE BILDER UND TEXTE

Königliche Hoheit

Der Brautzug (II, 359): «Ein zweiter Vierspänner hierauf, worin man die Gräfin Löwen-joul gewahrte, die scheel und schief auf die beiden Ehrendamen blickte, mit denen sie fuhr [...].»
Vgl. *Die Woche*, Berlin, 9, Nr. 24 (15. Juni 1907), S. 1031.

Der Zauberberg

Hans Castorps Frosttraum (III, 679): «Weiterhin übte sich Jungmannschaft im Bogen-schießen. Es war glücklich und freundschaftlich zu sehen, wie Ältere noch Ungeschickte, Lockige im Spannen der Sehne, im Anlegen unterwiesen, mit ihnen zielten und die vom Rückschlag Taumelnden lachend stützten, wenn der Pfeil schwirrend hinausging.»
Vgl. Edwin Redslob, *Ludwig von Hofmann*. Handzeichnungen. Weimar: Kiepenheuer 1918, Tafel 38a (Bogenschützen).

Die Geschichten Jaakobs

Turm von Babel (IV, 33): «Allen Chaldäern bedeutete der uralte und ungeheuere, nach ihrer Meinung von Bel, dem Schöpfer, selbst mit Hilfe der erst geschaffenen Schwarz-köpfigen erbaute, von Chammuragasch, dem Gesetzgeber, aufgefrischte und ergänzte sieben Stockwerk hohe Terrassenturm Esagila's, von dessen bunt emaillierter Pracht Jo-seph eine Vorstellung hatte, das Anschaulichwerden und gegenwärtige Erlebnis eines ur-weither übermachten Inbegriffs: Des Turmes, des bis an den Himmel ragenden Bauwerks von Menschenhand.»
Vgl. Alfred Jeremias, *Das Alte Testament im Lichte des alten Orients*. 3. deutsche, völlig neu bearbeitete Auflage. Leipzig: Hinrichs 1916, S. 170, Abb. 50 (Turm von Babylon).

Der junge Joseph

Die Massebe (IV, 440): «[...] ein übermannshoher, vierkantiger Steinkegel, in den Zeu-gungssymbole eingeprägt waren, eine Massebe, war, selbst wohl ein Zeugungssymbol, in-mitten der Lichtung errichtet [...].»
Vgl. Immanuel Benzinger, *Hebräische Archäologie*. 3., neu bearbeitete Auflage. Leipzig: Pfeiffer 1927, S. 321, Abb. 406 (Heiligtum von Petra: eine der beiden Masseben).

Jaakobs Zelt (IV, 471): «[...] Jaakob hatte sich nachmittags in sein ‹härenes Haus› zurück-gezogen, dessen verfilztes Gewebe, schwarz, aus Ziegenhaar, über neun feste Stangen ge-spannt und mit starken Seilen an den gerammten Pflöcken befestigt, vollkommenen und sicheren Schutz vor der Segensnässe bot. Es war das größte der ziemlich weit verteilten Siedlung, und als reicher Mann, der darauf hielt, den Frauen ein eigenes Obdach zu bieten, bewohnte der Herr es allein, obgleich es durch ein an den mittleren Pfählen von vorn nach hinten durchgezogenes Gehänge in zwei Räume geteilt war.»

Vgl. Immanuel Benzinger, *Hebräische Archäologie*. 3., neu bearbeitete Auflage. Leipzig: Pfeiffer 1927, S. 96, Abb. III (Modernes Zelt).

Dreschgeräte (IV, 505): «Währenddem erörterten die Brüder die Vorteile oder Nachteile eines Geräts, dessen man sich neuerdings vielfach zum Dreschen bediente, der Dreschtafel, die, von Ochsen gezogen, mit den an ihrer Unterseite befestigten spitzen Steinen die Ähren zerriß. [...] Auch von einem Dreschwagen sprach man [...].»
Vgl. Immanuel Benzinger, *Hebräische Archäologie*. 3., neu bearbeitete Auflage. Leipzig: Pfeiffer 1927, S. 145, Abb. 141–143.

Joseph in Ägypten

Amuns Wohnung (IV, 766): «‹Das ist Epet-Esowet, die große Wohnung Amuns›, sagte der Alte zu Joseph, indem er ihn mit dem Finger bedeutete. ‹Die hat einen Saal, fünfzig Ellen breit, mit zweiundfünfzig Säulen und Pfeilern, die Zeltpfählen gleichen, und ist der Saal, wenn's dir recht ist, mit Silber gepflastert.›»
Vgl. Aylward Manley Blackman, *Das hundert-torige Theben*. Leipzig: Hinrichs 1926, Tafel 9 (Der große Säulensaal von Sethos I. und Ramses II. im Tempel von Karnak).

Tortürme und Flaggenstangen zu Wêse (IV, 772): «[...] sie hatte in der Tat viele ‹Tore›, aber das waren nicht Mauer- und Ausfalltore, sondern es waren die lustig-gewaltigen, in den Farben ihrer zauberdichten Inschriften und kolorierten Tief-Reliefschildereien erstrahlenden, von bunten Wimpelbändern an vergoldeten Flaggenstangen überflatterten Pylonbauten [...].»
Vgl. Aylward Manley Blackman, *Das hundert-torige Theben*. Leipzig: Hinrichs 1926, Tafel 16 (Tempeleingang mit zwei Tortürmen und Flaggenstangen).

Vorhalle in Potiphars Haus (IV, 848): «[...] und trat ein durch die Ringmauer und das Haustor in Potiphars Vorhalle, die sieben Türen hatte aus rotem Holz mit edlem und breitem Schmuckwerk darüber. Rundsäulen trugen sie, ebenfalls rot und aus Holz, schimmernd poliert, mit steinernen Basen und grünen Häuptern [...].»
Vgl. Georg Steindorff, *Die Blütezeit des Pharaonenreichs*. Bielefeld und Leipzig: Velhagen & Klasing ²1926. Monographien zur Weltgeschichte, Bd. 10, Abb. 164 (Empfangshalle in einem vornehmen Hause von Amarna).

Joseph, der Ernährer

Pharaos Bettstatt (V, 1389): «[...] Pharao seinerseits, in die Kissen geschmiegt seiner kunstgewerblichen Bettstatt, die auf einem Podium inmitten des Zimmers stand, die Rückwand geschmückt mit feinster, Schakale, Steinböcke und Bes-Figuren darstellender Elfenbeinarbeit, fiel fast sofort in den Schlaf der Erschöpfung [...].»
Vgl. Abbildung im Material zu *Joseph und seine Brüder*. Thomas-Mann-Archiv Zürich.

Wandmalerei in Pharaos Gartensaal (V, 1411): «Anderwärts schlugen Akrobaten Luftpurzelbäume über die Rücken tobender Stiere hinweg [...].»
Vgl. Spyridon Marinatos, *Kreta, Thera und das mykenische Hellas*. Aufnahmen von Max

Hirmer. 2., überarbeitete und erweiterte Auflage. München: Hirmer 1973, Farbtafel XVII (Das Stierspiel. Fresko aus einem kleinen Hof des Ostflügels des Palastes von Knossos. Kurz nach 1500 v. Chr.).

Vor Tejes Statue (V, 1416): «‹[...] Mache sie lieb und leicht, mache sie nach der Wahrheit, die das Licht ist, und in der Pharao lebt, denn er hat sie in sein Innres gesetzt! Laß sie eine Hand mit einer Frucht des Gartens, einem Granatapfel, zum Munde führen und laß ihre andere Hand lose herabhängen – nicht die steife Fläche zum Körper gewandt, sondern die gerundete Fläche nach hinten [...].›»
Vgl. Adolf Erman, *Ägypten und ägyptisches Leben im Altertum*. Neu bearbeitet von Hermann Ranke. Tübingen: Mohr 1923, S. 503, Abb. 198 (Der Oberbildhauer der Königinmutter Teje in seiner Werkstatt).

Kegelförmige Kornspeicher (V, 1502): «Wo man ging und stand, sah man in dichten Reihen, oft zu weiten, hofbildenden Vierecken zusammengefaßt, die kegelförmigen Kornspeicher, mit ihren Einfüllungsluken oben und ihren versicherten Entnehmungstüren unten, sich erheben; und sie waren besonders solide gebaut [...].»
Vgl. Adolf Erman, *Ägypten und ägyptisches Leben im Altertum*. Neu bearbeitet von Hermann Ranke. Tübingen: Mohr 1923, S. 520, Abb. 209 und 210.

Hain Mamre (V, 1537): «Ein Weib saß zu Jaakobs Füßen, des Geschichtenreichen, im Haine Mamre, der zu Hebron, der Hauptstadt, ist, oder nahebei, im Lande Kanaan.»
Vgl. Ludwig Preiß und Paul Rohrbach, *Palästina und das Ostjordanland*. Stuttgart: Hoffmann 1925, Abb. S. 118 (Der Hain Mamre).

Tod von Echnatons Tochter Meketatôn (V, 1811): «Den Tod hatte er auch schon erfahren: eine seiner Töchter, die zweite von sechsen, Meketatôn, von allen die blutärmste, war ihm mit neun Jahren gestorben, und Echnatôn, der Töchtervater, war dabei, weit mehr noch als Nefernefruatôn, seine Königin, in Tränen zerflossen.»
Vgl. Adolf Erman, *Ägypten und ägyptisches Leben im Altertum*. Neu bearbeitet von Hermann Ranke. Tübingen: Mohr 1923, S. 365, Abb. 164 (Echnaton und seine Gemahlin an der Bahre ihrer Tochter Maketaton).

Der Erwählte

Zeltstadt vor Arras (VII, 38): «Da waren vor Arras auf dem Anger viel üppige Zelte aufgeschlagen, mit dreifarbigen Sammetdächern (wenn man die Lederhülle abzog, die sie bei Regenwetter bedeckte), und Stangen, mehr, als der Spessart Bäume hat, waren rings in den Plan gepflanzt, behängt mit Wappenschilden und reichen Bannern.»
Vgl. *Der Nibelungen Not*. In der Simrockschen Übersetzung nach dem Versbestande der Hundeshagenschen Handschrift. Bearbeitet und hrsg. von Hermann Degering. Berlin: Wegweiser-Verlag 1924, Abb. S. 190.
Emil Lucka, *Die große Zeit der Niederlande*. Wien, Leipzig, Zürich: Reichner 1936, Tafel S. 160 (Desirs Kniefall vor Honneur. Miniatur aus dem *Buch vom liebentbrannten Herzen* des Herzogs René von Anjou).

Einzug über die Milvische Brücke (VII, 236): «Nicht durch das Nomentanische Tor, so liest man, zog er ein, sondern zog längs den Mauern hin und dann über die Milvische Brücke [...].»

Vgl. Ferdinand Gregorovius, *Geschichte der Stadt Rom im Mittelalter*. Neue, vollständige Ausgabe. Hrsg. von Fritz Schillmann. 2 Bände. Dresden: Jeß 1926, Bd. 1, Tafel S. 656 (Die Nomentanische Brücke. Mit Thomas Manns Vermerk: «über die er nicht ging. Milvische»).

Penkharts Malereien (VII, 244 f.): «[...] da bewarf er die Wände mit nassem Kalk und malte darauf mit dem Stielbüschel, in Wasserfarben, die erstaunlichsten Dinge: einen blutenden Bischof im Heiligenschein, von Kriegsknechten gemartert, David, wie er mit einer Miene, als ob nichts geschehen wäre, das Haupt des Goliath am Schopfe nach Hause bringt, den Herrn Jesus, wie er im Jordan getauft und auf dem Kirchendach vom geschwänzten Satan versucht wird, hinabzuspringen, und dergleichen mehr.»
Vgl. Kunstbilder aus dem Arbeitsmaterial zum *Erwählten*; ferner Photographie von zwei Miniaturen aus dem Psalter des Klosters Polling, 13. Jahrhundert, «Taufe Christi im Jordan» und «Versuchung Christi», ebenfalls aus dem Arbeitsmaterial zum *Erwählten*. Thomas-Mann-Archiv Zürich.

Mit Ausnahme von Edwin Redslob, *Ludwig von Hofmann*, und Marinatos/Hirmer, *Kreta, Thera und das mykenische Hellas*, stehen alle genannten Quellenwerke in Thomas Manns Nachlaßbibliothek.

INHALT